三訂版
財政学

角野 浩 著
Surino Ko

同友館

はしがき

　「政府」とは何か。そもそも「政府」は必要なのか。大学の「財政学」の講義の最初に学生諸君に問いかける疑問です。私達の日常生活の中で、どれだけ政府について意識したことがあるでしょうか。一概には言えませんが、実はそれほど多くはないかもしれないと考えています。

　そこで、これらの疑問に答えることから執筆を始めました。本書を手にとった読者が、政府が身近な存在であることを意識し、さらに興味を持つことが出来るように内容を構成しました。そのために本書は、「財政学」を学ぼうとする学部学生の方々はもちろんのこと、初学者や社会人の方々などを対象として書かれています。

　国の財政に関するトピックスは、長年続いた不況による深刻な「財政赤字」への対応、公債の「累積債務問題」対策、少子高齢化時代に向けての「社会保障改革」、国と地方の「三位一体の改革」、現在世界的な社会問題である「環境問題」対策、そして、これらの政策課題を解決するための総合的な「租税改革」などです。

　本書は、「財政学」の主要なテーマ、「租税」、「公債」、「社会保障」を中心として、さらに「環境問題」、「財政政策」を盛り込んだ構成としています。これらのテーマを柱として、国の財政システムが抱える諸問題を浮き彫りにします。そして、国の財政の仕組みや人々の経済行動に及ぼす影響を経済学の基礎理論を用いて「財政学」の理論的な視点から分析を行います。

　本書の特色は、最初に「日本の財政」や「政府」の役割について初学者向けに説明する導入の章を設けていることです。財務省などのウェブサイトで公表されている財政統計資料を提供しながら、現在の日本の財政が抱える問題点を概観します。次に、「財政学」の主要テーマを各章に分けて説明します。各章ごとに現在の制度上の問題点などを整理し、それに続いて財政学の基礎的な理論分析を展開するのが特徴です。

「財政学」は現実の経済社会の諸問題を扱う学問です。まずは財政の諸問題が何であるかを理解することで、次に何を分析し、何を考察すればよいのかの見通しがきくようになります。読者が現実的な諸問題を理論的に分析する判断力を養えば、現実の世界と理論的な世界を接合して捉えることが出来るようになります。このような視点が身につけば、テレビや新聞のニュースを見たり読んだりする際に、客観的に報道記事を判断し、これまでとは異なった角度から物事を眺めることが出来るようになるでしょう。

　本書は、第1章と各章の最初に実際の制度上の問題点を扱った節を設けました。これらの部分を読むだけでも、冒頭の2つの疑問に対して何らかの答えを見つけることが出来るでしょう。もちろん、興味のある財政のトピックスの章だけを読んでも構いません。とにかく、興味があるところから読んで下さい。興味が深まった後に、基礎理論による分析を読むのも良いでしょう。その時には理解はより一層深まっているはずです。また、経済学の理論を少し勉強してみようと考える読者を対象として、必要最小限の基礎理論について整理した章を設けました。本書のみならず、他の経済学の文献を読む際にも是非とも活用して下さい。

　読者の方々が、本書を通して「政府」や「財政学」に関する知識の理解を少しでも深めることにつながり、これまで以上に国の財政に関して興味を抱くことが出来れば、筆者としてこの上ない幸せを感じます。

　最後に本書の企画・執筆に当たっては、同友館出版部の佐藤文彦氏の御助力を頂きました。辛抱強く原稿を待ち、細部にわたる原稿の点検という氏の御努力がなければ、本書は仕上がらなかったことでしょう。心より御礼を申し上げます。

2007年5月

　　　　　　　　　　　　　小樽の研究室にて　　　　　角野　浩

新版へのはしがき

　初版を刊行してから9年の歳月が経過し、この間に日本を取り巻く社会経済および財政の情勢は大きく変化しました。2008年後半に生じたリーマン・ショックは、日本の経済にも波及し、多くの派遣切り、いわゆる雇用契約の打ち切りがなされ、大きな社会問題となりました。また、ギリシャを発端とした欧州の財政金融危機などが発生したことで、日本の公債発行の累積債務が問題視されるようになりました。また、日本経済では、2011年3月に発生した東日本大震災と、それに起因した福島第一原子力発電所事故の深刻な問題は、日本の今後の環境政策とエネルギー問題のあり方についても改めて検討する必要が生じてきたと考えます。そこで、これら内容を考察する上で必要な基礎的事項を追加することとしました。

　まず第1章および第5章と第6章では、日本の財政における公債の累積債務問題と少子高齢化と社会保障制度について、財務省のウェブサイトの統計資料を中心に考察することができるようにしました。第2章から第4章では、法人税の実効税率の問題や今後の消費税の増税に関する問題を整理し解説しました。そして、第7章と第8章では、環境政策とエネルギー問題を中心として、CO_2削減に関する地球温暖化対策と原子力発電に関わる今後のエネルギー問題について、2015年末に開催されたCOP21で決定した「ポスト京都議定書」といわれる「パリ協定」に関わる事項と、東日本大震災と福島第一原発事故から起因した問題について追加し解説を行いました。

　初版と同様に新版も日本の社会経済と財政について興味を抱き、そして学んでゆくことの助けとなることを願っております。

　最後に、同友館の佐藤文彦氏には、初版と同様に企画、編集および出版に関して大変お世話になりました。ここに記して深く謝意を表します。

2016年9月

東大阪の研究室にて　　　　角野　浩

三訂版へのはしがき

　新版を刊行してから8年ほどが経過しました。この間に新型コロナウイルス感染症が世界規模で蔓延しました。わが国でも感染対策としてワクチン接種などの医療支援、そして経済活動では営業自粛などが要請され財政支援は不可欠でした。また自然災害が年々激化する中、南海トラフ地震は確実に起きるとされ防災・減災対策は喫緊の課題です。そのような中、本書の改訂作業中の2024年の元日早々、能登半島地震が発生し、災害支援の必要性も痛感しました。また日本経済では、2019年10月には消費税の10％への引き上げと並行し軽減税率制度が導入され、2023年10月から適格請求書等保存方式（インボイス制度）が施行されました。政府の役割は一層複雑化し、かつ重要視されるようになったと感じられます。

　三訂版では、2016年以降の日本経済や財政政策などを考慮しつつ、財政・統計資料を更新し、コロナ禍で一変した日本の財政状況を解説することに努めました。また第8章では新しく防災としてGISを利用したハザードマップの作成、コロナ禍の高齢者の医療対応として救急告知病院の位置情報などの分析を解説しました。

　最後に、本書の初版と新版と同様に三訂版の改訂作業に際しては、同友館の佐藤文彦氏に大変お世話になりました。ここに記して深く謝意を表します。

　2024年3月
　　　　生駒山を望む東大阪の研究室にて　　　　　　　角野　浩

目　次

第1章　日本の財政

Key! Words

財政学　市場メカニズム　市場の失敗　公共財　資源配分機能　所得再分配機能　安定化機能　将来世代への配慮　会計年度　単年度主義　一般会計予算　財政投融資　公債発行額　公債依存度　基礎的財政収支（プライマリーバランス）　合計特殊出生率　国民負担率

1-1 公共部門としての政府の役割[1]

「**財政**」は政府の経済活動であり、「**財政学**」は財政の経済学的な特徴を分析する経済学の学問分野である。民間部門の様々な経済活動は市場メカニズムを通じて行われるが、市場は万能ではなく、世界全体の問題である地球温暖化等は外部不経済であり「市場が失敗」する状況が生じる。公共部門である政府は、市場メカニズムを補完し、円滑に働く条件を整えるのが役割である。具体的には、政府は公共財やサービスの供給、租税制度や社会保障制度を通じた経済財政政策、公共投資や減税による景気対策などの経済活動を行う。

経済主体としての政府には３つの機能があり、資源配分機能、所得再分配機能、そして安定化機能である。さらに最今の累積債務や少子高齢化の問題は政府の将来世代への配慮が必要となる。政府が経済政策の効果を発揮するために

1　関連する内容は、入谷［1992］、井堀［2013］、井堀［2022］、江島編［2015］、大矢編［2015］、小塩［2002］、栗林他編［2023］、角野［2014］、田原編［2016］、土井［2021］、林他［2015］、林［2023］、林宣嗣［1999］、柳下他［2022］等を参照のこと。

は、これらの機能を考慮しながら政策を検討・立案する必要がある。政府が経済政策の方策を誤ると、経済活動に新たな歪みをもたらす可能性を生み出してしまう。そこで、財政学という学問によって、政府は民間・公共部門の経済活動を理論的に分析し、政策の枠組みを考察する必要がある。本節では、市場メカニズムと市場の失敗、政府の３つの機能、予算制度について概観する。

1-1-1　市場メカニズムと市場の失敗

　経済のバランスは、需要と供給が一致することで表現される。市場経済は、財・サービスが過不足なく流通する状況を需給均衡が成立していると考えている。**市場メカニズム**（market mechanism）には、価格調整メカニズムが存在し、価格が上昇もしくは下落することで一種のシグナルを示し、需給が過不足なく調整される仕組みである。

　しかし、現代の経済では、需要と供給の関係を基礎とする市場メカニズムに任せておいたのでは市場経済がうまく働かない状況が生じる。例えば、独占や寡占等の価格支配力を通じた不完全競争、環境問題などの外部性や不確実性等の「**市場の失敗**（market failure）」の存在である。このような状況では、政府は、経済社会に積極的に介在し、市場メカニズムの効率性を回復させる働きを行う必要が生じるわけである。

1-1-2　政府の３つの機能

　政府には３つの財政機能があり、これらを考慮して経済政策を行い、経済活動に介在することが求められる。まず、資源配分機能である。民間部門の経済は、それ自身のみでは十分に経済活動を営むことができない。橋、道路、空港等のインフラ整備、また、警察・消防サービスなどの**公共財**（public good）の政府による提供がなければ、安心した経済活動は行えない。政府が公共財を供給し、資源配分を効率的にする機能が**資源配分機能**（resource allocation function）である。

　次に、所得分配の不公平性は市場の失敗である。競争社会である現代経済で

は、低所得者層と高所得者層という所得格差が存在する。また、高齢化の進展によって社会的弱者の存在も大きな問題となっている。このような世代内・世代間の所得分配の不公平性も市場の失敗である。そこで、政府は所得税の累進課税や社会保障制度の整備による所得再分配を行うことによって所得格差を是正することが**所得再分配機能**（income redistribution function）である。

　資本主義経済は、インフレ、不況や失業のような不安定な経済変動を繰り返しながら経済活動が営まれている。政府は自らの判断によって社会全体の需要の大きさを操作し、完全雇用の確保、安定的な成長、物価安定化のための**裁量的な財政政策**（fiscal policy）を実施する必要があり、この機能のことを**安定化機能**（stabilization function）と呼んでいる。

　さらに公債の累積債務および少子高齢化が政府として重要な問題となっている現状の経済では、**将来世代への配慮**は政府の機能として重要な役割である。

　公債の将来世代への負担、社会保障制度の現役世代と将来世代との間の負担の分かち合い、そして、世界全体で取り組むべき地球温暖化対策など、長期的な視点から将来世代の負担を考慮した上で政府は政策問題に適切に対応してゆくべきと考えられる[2]。

1-1-3　予算制度の原則[3]

　予算は、一定期間である**会計年度**の国の**歳入**と**歳出**を計上する。わが国の会計年度は、4月1日から翌年の3月31日の1年間と定められている。予算は原則として1年ごとに作成され、事前決議の原則にしたがって国会の議決を得る**単年度主義**を取っている。

　予算編成は歳出を当該年度の歳入でまかなうという**会計年度独立の原則**があ

2　井堀［2015］、井堀［2022］、栗林他編［2023］、土井［2021］、林［2023］、柳下他編［2022］参照。

3　関連する内容は、入谷［1992］、井堀［2013］、井堀［2022］、江島編［2015］、大矢編［2015］、小塩［2002］、栗林他編［2023］、田原編［2016］、土井［2021］、林他［2015］、林［2023］、林宜嗣［1999］、柳下他編［2022］等を参照のこと。

る。例外措置は存在し、歳出予算の繰越しが認められており、一定の条件を満たせば、ある年度に計上された支出を翌年度に繰り越して支出することができる。また、過年度収入・過年度支出があり、会計年度が終了する3月末を越えた4月末まで（特別な場合は5月末まで）処理できる出納整理機関が設定されている。

　政府が国会に提出する予算の形式は、**予算総則、歳入歳出予算、継続費、繰越明許費**および**国庫債務負担行為**の5つから構成されている。歳出歳入予算に関する総括的な事項および公債発行限度額などの予算執行に必要な重要事項は予算総則に記載されている。

1-1-4　予算の種類

　国の予算の種類は、**一般会計予算、特別会計予算**に加えて特別の法律により設立された機関への**政府関係機関予算**に分類されている。国の基本的な歳出・歳入を計上するのが一般会計予算であり、それ以外の特定の歳出・歳入を計上するのが特別会計予算であり、別立てで計上されることになっている。近年の特別会計の廃止と統合により数は減少しており、主なものとして**国債整理基金特別会計、年金特別会計**などがある。政府関係機関予算は、沖縄振興開発金融公庫、日本政策投資銀行、国際協力銀行、国際協力機構有償資金協力部門の4機関の予算に該当する。

　国の一般会計予算、特別会計予算、政府関係機関予算は、一括して国会で審議・議決されるが、年度前に成立し、これらをまとめて**本予算**あるいは**当初予算**と呼んでいる。国会審議が長引き、予算成立が新年度にずれ込んだ場合、本予算が成立するまでの行財政業務の執行のための必要最小限度の経費支出のための暫定予算を国会で議決することになる。しかし、暫定予算は本予算が成立後効力を失い、吸収される。また、本予算成立後、経済情勢の変化や、災害復旧を目的として、本予算での政策では対応できない場合、補正予算を編成することがある。

‖1-2 財政の現状[4]‖

1-2-1　わが国の財政運営

　わが国の財政運営の状況は、バブル経済の崩壊後、景気低迷による税収の減少により、悪化状況が続いていた。1995年11月に政府による「財政危機宣言」をし、1997年4月から消費税率5％に引き上げ、歳出削減と増税による財政構造改革が進められた。2001年4月からの小泉政権下では、郵政公社や道路公団の民営化、2005年の老人医療制度改革、国と地方の「三位一体の改革」などが実施された。国内外では、2008年9月からのリーマンショック[5]に端を発した世界的な金融危機となり、派遣切りと呼ばれた非正規社員の突然の雇用契約打ち切りなどの社会問題が生じ、所得格差が拡大し格差問題の対策が急務とされた[6]。2009年からの当時の民主党鳩山政権下では、官僚主導ではなく政治家主導による公共事業の削減による財政再建や事業仕分けなどが行われた。2011年3月11日に発生した東日本大震災は、日本の財政危機を一層深刻化させた。2014年4月には消費税率が8％に引上げられ、少子高齢化に対応した社会保障制度改革に充てる財源確保も行われた。しかし、2016年6月には当時の自民党安倍政権下では、2017年4月からの消費税増税10%引上げを2019年10月に延期したことにより、社会保障制度改革の安定財源の確保と財政健全化の同時達成を目指す「社会保障と税の一体改革」の政策は、「社会保障の充実・安定化」[7]としての新たな政策の柱としての「子ども・子育て支援の充実化」の財源確保は不

4　財務省ウェブサイト、井堀［2013］、井堀［2022］、栗林他編［2023］、土井［2021］、林他［2015］、林［2023］、柳下他編［2022］等などを参照のこと。

5　内閣府ウェブサイト『平成21年度　年次経済財政報告』リーマンショックの影響の解説を参照のこと。

6　森他編［2013］所収の角野浩「第1章　所得再分配政策による所得格差の是正」を参照のこと。

7　第6章　6-2-7　社会保障と税の一体改革と年金制度改革を参照のこと。

十分なままであり、**基礎的財政収支（プライマリーバランス）**の黒字化に向けた中長期的に持続可能な財政構造を目指す明確な政策方針は示されていなかった。

　2020年初頭からの「新型コロナウイルス感染症（COVID-19）[8]」の拡大により、「新型コロナウイルス感染症の拡大防止策」等を含めた財源措置を行い、検査体制の充実、ワクチン接種体制等の整備、国民に対しての10万円の一律給付金などを実施した。2020年度の一般会計予算[9]は、当初予算に加えて第3次補正予算まで成立させ、一般会計の総額は175兆6,878億円に膨らんだ。予算措置としては追加的な「赤字国債」などを発行し、2020年度の単年度で新規国債発行額は、初めて100兆円を超し、112兆5,539億円となり、歳入の約64％が国債による財源となった。第1次補正予算では、企業への支援策として事業者への持続化給付金の創設、第2次補正予算では、休業手当を支払った企業への雇用調整助成金の拡充、医療機関・医療従事者への交付金の拡充を講じた。さらに、2020年12月に第3次補正予算を成立させ、新型コロナウイルス感染拡大防止として医療体制強化のための病床や宿泊療養施設の確保などの費用、各都道府県の飲食店の休業・時短要請協力金の費用などの財政支援策を講じた。

　しかし、ポストコロナに向けた経済構造の転換・好循環の実現などの予備費などの「コロナ補正予算」措置が講じられたが、必ずしもコロナ対応と直結しないなど、大部分が当初予算では計上されない政策目的の予算であったとして補正予算の弊害とされた。一方で、現状での財政健全化への道筋は不透明なままであり、**プライマリーバランス（基礎的財政収支）**の赤字を黒字化傾向への政府の目標はコロナからの急速な回復を見込んだシナリオを前提としており財政再建は厳しいものである。

　また、2022年度は世界にとってもわが国にとっても物価上昇への対応が大き

8　厚生労働省・NIID国立感染症研究所ウェブサイト等を参照のこと。
9　財務省ウェブサイト　令和2年度予算、令和2年度補正予算（第3号及び特第3号）等の説明を参照のこと。

な課題となり、コロナ禍からの需要回復と供給制約による物価上昇がロシアの
ウクライナ侵略で加速し、国際的な原材料価格高騰などのための「**原油価格・
物価高騰等総合緊急対策**」のフォローアップについて（金融政策、物価等に実
施）など喫緊の課題も山積している[10]。

1-2-2　予算の全体像[11]

　わが国の予算の全体像を把握するために予算の中心に位置づけられている
「**一般会計予算**」について眺めてみることにする。まず財務省ウェブサイトの
「我が国の財政事情（令和6年度予算政府案）」令和5年12月財務省主計局：令
和5年度12月22日閣議決定の資料から、2024年度一般会計当初予算について、
図1－1、**図1－2**から概観してゆくことにする。

　2024度予算のポイントは、2つのポイントに分けられ、1つ目は『歴史的な
転換点の中、時代の変化に応じた先送りできない課題に挑戦し、変化の流れを
掴み取る予算[12]』として、2つ目は『「物価に負けない賃上げ」の実現に向けた
予算面での対応[13]』としている。

　一般会計総額は、2023年度当初比2兆3,095億円減の112兆717億円で、2年
連続で110兆円を超えることとなった。

---

[10]　内閣府ウェブサイト「コロナ禍における「原油価格・物価高騰等総合緊急対策」（令和4
年4月26日）の進捗状況」、「白書等（経済財政白書、世界経済の潮流、地域の経済等）　令
和5年度年次経済財政報告－動き始めた物価と賃金－（令和5年8月29日）　第1章　世界
経済の不確実性の高まりと日本経済の動向　第1節　ロシアによるウクライナ侵略後の不確
実性の高まりと日本経済」等を参照のこと。

[11]　財務省・NHK NEWS WEBウェブサイト「令和6年度予算」、日本経済新聞・朝日新聞
2023年12月23日などを参照のこと。

[12]　1．経済（経済の好循環の起点となる賃上げの実現）、2．社会（構造的な変化と社会課
題への対応）、3．外交・安全保障、4．歳出の効率化を図ることとしている。

[13]　1．公共部門等、2．中小企業等、3．その他の側面から対応するとしている。

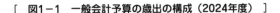

[　図1−1　一般会計予算の歳出の構成（2024年度）　]

（単位：億円）

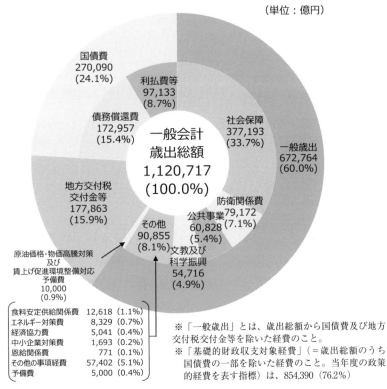

国債費
270,090
(24.1%)

利払費等
97,133
(8.7%)

債務償還費
172,957
(15.4%)

社会保障
377,193
(33.7%)

一般会計
歳出総額
1,120,717
(100.0%)

一般歳出
672,764
(60.0%)

地方交付税
交付金等
177,863
(15.9%)

防衛関係費

公共事業
60,828
(5.4%)

その他
90,855
(8.1%)

防衛関係費 79,172
(7.1%)

文教及び
科学振興
54,716
(4.9%)

原油価格・物価高騰対策
及び
賃上げ促進環境整備対応
予備費
10,000
(0.9%)

食料安定供給関係費　12,618　(1.1%)
エネルギー対策費　　　 8,329　(0.7%)
経済協力費　　　　　　 5,041　(0.4%)
中小企業対策費　　　　 1,693　(0.2%)
恩給関係費　　　　　　　 771　(0.1%)
その他の事項経費　　　57,402　(5.1%)
予備費　　　　　　　　 5,000　(0.4%)

※「一般歳出」とは、歳出総額から国債費及び地方
　交付税交付金等を除いた経費のこと。
※「基礎的財政収支対象経費」（＝歳出総額のうち
　国債費の一部を除いた経費のこと。当年度の政策
　的経費を表す指標）は、854,390（76.2%）

（注1）計数については、それぞれ四捨五入によっているので、端数において合計とは合致しないも
のがある。
（注2）一般歳出における社会保障関係費の割合は56.1%。
出所：財務省ウェブサイト　財務省の政策　予算・決算　毎年度の予算・決算　予算　令和6年度予算
　　　令和6年度予算のポイント
　　　（https://www.mof.go.jp/policy/budget/budger_workflow/budget/fy2024/fy2024.html）

　図1−1から歳出の主な内訳を見ると、社会保障関係費と地方交付税交付金
等と国債費（国債の元利払いに充てられる費用）で歳出全体の3分の2を上回
っていることが分かる。

　国債の償還や利払いにあてる国債費が27兆90億円と過去最大となったが、国
債の発行残高の増加に加え、長期金利の上昇を反映し利払い費の想定金利を
2023年度の1.1%から1.9%に引き上げたことが要因である。「社会保障費」は歳

出の３分の１を占め37兆7,193億円、防衛費は７兆9,172億円で、５年以内に抜本的強化を目指すとし、地方交付税交付金等は17兆7,863億円、「予備費」は、2023年度はコロナ対策などとして５兆円の予備費を計上していたが、通常の予備費の5,000億円に加えて物価高騰対策などとして１兆円を計上した。この他、「公共事業費」は６兆828億円、「文化、教育、科学技術関連予算」は５兆4,716億円となった。

[　図1-2　一般会計予算の歳入の構成（2024年度）　]

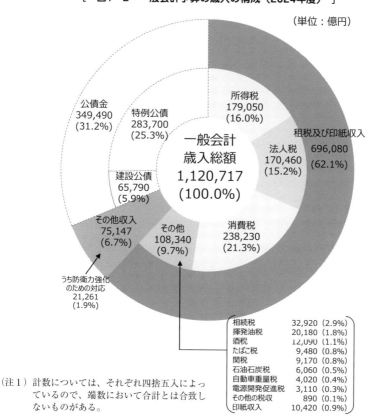

（単位：億円）

公債金 349,490（31.2%）
特例公債 283,700（25.3%）
建設公債 65,790（5.9%）
その他収入 75,147（6.7%）
うち防衛力強化のための対応 21,261（1.9%）

一般会計歳入総額 1,120,717（100.0%）

所得税 179,050（16.0%）
租税及び印紙収入 696,080（62.1%）
法人税 170,460（15.2%）
消費税 238,230（21.3%）
その他 108,340（9.7%）

相続税　　　　32,920（2.9%）
揮発油税　　　20,180（1.8%）
酒税　　　　　12,090（1.1%）
たばこ税　　　 9,480（0.8%）
関税　　　　　 9,170（0.8%）
石油石炭税　　 6,060（0.5%）
自動車重量税　 4,020（0.4%）
電源開発促進税 3,110（0.3%）
その他の税収　　 890（0.1%）
印紙収入　　　10,420（0.9%）

（注１）計数については、それぞれ四捨五入によっているので、端数において合計とは合致しないものがある。

出所：財務省ウェブサイト　財務省の政策 予算・決算 毎年度の予算・決算 予算 令和６年度予算 令和６年度予算のポイント
（https://www.mof.go.jp/policy/budget/budger_workflow/budget/fy2024/fy2024.html）

図1−2から歳入の主な内訳を見ると、その年の歳出はその年の税収やその他収入で賄うべきだが、歳出全体の約３分の２しか賄えておらず、残りの約３分の１を公債金すなわち借金に依存しており、将来世代の負担となることが分かる。

　税収は69兆6,080億円と補正予算段階の2023年度の見通しとほぼ同額を見込んでいる。法人税の税収は、企業業績の回復傾向を反映し、17兆460億円を見込んでいる。消費税の税収も、堅調な消費や物価上昇の想定から、23兆8,230億円を見込んでいる。しかし、所得税の税収は、定額減税による２兆3,000億円の減収が想定され、17兆9,050億円としている。そして、税外収入は７兆5,147億円とし、財源不足は新規国債発行で賄う計画で、34兆9,490億円としており、歳入全体に占める割合は31.2％となる。

　2024年度の当初予算編成としては、新型コロナウイルス禍で膨らんだ「歳出構造を平時に戻す」からは程遠く、コロナ禍で膨らんだ予備費圧縮などで12年ぶり前年度を下回ったが、過去２番目の規模の巨額予算となり、財源不足を新規国債発行で補うなど３割超を国債に頼る借金頼みの財政運営であり、財政の硬直化は進み、厳しい財政状況が続くこととなった。

1-2-3　一般会計税収・歳出総額及び公債発行額の推移[14]

　わが国の一般会計税収・歳出総額及び公債発行額の推移を財務省ウェブサイトの各年度一般会計予算から概観する。**図1−3**から一般会計税収、歳出総額及び公債発行額の推移を眺めてみると、わが国財政は歳出が税収を上回る状況が続いており、その差は借金（建設公債・特例公債）によって賄われていることが分かる。2020年度からの一般会計予算は、当初予算・補正予算を編成するなかで、予備費なども計上し、赤字国債発行で財源を賄うことで新型コロナウイルス禍での歳出は膨らんだ。2020年度予算と2024年度予算を比較する社会保

14　財務省ウェブサイト　「日本の財政を考える」、「日本の財政関係資料（令和５年４月）」、「令和２年度予算」、「令和６年度予算」等を参照のこと。

障関係費が大幅に増え、特例公債で賄っていることが要因と考えられる。

[　図1-3　一般会計税収、歳出総額及び公債発行額の推移（2024年度）　]

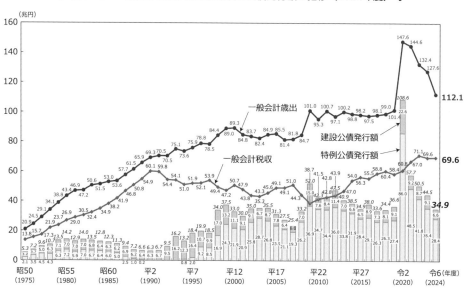

（注1）令和4年度までは決算、令和5年度は補正後予算、令和6年度は政府案による。
（注2）公債発行額は、平成2年度は湾岸地域における平和回復活動を支援する財源を調達するための臨時特別公債、平成6～8年度は消費税率3％から5％への引上げに先行して行った減税による租税収入の減少を補うための減税特例公債、平成23年度は東日本大震災からの復興のために実施する施策の財源を調達するための復興債、平成24年度及び25年度は基礎年金国庫負担2分の1を実現する財源を調達するための年金特例公債を除いている。
（注3）令和5年度の歳出については、令和6年度以降の防衛力整備計画対象経費の財源として活用する防衛力強化資金繰入4.4兆円が含まれている。
出所：財務省ウェブサイト　財務省の政策 予算・決算 毎年度の予算・決算 予算 令和6年度予算 我が国の財政事情（令和6年度予算政府案）令和5年12月　財務省主計局　PDF版
（https://www.mof.go.jp/policy/budget/budger_workflow/budget/fy2024/fy2024.html）

1-2-4　公債残高の累増[15]

わが国の公債残高の累増について財務省ウェブサイトの各年度一般会計予算

15　財務省ウェブサイト　「日本の財政を考える」、「日本の財政関係資料（令和5年4月）」、「令和2年度予算」、「令和6年度予算」等を参照のこと。

から概観する。**図1-4**から公債残高を眺めてみると、普通国債残高は累増の一途をたどり、2023年度末には1,076兆円、2024年度の当初予算時には1,105兆円に上ると見込まれている。2020年度以降の普通国債残高の累増については、歳出面では、高齢化の進行等に伴う社会保障関係費の増加や地方交付税交付金等の増加が主要因であり、歳入面では、過去の景気の悪化や減税による税収の落ち込みが主要因となっていると考えられる。公債残高は、将来世代に負担を残すこととなり、将来世代だけでなく現役世代に対しても負担増となっているのが現状である。

[**図1-4　公債残高の累増（2024年度）**]

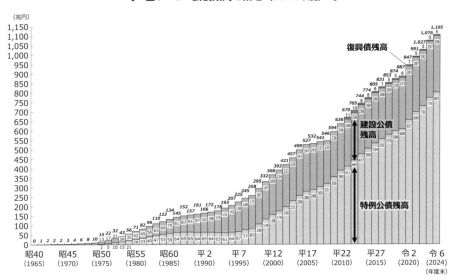

（注1）令和4年度末までは実績、令和5年度末は補正後予算、令和6年度末は政府案に基づく見込み。
（注2）普通国債残高は、建設公債残高、特例公債残高及び復興債残高。特例公債残高は、昭和40年度の歳入補填債、国鉄長期債務、国有林野累積債務等の一般会計承継による借換債、臨時特別公債、減税特例公債、年金特例公債、GX経済移行債及び子ども・子育て支援特例公債（仮称）を含む。
（注3）令和6年度末の翌年度借換のための前倒債限度額を除いた見込額は1,060兆円程度。
出所：財務省ウェブサイト　財務省の政策 予算・決算 毎年度の予算・決算 予算 令和6年度予算　我が国の財政事情（令和6年度予算政府案）令和5年12月　財務省主計局　PDF版
（https://www.mof.go.jp/policy/budget/budger_workflow/budget/fy2024/fy2024.html）

1-2-5　財政投融資制度の概要[16]

　財政投融資とは何かについては、財務省ウェブサイト「財政投融資の概要2023」では、『「財政投融資」とは、税財源に依らず、国債の一種である財投債の発行によって調達した資金などを財源とする、国による投融資活動です。財政投融資には、①**財政融資**、②**産業投資**、③**政府保証**の３種類があり、そのそれぞれにおいて原資や対象などが異なります。』と説明されている。つまり、財投債発行を資金の財源として、政策的な必要性があるものの民間では対応が困難な長期・低利の資金供給や大規模・超長期プロジェクトの実施を可能とするための投融資活動である。国民の経済活動などに対する財政的な支援のうち、国の信用や制度を通じて集められた貸付に係る元利金の返済を必要とする双方向の流れとなる有償資金を原資として、政府の政策に合わせて政策金融機関や独立行政法人を通じて、支援が適当と政策的に判断される受益者に対して、公共サービスを提供したり、資金を投資または融資をする財政政策の手段の仕組みである。ただし、財政投融資は、公的金融のひとつとして役割を果たすことから、「民間にできることは民間にゆだねる」という民業補完性を前提とする。また産業投資の特徴として、投資先からのリターンを再投資する国による投資活動であり、産業の開発及び貿易の振興を目的としており、産業投資の対象は、国際的な競争環境の中で日本経済の成長力強化等につながる「政策性」と、元本を上回る一定程度の「収益性」の両方が求められている。

　財政投融資制度に基づいて投融資を受ける**財政投融資対象機関（財投機関）**は、国の特別会計や政府関係機関などの政策金融機関や独立行政法人、そして地方公共団体などである。

　財政投融資は、政府による資源配分として重要な機能を持っており、長期にわたる投融資活動は国民生活に大きな影響を与えると考えられるため、財政融資、産業投資、政府保証の各々の予定額を、財投機関ごとに計上し、統一的・

---

[16]　財務省ウェブサイト　財政投融資（国からの資金の貸付・投資）「財政投融資の概要2023」、土井［2021］を参照のこと。

一覧的に整理した財政投融資計画を毎年度策定する必要がある。財政投融資の計画は、毎年度の一般会計、特別会計、政府関係機関の予算とともに国会で審議され、財政投融資に関する部分だけを財政投融資計画としてまとめ、それ自体の国会議決を必要としないが、特別会計予算や政府関係機関予算などは議決を必要とするために、間接的な国会議決に拘束されるものである。

2000年までの従来の財政投融資制度では、郵便貯金（現ゆうちょ銀行）や年金積立金から義務預託された資金を原資として特殊法人などに貸付け等を行っていたが、政策的に必要とされる資金の量とは関係なく原資が集まるため、効率的な運用が行われていないなどの問題が指摘されていた。そこで、図1－5で示すように、2001年度に抜本的な改革（財政投融資改革）を行い、郵便貯金や簡易生命保険（現かんぽ生命）、公的年金の積立金の預託義務が廃止され、財投事業に必要な資金は、財政融資資金が設置されたことで、財政投融資の原資については真に必要な額のみを財投債という国債を発行して金融市場から自主調達することで資金を集め、そこから各種の特殊法人など、財政投融資の対象機関（財投機関）に投融資されることになった。

[　図1－5　財政投融資の仕組み　]

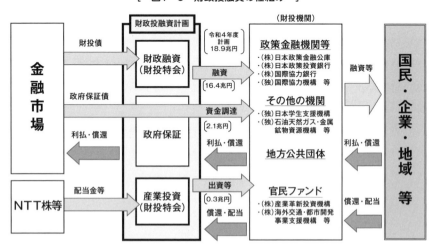

出所：財務省ウェブサイト　財務省の政策 財政投融資（国からの資金の貸付・投資）
（https://www.mof.go.jp/policy/filp/index.html）

[　**図1−6　財政投融資**　]

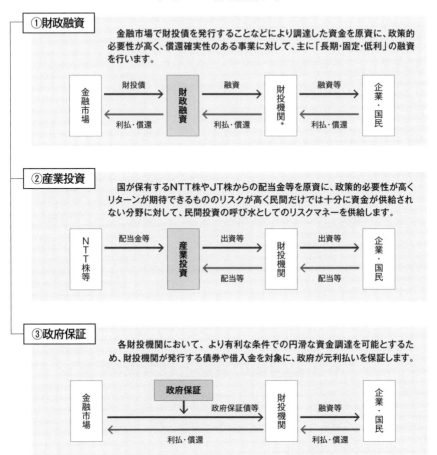

出所：財務省ウェブサイト　財務省の政策 財政投融資（国からの資金の貸付・投資）
　　　（https://www.mof.go.jp/policy/filp/index.html）

　図1−6で示すように財政投融資の原資は、１．財政融資：５年以上（政策
的必要性が高く、償還確実性のある事業に対して、主に長期・固定・低利の融
資を行う。）、２．産業投資（政策的必要性が高くリターンが期待できるものの、
リスクが高いことなどから民間だけでは十分に投資が進まない場合に、呼び水

としてのリスクマネーを供給し、民間投資を喚起する。)、3．政府保証：5年以上（財投機関が発行する債券や借入金を対象に政府が元利払いを保証するもので、各財投機関はより有利な条件で円滑に資金調達ができる。）からなり、各々が独立した制度で運営されている。一般会計予算などの財政金融政策との整合性を図るため、財務省理財局が財政投融資計画を総合的に策定することとなっている。

　財政投融資の使途は、1．国の特別会計に対する運用、2．地方公共団体や地方公営企業への貸付けによる運用、3．独立行政法人等が財投資金を用いて事業を行い、その収入により元利返済を行うことが見込まれる事業実施部門に対する運用、4．政策金融機関が財投資金を用いて家計や企業、海外向けの融資活動を行う融資部門に対する運用などで、主に4種類に分類される運用先に投融資されている。2001年以降では、リーマン・ショック後の経済・金融危機への対応（2008年）、東日本大震災への対応（2011年）、そして、新型コロナウイルス感染症への対応（2020年以降）などに対して、企業への資金繰り支援などを通じて柔軟に対応している。

▌1-3 高齢化の進展と社会保障[17]▌

　社会保障制度は、国民の健康を維持し、生活の安定を確保するうえで大きな役割を果たしており、わが国の財政においては、社会保障関係費が一般会計歳出の中でも最大の割合を占めている。

　最近のわが国の社会保障制度は、人口の急速な少子高齢化の進展にともなって、経済成長を上回る保険金給付と保険料の負担が増大しており、今後もこの傾向はさらに一層強まっていくことが予想されている。こうした中で、社会保

17　厚生労働省ウェブサイト「令和5年版厚生労働白書−つながり・支え合いのある地域共生社会−」、「令和3年（2021）人口動態統計（報告書）」、社会保障全般「社会保障制度改革」などを参照のこと。

障制度は、世代間・世代内の給付と負担の均衡を図り、制度の合理化・効率化のために制度の改革が必要となってきている。本節では、急速な少子高齢化の進展と社会保障制度の概要及び制度改革の必要性について考えてみることにする。

1-3-1　高齢化の進展

　わが国は世界の先進国の中でも最も高齢化が進んだ国となっており、今後も一層高齢化が進展することが予想される。**図1−7**で示されているように65歳以上の対総人口比は、2015年では、日本が26.6％となっており、日本が最も高齢化が進展していたことが分かる。しかし、日本は1985年前後では10％弱であったことを考えると、約30年余りで急速に高齢化が進展したことが分かる。そ

[　**図1−7　65歳以上人口割合の推移**　]

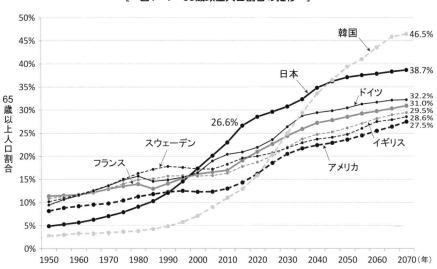

資料：日本は、総務省「国勢調査」、国立社会保障・人口問題研究所「日本の将来推計人口（令和5年推計）」（出生中位（死亡中位）推計）諸外国は、United Nations：“World Population Prospects 2022
出所：厚生労働省ウェブサイト　政策について　分野別の政策一覧　他分野の取り組み　社会保障全般　社会保障制度改革　我が国の人口について
（https://www.mhlw.go.jp/stf/newpage_21481.html）

して、厚生労働省、総務省、国立社会保障・人口問題研究所などの調査によれば、今後も高齢化の進展傾向は変わらず、2070年には38.7%に達し、先進国では韓国に次ぎ高齢化率の高い国となることが推測されており、社会保障制度改革と充実が急務の政策課題である。

1-3-2　少子化の進展[18]

　図1−8が示すように出生数と合計特殊出生率の年次推移をみると、第2次世界大戦前は、戦時中を除き出生数は増加傾向を示していた。第2次世界大戦後は、1947年（昭和22年）～1949年（昭和24年）の第1次ベビーブーム期には出生数は260万人台、合計特殊出生率は4を超えたが、1950年（昭和25年）以降は、両数値ともに急激に減少かつ低下傾向を示した。その後、ひのえうまの干支となる1966年（昭和41年）と前後の特殊年を除けば、出生数は緩やかに増加傾向を示し、1971年（昭和46年）～1974年（昭和49年）の第2次ベビーブーム期に出生数は200万人を超え、合計特殊出生率も2以上の数値で推移していた。しかし、1975年（昭和50年）以降になると出生数は減少傾向となり、1991年（平成3年）からは数値の増減を繰り返していたが、2001年（平成13年）以降は5年連続で減少した。2006年（平成18年）からは再度数値の増減を繰り返したが、2011年（平成23年）以降は再度減少傾向となった。2015年（平成27年）には5年ぶりに数値は増加したが、翌年の2016年（平成28年）からは再び減少傾向となった。合計特殊出生率については、1975年（昭和50年に2を下回ってからは1950年代後半を除いて、2005年（平成17年）まで低下傾向を示した。2006年（平成18年）以降は緩やかな上昇傾向を示していたが、2016年（平成28年）からは低下傾向を示すこととなった。

18　厚生労働省ウェブサイト「令和3年（2021）人口動態統計（報告書）」、「令和5年版厚生労働白書−つながり・支え合いのある地域共生社会−」などの参考資料及びそれらに基づいた説明を参照のこと。

[　**図1−8　出生数及び合計特殊出生率の推移─1889〜2021年─**　]

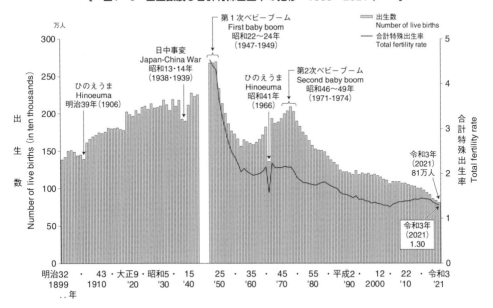

（注１）グラフの記載のない1944年（昭和19年）〜1946年（昭和21年）は、戦災による資料喪失等資料
　　　　不備のため、統計が得られないものである。
出所：厚生労働省ウェブサイト　統計情報・白書　各種統計調査　厚生労働統計一覧　人口動態調査　結
　　　果の概要　令和３年（2021）人口動態統計（報告書）
　　　（https://www.mhlw.go.jp/toukei/saikin/hw/jinkou/houkoku21/index.html）

　次に少子化傾向に関して**合計特殊出生率**[19]と**人口置換水準**[20]から眺めてみる。
厚生労働省の報告資料である各年度の「人口動態統計」、「厚生労働白書」など
の統計資料から、１年間に生まれてくる子どもの数は1970年代前半にはおよそ
200万人だったが、2000年代前半には110万人程度に減少している。これには親
となる世代の人口規模の縮小と、彼らの子どもの生み方（出生率）の変化が関
わっている。出生率は、1971年（昭和46年）の2.16から、1974年（昭和49年）

---

[19]　15歳から49歳までの女性の年齢別出生率を合計した値で、その年の年齢別出生率が今後
　　とも変わらないと仮定した場合に、１人の女性が一生の間に生む平均子供数。
[20]　長期的に人口を維持できる水準は、出生率が2.07とされている。

以降、出生率は人口置換水準を下回る状態にあり、2005年（平成17年）に過去最低の1.26を記録した後、2014年の発表値では1.42まで持ち直したものの減少傾向は変わらない状況である。この数値は人口置換水準2.07より低く、人口減少傾向が急速に進展していることを示している。

　現状では、2021年（令和3年）の出生数は811,622人で、前年の840,835人より29,213人減少し、出生率（人口千対）は6.6で前年の6.8より低下したため、合計特殊出生率は1.30で前年の1.33より低下したことで、人口置換水準からは大幅に低い水準を示している。

1-3-3　少子化の現状と見通し[21]

　図1－9が示しているように、わが国の今後50年余りの人口について推計を基に概観すると、2008年（平成20年）の1億2,808万人をピークに減少に転じ、2022年（令和4年）の総人口は約1億2,495万人であるが、2070年（令和52年）には約30％減少し、総人口が9,000万人を割り込むと推計されている。

　図1－9の資料に基づいて高齢化率として65歳以上人口割合を、65歳以上人口（B）/15～64歳人口（A）で定義すれば、1965年9.3％、1995年21.0％、2015年23.8％、2020年48.0％、65歳以上人口（B）がピークとなる2045年67.6％、その後は65歳以上人口（B）は減少傾向となるものの、15～64歳人口（A）は1995年がピークであることから少子化が先に進行し、おおよそ50年後の2070年には65歳以上人口割合は74.2％と増加傾向が続くと予想されている。このことは、国民負担率の増大などにも大きな影響を及ぼすものと予想される。

　図1－10から分かるように、20歳～64歳人口が社会保険料の負担者世代階級を含んだ勤労世代、定年延長などの制度改革を考慮して65歳以上人口が社会保障給付受給者世代階級を含んだ退職世代と統計資料に基づいて考えるならば、この比率は、公的年金制度を若年世代が退職世代をどれだけの比率で支えてい

21　厚生労働省「令和5年版厚生労働白書－つながり・支え合いのある地域共生社会－」などを参照のこと。

[図1−9 少子高齢化の進展]

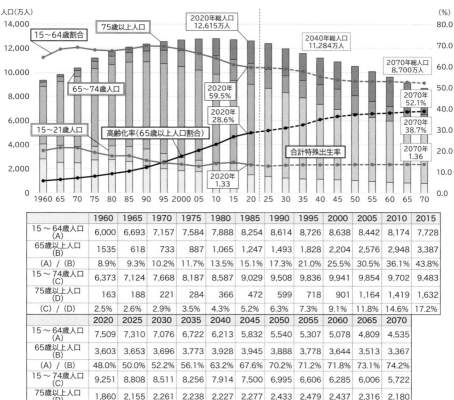

	1960	1965	1970	1975	1980	1985	1990	1995	2000	2005	2010	2015
15〜64歳人口 (A)	6,000	6,693	7,157	7,584	7,888	8,254	8,614	8,726	8,638	8,442	8,174	7,728
65歳以上人口 (B)	1535	618	733	887	1,065	1,247	1,493	1,828	2,204	2,576	2,948	3,387
(A) / (B)	8.9%	9.3%	10.2%	11.7%	13.5%	15.1%	17.3%	21.0%	25.5%	30.5%	36.1%	43.8%
15〜74歳人口 (C)	6,373	7,124	7,668	8,187	8,587	9,029	9,508	9,836	9,941	9,854	9,702	9,483
75歳以上人口 (D)	163	188	221	284	366	472	599	718	901	1,164	1,419	1,632
(C) / (D)	2.5%	2.6%	2.9%	3.5%	4.3%	5.2%	6.3%	7.3%	9.1%	11.8%	14.6%	17.2%

	2020	2025	2030	2035	2040	2045	2050	2055	2060	2065	2070
15〜64歳人口 (A)	7,509	7,310	7,076	6,722	6,213	5,832	5,540	5,307	5,078	4,809	4,535
65歳以上人口 (B)	3,603	3,653	3,696	3,773	3,928	3,945	3,888	3,778	3,644	3,513	3,367
(A) / (B)	48.0%	50.0%	52.2%	56.1%	63.2%	67.6%	70.2%	71.2%	71.8%	73.1%	74.2%
15〜74歳人口 (C)	9,251	8,808	8,511	8,256	7,914	7,500	6,995	6,606	6,285	6,006	5,722
75歳以上人口 (D)	1,860	2,155	2,261	2,238	2,227	2,277	2,433	2,479	2,437	2,316	2,180
(C) / (D)	20.1%	24.5%	26.6%	27.1%	28.1%	30.4%	34.8%	37.5%	38.8%	38.6%	38.1%

資料：1960年〜1970年の人口は総務省「国勢調査」、1975年〜2015年の人口は総務省「国勢調査」（年齢不詳の人口を各歳別に按分した人口）、2020年の人口は総務省「国勢調査」（不詳補完値）（各年10月1日現在）、1960年〜2020年の合計特殊出生率は厚生労働省「人口動態統計」、2025年以降の人口と合計特殊出生率は国立社会保障・人口問題研究所「日本の将来推計人口（令和5年推計）」（出生中位（死亡中位）推計）。

（注）経済協力開発機構（Organisation for Economic Co-operation and Development: OECD）では、15歳から64歳までの人々を生産年齢人口としている。

出所：厚生労働省ウェブサイト　統計情報・白書 白書、年次報告書 令和5年版厚生労働白書—ながり・支え合いのある地域共生社会—（本文）
（https://www.mhlw.go.jp/stf/wp/hakusyo/kousei/22/index.html）

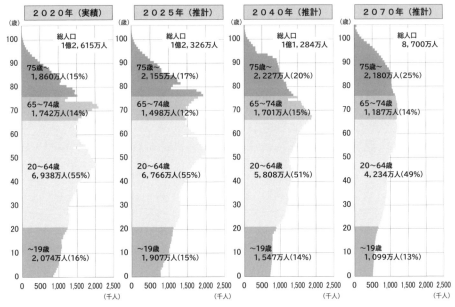

[図1-10　人口ピラミッドの変化]

| 2020年（実績） | 2025年（推計） | 2040年（推計） | 2070年（推計） |

2020年（実績）
総人口　1億2,615万人
75歳～　1,860万人（15%）
65～74歳　1,742万人（14%）
20～64歳　6,938万人（55%）
～19歳　2,074万人（16%）

2025年（推計）
総人口　1億2,326万人
75歳～　2,155万人（17%）
65～74歳　1,498万人（12%）
20～64歳　6,766万人（55%）
～19歳　1,907万人（15%）

2040年（推計）
総人口　1億1,284万人
75歳～　2,227万人（20%）
65～74歳　1,701万人（15%）
20～64歳　5,808万人（51%）
～19歳　1,547万人（14%）

2070年（推計）
総人口　8,700万人
75歳～　2,180万人（25%）
65～74歳　1,187万人（14%）
20～64歳　4,234万人（49%）
～19歳　1,099万人（13%）

資料：実績値（2020年）は総務省「国勢調査（不詳補完値）」、推計値（2025年、2040年、2070年）は国立社会保障・人口問題研究所「日本の将来推計人口（令和5年推計）出生中位・死亡中位推計」（各年10月1日現在人口）により厚生労働省政策統括官付政策統括室において作成

出所：厚生労働省ウェブサイト　統計情報・白書 白書、年次報告書 令和5年版厚生労働白書―つながり・支え合いのある地域共生社会―（本文）
（https://www.mhlw.go.jp/stf/wp/hakusyo/kousei/22/index.html）

くかの概算的な推計による予想と考えることが出来る。つまり、2020年実績では、勤労世代は6,938人に対して退職世代3,602人を支えているが、2025年推計では、勤労世代は6,766人に対して退職世代3,653人を支えることになり、さらに2040年推計では、勤労世代は5,808人に対して退職世代3,928人を支えることになる。そして、おおよそ50年後の2070年では、勤労世代は4,234人に対して退職世代3,367人を支えることになると推計され、国民負担率の増大が予測される。安定的な制度と維持してゆくためには、社会保障制度改革は急務であろう。

1-3-4　社会保障給付費

　高齢化の進展を反映し社会保障給付費は、年々増加し、2023年（予算ベース）では、134.3兆円（対GDP比23.5％）となっており、今後も高齢化に伴って、社会保障給付費の増加が予想される。**図1－11**が示すように給付総額は、1980年24.9兆円、2000年78.4兆円、2020年132.2兆円と負担は増大しており、2023年（予算ベース）では134.3兆円となる見込みである。また、国内総生産（A）に占める給付費総額（B）の割合（B/A）は、1980年10.0％、2000年14.6％、2020年24.7％と負担は増大しており、2023年（予算ベース）では23.5％となる見込みである。今後も国民の負担の増大は不可避であり、財政事情はますます厳し

[　**図1－11　社会保障給付費の推移**　]

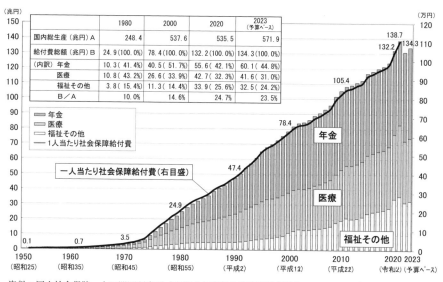

資料：国立社会保障・人口問題研究所「令和3年度社会保障費用統計」、20222～2023年度（予算ベース）は厚生労働省推計、2023年度の国内総生産は「令和5年度の経済見通しと経済財政運営の基本的態度（令和5年1月23日閣議決定）」
（注）図中の数値は、1950, 1960, 1970, 1980, 1990, 2000, 2010, 2020及び2021並びに2023年度（予算ベース）の社会保障給付費（兆円）である。
出所：厚生労働省ウェブサイト　政策について　分野別の政策一覧　他分野の取り組み　社会保障全般　社会保障制度改革　給付と負担について
（https://www.mhlw.go.jp/stf/newpage_21509.html）

くなることが予想される。将来にわたり安定的な社会保障制度を構築するための抜本的な制度改革が必要であることが分かるだろう。

‖1-4 国の財政と財政健全化[22]‖

　今後、高齢化の進展に伴い社会保障関係費の増加が予想される中、潜在的な国民負担率の上昇に伴う経済活力への悪影響、世代間の不公平性の拡大、一層の財政悪化による政策対応力の減少などの様々な問題が発生する可能性が存在する。そこで、本節では、租税負担率と社会保障負担率を合わせた国民負担率の現状について、国際比較を行いながら議論した上で、財政健全化について考察する。

1-4-1　国民負担率の国際比較

　図1-12が示しているように、国民所得に対する租税負担率と社会保障負担率の合計を**国民負担率**と定義するが、わが国の国民負担率は主要先進国と比べると比較的低い水準にある。財政や社会保障の仕組みを持続的なものとしていくためには、高齢化に伴う社会保障給付費の増加と国民の負担の関係について国民全体で議論していく必要があると考えられる。日本46.8％は、アメリカ32.3％、イギリス46.0％に次いで3番目に低い水準である。その他の国では、ドイツ54.0％、スウェーデン54.5％、フランス69.9％となっている。しかし、これは現在の世代が受益に応じた負担を行わず、財政赤字という形でその負担を将来世代へ先送りしていることにある。したがって、国民負担率に財政赤字対国民所得比を加えた**潜在的国民負担率**を定義すれば、日本53.9％、アメリカ50.8％、イギリス63.4％、ドイツ59.7％、スウェーデン58.6％、フランス83.0％となっている。日本も含めて他の諸国もが国民負担率と比べて潜在的国民負担率が大きく増加することからも、将来世代への負担が大きくなっていることが

22　財務省ウェブサイト　「日本の財政関係資料（令和5年10月）」等を参照こと。

[　**図1−12　国民負担率の国際比較**　]

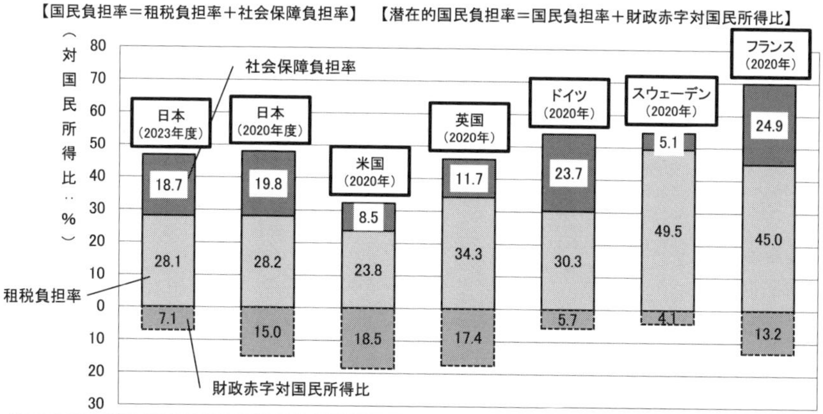

【国民負担率＝租税負担率＋社会保障負担率】　【潜在的国民負担率＝国民負担率＋財政赤字対国民所得比】

	国民負担率	潜在的国民負担率
	46.8 (34.5)　47.9 (33.5)　32.3 (26.1)　46.0 (34.7)　54.0 (40.7)　54.5 (36.7)　69.9 (47.7)	53.9 (39.7)　62.9 (43.9)　50.8 (41.1)　63.4 (47.8)　59.7 (45.1)　58.6 (39.5)　83.0 (56.7)

(対国民所得比：％（括弧内は対GDP比））

資料：日本：内閣府「国民経済計算」等 諸外国：OECD "National Accounts"、"Revenue Statistics"、"Economic Outlook 112"（2022年11月22日）

（注1）日本の2023年度（令和5年度）は見通し、2020年度（令和2年度）は実績。諸外国は推計による2020年暫定値。

（注2）財政収支は、一般政府（中央政府、地方政府、社会保障基金を合わせたもの）ベース。ただし、日本については、社会保障基金を含まず、米国については、社会保障年金信託基金を含まない。

出所：財務省ウェブサイト　財務省の政策 予算・決算 わが国の財政状況 財政関係パンフレット・教材 日本の財政関係資料（令和5年10月）
（https://www.mof.go.jp/policy/budget/fiscal_condition/related_data/202310_00.pdf）

分かる。したがって、現行制度を前提とする限り、高齢化の進展はこれからも続くことが予想されるから、社会保障給付の増加と国民負担の関係について議論し、国民負担率を抑制してゆく社会保障制度改革が必要となるだろう。

1-4-2　財政健全化の必要性

　次にわが国の財政として財政健全化の必要性について考察する。第1に**公債依存の問題点**が存在する。わが国では、受益と負担の均衡がとれておらず、現在の世代が自分たちのために財政支出を行えば、将来世代へ負担を先送りすることになる。財政の公債依存には、以下の4つの問題点が存在する。

1．受益と負担のアンバランス

　わが国では、社会保障関係費の増大に見合う税収を確保できておらず、給付と負担のバランスが不均衡の状態に陥っており、制度の持続可能性を確保できていない。また、公債に依存する緩い財政規律のもとでは、財政支出の中身が中長期的な経済成長や将来世代の受益に資するかのチェックが甘くなりやすい。

2．望ましくない再分配

　将来世代のうち国債保有層は償還費等を受け取れる一方、それ以外の国民は社会保障関係費等の抑制や増税による税負担を被ることになりかねない。将来世代は自ら決定に関与できなかったことに税負担等を求められ、望ましくない再分配が生じる。

3．財政の硬直化による政策の自由度の減少

　経済危機時や大規模な自然災害時の機動的な財政上の対応余地が狭められる。

4．国債や通貨の信認の低下などのリスクの増大

　第2に低金利下における財政運営の問題点が存在する。低金利環境においても、公債発行に依存せず、財政健全化を進めていくことが重要となる。以下の4つを考慮する必要がある。

1．「金利＜成長率がいつまでも続く」との想定は過度に楽観的

　過去の状況を見ると、金利が名目成長率を上回っている場合が多い。このまま金利が名目成長率を下回り続けるとの想定はあまりにも楽観的である。そのため少なくとも金利は名目成長率と同程度の前提に立つ必要がある。

2．債務残高対GDP比の安定的な引下げには、PB黒字化が必要

　金利＜成長率でも、毎年度のプライマリーバランスの赤字によって新たに追

加される債務が大きければ、債務残高対GDP比の低下は望めない。

3．低金利の恩恵は日本の財政への信認が大前提

　国債の信認と安定消化は財政健全化努力の賜である。「信認されているから健全化不要」との主張は本末転倒であり、国債の信認が失われれば、通貨の信認や金融機関の財務状況にも悪影響を及ぼす。たとえ、自国通貨建債務でも資本逃避のリスクが存在する。

4．日本の財政赤字は構造的要因

　日本の財政赤字は、少子高齢化を背景とする社会保障関係費の増大という構造的なものが原因である。「機動的な財政上の対応」を名目に、社会保障制度の持続可能性の確保という構造的な問題を放置すべきではない。

1-4-3　財政健全化目標

　わが国の財政健全化目標とその変遷としては、1990年度（平成2年度）予算では特例公債の発行から脱却できたが、阪神・淡路大震災への対応等により、1994年度以降、特例公債の発行が復活し、現在まで続いている。その後、財政健全化目標（フロー）は、「特例公債脱却」から「国・地方を合わせたプライマリーバランスの黒字化」に転換され、目標達成が目指されてきた。現在の財政健全化目標としては、2025年度に、国・地方を合わせたプライマリーバランスを黒字化すると同時に、債務残高対GDP比の安定的な引下げを行うことを掲げている。

　そこで、財政健全化目標に用いられるストック・フロー指標の関係について以下の3点から考察する。

1．＜ストックの指標＞債務残高対GDP比

　国や地方が抱えている借金の残高（国・地方の公債等残高）をGDPと比較して考える指標である。経済規模に対する国・地方の債務の大きさを計る指標

として、財政の健全性を図る上で重要視される。

2. ＜フローの指標①＞財政収支（利払費を含めた収支）

　（借金に頼らず）税収等で、「政策的経費＋過去の借金の利払費」のどの程度を賄えているかを示す指標である。ちょうど賄えている状態（財政収支均衡）では、今年の借金は、過去の借金の元本返済（債務償還費）分にとどまり、債務残高は不変となる。債務残高を減少させるためには、財政収支黒字（税収等で、過去の借金の元本返済（債務償還費）も進める状態）となる必要がある。

3. ＜フローの指標②＞基礎的財政収支（プライマリーバランス、利払費を除く収支）

　税収等で、「政策的経費」のどの程度を賄えているかを示す指標で、利払費を除く分、財政収支よりも財政規律的には緩い概念である。プライマリーバランスが均衡している状態では、今年の借金は、過去の借金の元本返済に加え、利払費まで含めた金額となるため、債務残高は利払費分だけ増加してゆく。プライマリーバランスが赤字なら、それがさらに債務残高の増加につながる。

　ストックの指標（「債務残高対GDP比」の安定的引下げ）との関係を考える場合、分子である債務残高の増加が、分母であるGDPの増加の範囲内に抑えられるか否かがカギとなり、プライマリーバランスの水準、金利、成長率の関係がポイントとなる。

1-4-4　財政健全化目標に向けた取組み

　財政健全化目標に向けた取組みについては、債務残高対GDP比の変動要因は、（1）名目成長率と金利の大小関係、（2）プライマリーバランスの水準の2つからなり、（1）については長期金利が名目成長率を上回っている場合が多く、このため、債務残高対GDP比の安定的な引下げには、少なくとも名目成長率と名目金利が同程度であるという前提に立ち、フロー収支の改善（プライマリーバランスの黒字化）を目指すことが必要となる。

[　図1-13　（今期の）債務残高対GDP比　]

出所：財務省ウェブサイト　財務省の政策　予算・決算　わが国の財政状況　財政関係パンフレット・教材　日本の財政関係資料（令和5年10月）
（https://www.mof.go.jp/policy/budget/fiscal_condition/related_data/202310_00.pdf）

　まず**図1-13**で示すように図中ではプライマリーバランスをPBとして、金利（r）＝名目経済成長率（g）で、PB赤字＝0であれば、債務残高対GDP比は一定、つまり、債務残高対GDP比の安定的な引下げのためには、プライマリーバランスの黒字化が必要と考えられる。

　図1-14では、財政健全化目標の一つの指標として用いられる基礎的財政収支（プライマリーバランス）が解説されている。以下ではプライマリーバランスの指標に基づいて財政収支均衡という健全化目標について考えてみる。プライマリーバランスは各時点での政策的経費が、各時点での税収等でどれだけ賄えているのかを示した指標である。

　現在の財政状況は、**図1-14**の図Aの状況であり、政策的経費が税収等を上回っているプライマリーバランスが赤字の状態である。そこで、まず目指すのがプライマリーバランスの均衡の状態である**図1-14**の図Bである。これは政策的経費が税収等と等しく、財政健全化に向けた次の段階と考えられる。しかし、プライマリーバランス均衡の状態では、利払費分だけは債務残高が増加していることになり、さらに、**図1-14**の図Cの状態である新たな借金の額と過去の借金の原本返済である**債務償還費**が等しくなることが必要であり、この状態が実現されて財政収支が均衡した状態となり、財政健全化が実現されたことになる。

[　図1-14　プライマリーバランスの黒字化　]

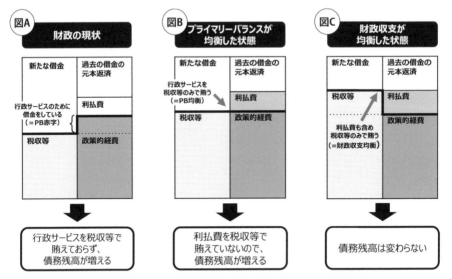

出所：財務省ウェブサイト　財務省の政策 予算・決算 わが国の財政状況 財政関係パンフレット・
　　　教材 日本の財政関係資料（令和5年10月）
　　　（https://www.mof.go.jp/policy/budget/fiscal_condition/related_data/202310_00.pdf）

●参考文献●

［和　文］

入谷純『財政学入門』日本経済新聞社、1992年。

井堀利宏『財政学』（第4版）新世社、2013年。

井堀利宏『大学4年間の経済学が10時間でざっと学べる』中経出版、株式会社KADOKAWA、
　　　堀2015年。

井堀利宏『新版　要説：日本の財政・税制』税理経理協会、2022年。

江島一彦編『図説　日本の税制（平成27年度版）』財経詳報社、2015年。

大矢俊雄編『図説　日本の財政（平成27年度版）』東洋経済新報社、2015年。

小塩隆士『コア・テキスト　財政学』新世社、2002年。

栗林隆・江波戸順史・山田直夫・原田誠編『財政学』（第6版）創成社、2023年。

角野浩『失業と環境政策の租税分析』同友館、2014年。

田原芳幸編『図説　日本の税制（平成28年度版）』財経詳報社、2016年。

土井丈朗『入門財政学（第2版）』日本評論社、2021年。

林宏昭・玉岡雅之・桑原美香『入門財政学』（第 2 版）中央経済社、2015年。

林宏昭『日本の税制と財政』（第 2 版）中央経済社、2023年。

林宣嗣『基礎コース　財政学』新世社、1999年。

栁下正和・于洋・青柳龍司編『はじめての財政学』（第 2 版）文眞堂、2022年。

森徹・鎌田繁則編『格差社会と公共政策』勁草書房、2013年。

［資　料］

朝日新聞　2023年12月23日　膨張予算　112兆円当初予算案　閣議決定　微減の裏で
　やっぱり膨張。

日本経済新聞　2023年12月23日　社保・国債費、最大58％　来年度予算案112兆円　過去
　2番目　政府決定。

［データ・資料］

厚生労働省ウェブサイト

・政策について　分野別の政策一覧　健康・医療　健康　感染症情報　新型コロナウイル
　ス感染症について
　（https://www.mhlw.go.jp/stf/seisakunitsuite/bunya/0000164708_00001.html）
　（2024年 1 月12日確認）

・統計情報・白書　各種統計調査　厚生労働統計一覧　人口動態調査　結果の概要　令和
　3 年（2021）人口動態統計（報告書）
　（https://www.mhlw.go.jp/toukei/saikin/hw/jinkou/houkoku21/index.html）
　（2024年 1 月16日確認）

・統計情報・白書　白書、年次報告書　令和 5 年版厚生労働白書－つながり・支え合いの
　ある地域共生社会－（本文）
　（https://www.mhlw.go.jp/stf/wp/hakusyo/kousei/22/index.html）
　（2024年 1 月16日確認）

・政策について　分野別の政策一覧　他分野の取り組み　社会保障全般　社会保障制度改
　革　我が国の人口について
　（https://www.mhlw.go.jp/stf/newpage_21481.html）
　（2024年 1 月16日確認）

財務省ウェブサイト

・財務省の政策　予算・決算　毎年度の予算・決算　予算　令和 2 年度予算
　（https://www.mof.go.jp/policy/budget/budger_workflow/budget/fy2020/index.html）
　（2024年 1 月12日確認）

・財務省の政策　予算・決算　毎年度の予算・決算　予算　令和 6 年度予算
　（https://www.mof.go.jp/policy/budget/budger_workflow/budget/fy2024/fy2024.html）
　（2024年 1 月13日確認）

・財務省の政策　予算・決算　わが国の財政状況　財政関係パンフレット・教材　日本の
　財政関係資料（令和5年10月）
　（https://www.mof.go.jp/policy/budget/fiscal_condition/related_data/202310_00.pdf）
　（2024年1月14日確認）
・日本の財政を考える
　（https://www.mof.go.jp/zaisei/index.htm）
　（2024年1月14日確認）
・財務省の政策　財政投融資（国からの資金の貸付・投資）
　（https://www.mof.go.jp/policy/filp/index.html）
　（2024年1月14日確認）

内閣府ウェブサイト
・内閣府の政策　経済財政政策　白書等（経済財政白書、世界経済の潮流、地域の経済等）
　白書等（過去のデータ）　経済財政白書／経済白書　平成21年度　年次経済財政報告
　第1節　世界的な金融危機と国内金融
　（https://www5.cao.go.jp/j-j/wp/wp-je09/09b02010.html）
　（2024年1月12日確認）
・内閣府の政策　経済財政政策　経済対策の進捗状況　コロナ禍における「原油価格・物
　価高騰等総合緊急対策」（令和4年4月26日）
　（https://www5.cao.go.jp/keizai1/keizaitaisaku/followup/followup09/followup09.html）
　（2024年1月12日確認）
・内閣府の政策　経済財政政策　白書等（経済財政白書、世界経済の潮流、地域の経済等）
　日本経済2022−2023　『令和5年度年次経済財政報告−動き始めた物価と賃金−（令和
　5年8月29日）』
　（https://www5.cao.go.jp/keizai3/whitepaper.html）
　（2024年1月12日確認）

NHK NEWS WEBウェブサイト
・令和6年度予算　子育て支援はどうなる？暮らしや賃上げは？経済成長は？
　（https://www3.nhk.or.jp/news/special/yosan2024/）
　（2024年1月13日確認）

NIID国立感染症研究所ウェブサイト
・感染症情報　コロナウイルス感染症　コロナウイルスとは
　（https://www.niid.go.jp/niid/ja/kansennohanashi/9303-coronavirus.html）
　（2024年1月12日確認）

第2章　所　得　税

Key! Words

租税原則　垂直的公平性　水平的公平性　能力説
利益説　フロー　ストック　包括的所得税　累進課税　代替効果　所得
効果　所得再分配　社会的厚生関数　ローレンツ曲線　ジニ係数

‖2-1 租税の基礎理論[1]‖

本節では、政府の公共財のサービスの対価として国民に負担を求める租税について見てゆくことにする。そこでまず租税にかかわる基礎知識を整理したうえで、最初に所得税について考えてゆくことにしよう。

2-1-1　租税原則

どのような税をどのような理念に基づいて課すべきかといった税制の準拠すべき基準が**租税原則**（principle of taxation）である。古くはアダム・スミスの4原則[2]、ワグナーの4大原則・9原則[3]、そしてマスグレブの7条件[4]が挙げられ

---

[1]　関連する内容は井堀［2002］、井堀［2022］、入谷他編［1996］、江島編［2015］、大矢編［2015］、栗林他編［2023］、角野［2014］、田原編［2016］、釣他［2009］、土井［2021］、林他［2015］、林［2023］、柳下他編［2022］等を参照のこと。

[2]　(1) 公平の原則、(2) 明確の原則、(3) 便宜の原則、(4) 最小徴税費の原則の4原則を指す。

[3]　(1) 財政政策上の原則、(2) 国民経済上の原則、(3) 公正の原則、(4) 租税行政上の原則の4大原則を指す。

[4]　(1) 十分性、(2) 公平、(3) 負担者、(4) 中立（効率性）、(5) 経済の安定と成長、(6) 明確性、(7) 費用最小の7条件を指す。

る。そして、これらは近年になって税負担の「**公平性（equity）**」、経済への「**中立性（neutrality）**」、制度の「**簡素さ（simplification）**」として３原則としてまとめられるようになった。公平性は、市場経済では所得分配が極度に不平等になることがあり、租税は不平等を是正するように課されるべきであるという公正（justice）の原則のことである。中立性は、市場経済に備わっている活力を損なわないように、中立的に課税がなされるべきであるということである。そして、簡素さは、課税に要する行政上の費用が小さく、かつ、その影響を受ける人々がそれを十分に理解できるように簡単で分かりやすい制度であるべきであることを意味する。

　租税は公平性、中立性、簡素さの３つの租税原則によって設定し、運用されるべきであると考えられる。しかし、これらの全ての原則を同時に満たすことは難しいかもしれない。例えば、中立性の原則を重視し、効率性を重んじる租税政策を施した場合、生産性の高い者が高所得者、生産性の低い者は低所得者という不平等な所得分配をもたらす結果となる可能性がある。このように中立性（効率性）を重視すれば公平性が保たれなくなり、逆に公平性を重視すれば中立性がくずれることにもつながってくる。したがって公平性と中立性は**トレード・オフの関係**にあり、両者を同時に満たすことは困難である。しかし、租税３原則を満たすような租税制度を見出すことが大切な政府の役割である。

2-1-2　垂直的公平性と水平的公平性

　課税の公平性を考える場合、垂直的公平性と水平的公平性の２つの概念がある。

　異なる所得を稼ぐ者には、異なる税負担を課すことが望ましいとするのが**垂直的公平性**（vertical equity）である。つまり高額所得者には租税負担を多くすべきであるという考え方である。したがって、次節から説明する所得税のような直接税では、累進所得税の体系が一番望ましく、次いで比例所得税、一括税または**定額税**（lump-sum tax）ということになる。つまり**累進税**（progressive tax）と社会保障制度を組み合わせて租税制度に所得再分配機能

を付与することの根拠となるのが垂直的公平性である。また、間接税で言えば、財に個別に課す個別消費税が一番望ましく、次いで一般消費税ということになる。

　次に等しい所得を稼ぐ者には、等しい税負担を課すことが望ましいとするのが**水平的公平性**（horizontal equity）である。つまり同額の所得稼得者には同額の租税負担を課すべきであるという考え方である。しかし、現実の租税制度では、職種の違いによって税務当局の**捕捉率**と呼ばれる所得が把握できる割合に差が生じているために、いわゆる「クロヨン」とか「トーゴーサン」と言われる不公平性の問題が存在する[5]。

2-1-3　能力説と利益説

　租税制度において現実に課税する場合の課税根拠としては、能力説と利益説の2つの考え方がある。

　2-1-2の垂直的公平性のように課税の根拠を税の負担能力に求める場合を**能力説**（ability-to-pay principle）と呼び、人々の租税を負担する能力である**担税力**（ability to pay）に応じて課税する考え方を**応能課税**と呼んでいる。

　また、課税の根拠を政府が提供する公共財・公共サービスの受益の対価に求める場合を**利益説**（benefit principle）と呼び、人々が政府からどれだけ公共財や公共サービスの受益を得たかに応じて課税する考え方を**応益課税**と呼んでいる。これは受益と負担が一致するように課税されることが望ましい。例えば、地方税のような課税範囲が減らされており、しかも地域住民と密着した公共サービスの供給による受益と負担が比較的特定化しやすい場合に課税根拠として用いられることが多い。

---

[5]　所得の捕捉率が、サラリーマン、自営業者そして農家の順で、9割・6割・4割であったり、10割・5割・3割であったりすることを示している。

┃2-2 所得税の仕組み[6]┃

　家計は様々な形で所得を受け取るが、本節では、それらの所得に対して政府が課税する所得税について見てゆくことにする。

2-2-1　所得税とは

　所得税（income tax）は、年度中の個人の所得、例えば給料・賃金や商売による利益、あるいは土地や株式の売買で得た利益などに対して課される税金である。このように日常の一般的な経済活動を行っている者には、様々な職業の人が居て、様々な所得形態で利益を得ていると予想される。例えば、サラリーマンは、月々の給料が主な所得であろうし、会社の役員などは役員報酬を受けるだろうし、TVで観ることのできるプロのスポーツ選手は、年俸やCM出演料から所得を得ているであろう。このように所得源泉は様々な形態があることが分かり、その様々な所得源泉に対して税金が課されているのが所得税と理解できる。**表2－1**にあるように所得は、その源泉もしくは性質によって10種類

[　**表2－1　所得の種類（10分類）**　]

種　　類	内　　　容
利 子 所 得	預貯金、国債などの利子所得
配 当 所 得	株式、出資の配当などの所得
事 業 所 得	商工業、農業など事業をしている場合の所得
不 動 産 所 得	土地、建物などを貸している場合の所得
給 与 所 得	給料、賃金、ボーナスなどの所得
退 職 所 得	退職手当、一時恩給などの所得
譲 渡 所 得	土地、建物、ゴルフ会員権などを売った場合の所得
山 林 所 得	山林の立木などを売った場合の所得
一 時 所 得	クイズの賞金、生命保険契約の満期返済金など、一時的な所得
雑 　所 　得	恩給、年金などの所得
	営業でない貸金の利子など、上記所得に当てはまらない所得

出所：田原編［2016］、柳下他編［2022］、林［2023］など参照。

6　関連する内容は井堀［2002］、井堀［2022］、入谷他編［1996］、江島編［2015］大矢編［2006］、栗林他編［2023］、貝塚［2003］、田原編［2016］、土井［2021］、林他［2015］、林［2023］、柳下他編［2022］等を参照のこと。

に分類されている。国税庁ウェブサイト「所得税の種類と課税方法」では、総合課税・申告分離課税および源泉分離課税の各所得の風時方法の詳細が説明されている。

　所得は、その性質によって担税力が異なっているという前提に立っており、公平性の観点から担税力に応じて所得金額を計算することになっている。まず、それぞれの所得ごとに収入金額を計算し、必要経費等を差し引いて**課税標準**（tax base）たる所得金額を導出する。そして、所得金額から**所得控除**（personal deduction and exemption）[7]の額を差し引いた課税所得の金額に超過累進税率を適用し、算出税額を算出するのが原則である。さらに、算出税額から**税額控除**（tax credit）[8]の額を差し引いたものが納付税額となる。このように全ての所得を合算して課税する仕組みを総合課税と呼んでいるが、退職・山林所得を除く８種類の所得金額の合計となっている。このため退職・山林所得については総所得額には含まれず、他の所得と合算されず分離課税がなされる。このように所得税は、家族構成を考慮した各人の状況に応じた配慮がとれる税といえる。さらに所得税は、各種の控除により、所得金額の一定額以下の人には課税されない所得税の**課税最低限**を設けており、その水準は基礎控除等の水準によって定まることになっている[9]。このようにほぼ自動的な形で納税がなされる給与所得を中心とした制度が**源泉徴収制度**（pay-as-you-earn system）

---

[7]　所得控除の種類は、人的諸控除とその他の諸控除とに分けられる。人的控除は基礎控除、配偶者控除、配偶者特別控除、扶養控除、障害者控除、寡婦（夫）控除、ひとり親控除、勤労学生控除などがあり、その他の諸控除は、雑損控除、医療費控除、社会保険料控除、小規模企業共済等掛金控除、生命保険料控除、地震保険料控除および寄付控除がある。例えば、配偶者のパート収入が103万円以下であれば、給与所得控除額の55万円を差し引くと所得金額は48万円以下となり、基礎控除の48万円も差し引くことができるので配偶者控除が受けられることになる。財務省・国税庁ウェブサイトを参照のこと。

[8]　税額控除の種類は、配当控除、外国税控除、住宅ローン控除、政党等寄附金特別控除、耐震改修税額控除等がある。

[9]　2023年現在では、夫婦子２人の標準的なサラリーマン世帯（片働き、大学生・中学生）のケースでは285.4万円である。制度的な説明については田原編［2016］、林［2023］、栁下他編［2022］、財務省ウェブサイト「税率・税負担に関する資料」を参照のこと。

である。

2-2-2　所得：フローとストック

2-2-1では、所得税の税制度の概要を見てきたが、その所得とはどのように定義し、考えることができるのであろうか。ここでは、まず、所得を「フロー」と「ストック」の２つに分けて定義し、理解することにしよう。

「**フロー**」とは、一定期間内の経済活動の大きさを示すものであり、例えば、生産とか消費などである。所得は、フローで計られるものであり、例えば、１年間にどれだけ収入を稼得したかを示すものであるから、「年収」もしくはスポーツ選手のように「年俸」と呼ばれるわけである。「**ストック**」とは、ある１時点の存在量を示すものであり、例えば、土地、株式、資産や預金残高などである。

ここで、「フロー」と「ストック」の具体的なイメージをつかんでもらうために、ダムを例にとって考えてみることにしよう。ダムは、自然に流れる川の流れの一部をせき止め、ある一定量の水を貯水し、そして、時に放流し、水力発電に使用されたりする。ここでは、川からダムに流れ込む流水量や、（ダムから放水する放水量）が「フロー」であり、ダムに貯水された貯水量が「ストック」ということになる。有名な黒部ダムを例にとれば、放水量は毎秒10立方メートル以上になり、総貯水量は約２億立方メートルとある[10]。夏の渇水時には、貯水率が10パーセントを切っているというようなニュースも良く聞かれる。この例では、フローが放水量、ストックが総貯水量、貯水率である。

2-2-3　包括的所得税

「フロー」と「ストック」の全ての所得源泉を包括して定義した所得に対して課税される包括的所得税について考えることとし、所得について明確な定義づけを行うこととしよう。所得は、その源泉から10種類に分類されていること

---

[10]　黒部ダムウェブサイトを参照のこと。

は2-2-1で述べたが、**包括的所得**（comprehensive income）とは、これらの様々な所得源泉を包括的に定義しようと言うものである。まず、フローとしてのt期の所得をY_t、消費をC_tとして、ストックとしての$t-1$期末の純資産をA_{t-1}、t期末の純資産をA_tとすれば、t期間中に保有されていた資産価値の変動額が次のように表せる。

$$A_t = A_{t-1} + Y_t - C_t \tag{2-1}$$

ただし、A_tは、銀行預金や株式からなる金融資産と土地や建物からなる実物資産から成る。したがって、フローとしての所得Y_tは、

$$Y_t = A_t - A_{t-1} + C_t \tag{2-2}$$

で表される。このように所得の概念を資産の増加分と消費から推定することでサイモンズは包括的所得を定義した[11]。サイモンズの所得の定義は、包括的な課税標準を規定するものとして受け取られている。そして、個人の経済力の大きさを包括的に測定することが、経済力を公平に捉えるために必要であると考えられている。

しかし、包括的な所得は、公平な税制を考える上で課税標準として優れた特徴を有していると言えるが、税務行政上の問題点が存在する。まず、所得税の課税所得を決定するためには必要経費や種々の控除を算定しなければならない。この時、個人の経済活動の範囲を確定する手続きは非常に煩雑なものとなる。例えば、農家が作物を自家消費する場合とか、家庭の主婦の労働をどのように取り扱うのかという問題である。また、サイモンズの概念による所得の定義では、資産価値の変動額の推計を正確に行わなければいけない。しかし、このためには、（2-1）から分かるように株式の売買など市場価格を基礎として算定しなければいけないが、このような評価が極めて困難であり、推定のみに頼らなければいけない場合も生じてくる。

---

[11]　Simons［1938］を参照のこと。

したがって、サイモンズが定義した包括的所得の概念は、公平な税制を設定するためには理想的な課税標準となりうるが、現実の税制では必ずしも採択することは難しいかもしれない。

　包括的所得の概念で考慮した所得は、労働により給与などとして分配される「**労働所得**」と、資本などにより利子、配当などとして分配される「**資産所得**」として２つの所得から成り立っていると考え、これらを合算し単一の税率を適用するのが「包括的所得税」である。しかし、2-2-1で見たように、実際の所得税では10種類の所得に分類し、担税力に相違に応じた税率を計算方法として定めていることからも分かるように、「労働所得」に対しては「労働所得税」、「資産所得」に対しては「資産所得税」が個別に課されている。

2-2-4　累進所得税

　所得税を考える上で、担税力の差異を考慮して「垂直的公平性」の観点から所得の再分配効果を意図した「累進課税」がある。累進所得税による所得の再分配とは、担税力の大きい高所得者層には高税率を課し、逆に担税力の小さい低所得者層には低税率を課し、さらに高所得者層から得た税収を再分配し、様々な保障を行うというものである。累進課税は、所得税による所得再分配を支える大切な課税根拠である。

　そこで累進度をはかる指標として、次の２つを取り上げよう。まず、所得Yとし、その税額T、また、所得の変化分ΔY、税額の変化分ΔTとすれば、１つは、「**平均税率**（Average Tax Rate）：AT」で、税額をその所得で割ったものであり、T/Yで表される。つまり、所得の何％所得税が占めているかを示したものであり、例えば、所得1,000万円で税額が100万円であれば、平均税率ATは10％である。もう１つは、「**限界税率**（Marginal Tax Rate）：MT」で、所得が１単位増加したときに、税額がどれだけ増加するか示すものであり、$\Delta T/\Delta Y$で表される。例えば、100万円所得が増加したとき、税額が10万円増加すれば、限界税率MTは10％である。

[　**表2−2　個人所得課税の税率構造**　]

課税される所得金額	税率	控除額
1,000円から　1,949,000円まで	5%	0円
1,950,000円から　3,299,000円まで	10%	97,500円
3,300,000円から　6,949,000円まで	20%	427,500円
6,950,000円から　8,999,000円まで	23%	636,000円
9,000,000円から17,999,000円まで	33%	1,536,000円
18,000,000円から39,999,000円まで	40%	2,796,000円
40,000,000円以上	45%	4,796,000円

＊平成25年から令和19年までの各年分の確定申告においては、所得税と復興特別所得税（原則として
　その年分の基準所得税額の2.1パーセント）を併せて申告・納付する。
出所：国税庁ウェブサイト　税の情報・手続・用紙/税について調べる/タックスアンサー（よくある
　税の質問）/No.2260　所得税の税率

　現在の日本の所得税の税率構造は**累進税率**（progressive rate）であり、**表2−2**にあるように所得に応じて限界税率を7段階に適応する超過累進税率で税率を規定する累進課税を行っている。国税庁ウェブサイトには、課税される所得金額が7,000,000円の場合、7,000,000円×0.23−636,000円=974,000円の税額となる計算例が記載されている[12]。

　ちなみに、税率が一定であり、平均税率と限界税率が一致する税率構造は**比例税率**（proportional rate）の税制である。

　累進所得税とは、担税力に応じて所得の高い人に税負担を重くすることであるから、平均税率 AT によって累進度を測ることも可能である。平均税率が所得の増加とともに大きくなる場合を「累進的」とし、平均税率が所得ともに小さくなる場合を「逆進的」として、限界税率が一定である**線形所得税**（linear

---

[12]　平成19年分より、所得税から個人住民税の税源移譲が行われたことから、個人所得課税の税率構造はこれまでの4段階から6段階となり、平成27年分以降は5％、10％、20％、23％、33％、40％および45％の7段階となった。アルバイトなどの収入は給与所得であり、給与所得控除は162.5万円までは55万円、基礎控除は2,400万円までは48万円となり、合算することにより所得税がゼロとなる所得額は103万円である。アルバイトなどの収入が103万円以下であれば確定申告する必要がない限度額となり「**103万円の壁**」を意味する。財務省・国税庁ウェブサイト等を参照のこと。

income tax）を考えてみることにしよう。

　ここで、税額T、所得Y、控除額Eおよび一定の限界税率tとおけば、所得税額は次のように決まる。

$$T = t\left(Y - E\right) \tag{2-3}$$

　したがって、平均税率ATは、

$$AT = \frac{T}{Y} = t\left(1 - \frac{E}{Y}\right) \tag{2-4}$$

である。ここで控除額Eを3つのケースに分けて考えてみよう。第1に、$E>0$のケースである。この場合の平均税率ATを**図2－1**に示してあり、平均税率は原点と各所得点（点A、点B）とを結ぶ線分の傾きで表されている。このことから分かるように所得が増加するに伴って線分の傾きが急になり、平均税率が大きくなってゆくことが見てとれる。したがって、$E>0$のケースでは、「累進的」ということになる。T_B

[　**図2－1　線形所得税：$E>0$のケース**　]

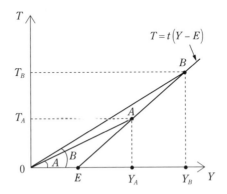

　次に（2-4）から、累進的であることを確認しよう。（2-4）の右辺で限界税率t、控除額Eは一定であるから、所得Yが増加するに伴い、右辺のカッコ内

のE/Yはゼロに近づき、$(1-E/Y)$は1に近づいて大きくなり、右辺は限りな
く限界税率tの値に近づいてゆくことが分かる。このことから、平均税率ATは、
所得が増加するに伴い「累進的」になることが確認される。

[　**図2-2　線形所得税：$E<0$のケース**　]

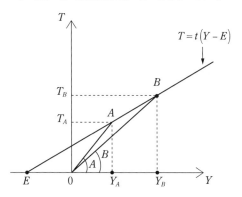

第2に、$E<0$のケースである。これは、控除額がマイナスを仮定しており、
所得がなくとも所得税が課せられる場合であり、理論的なケースである。この
場合の平均税率ATを**図2-2**に示してあるが、原点と各所得点（点A、点B）
とを結ぶ線分の傾きは、所得が増加するに伴って緩やかとなり、平均税率が小
さくなる。したがって、$E<0$のケースでは、「逆進的」ということになる。

次に（2-4）から、逆進的であることを確認しよう。ここで、控除額Eはマ
イナスで一定であると考えているから、$E=-e<0$（$e>0$）と置いておこう。
（2-4）の右辺のカッコ内は、$(1+e/Y)$となるから、所得Yが増加するに伴い、
右辺のカッコ内のe/Yは小さくなり、$(1+e/Y)$が小さくなりながら1に近づい
ていくことが分かる。このことから、平均税率ATは、所得が増加するに伴い
「逆進的」になることが確認される。

第3に、$E=0$で控除額が全くないケースである。この場合の平均税率ATは
線形所得税と重なり、所得が増加とともに平均税率は変化しない。したがって、

$E=0$のケースでは、「比例的」ということになる。このケースは図を示してはいないが、$E=0$から、(2-3) は原点からのびる右上がりの線形によって、直線である原点と各所得点（点A、点B）とを結ぶ線分が (2-3) と一致することから、容易に理解される。

次に (2-4) から、比例的であることを確認しよう。ここで、控除額Eは0であるから、(2-4) の右辺のカッコ内は1となるから、所得Yが増加するに伴い、右辺は限界税率tの値で一定である。このことから、平均税率ATは、所得が増加するに伴い「比例的」であることが確認される。

‖2-3 所得税の労働供給への影響[13]‖

本節では、所得税の家計への影響を、労働供給に対する影響として考えてみることにしよう。直接税である所得税は、納税義務者の所得に応じて個別に課税されるから、家計の労働供給の対価として支払われる賃金に課税される。したがって、所得税が課されると可処分所得が減少することになるから、労働供給のインセンティブにどのような影響を与えることになるかを考察することになる。

2-3-1　家計の効用最大化行動

まず、家計の行動をモデルで表すことにしよう。家計が単位時間当たり（例えば、1週間、1日）どれだけ働き、そして余暇に振り向けるかという行動を考える。したがって、家計の余暇と消費の選択の問題という視点から問題を考えよう。まず、家計の労働供給とは、余暇を犠牲にして労働を提供し、対価として賃金を稼得するから、利用可能な時間を余暇と労働に振り分けることになる。ここで利用可能な時間を1とし、余暇lおよび労働$1-l$で表す。次に、家

<small>13　関連する内容は入谷他編［1996］、井堀［2002］、井堀［2022］、貝塚［2003］、栗林他編［2023］、土井［2021］、林［2023］、柳下他編［2022］、Rosen and Gayer［2014］等を参照のこと。</small>

計の予算制約式は、労働供給のみによって所得を得ているとし、その全てを消費するとしよう。消費価格は1、賃金率wとすれば、労働所得（賃金）が消費額に等しくなる。家計の**予算制約**（budget constraint）は、

$$w(1-l) = c \tag{2-5}$$

で表される。(2-5) を**予算線**（budget line）とよぶ。また、家計の効用関数は、

$$U = U(c, l) \tag{2-6}$$

とする。したがって、家計は予算制約式 (2-5) の下で (2-6) の余暇lと消費cからの効用を最大化するから、最大化問題は、

$$\underset{c,l}{\text{Max}}\ U(c, l)$$

$$\text{subject to } w(1-l) = c$$

[　**図2−3　家計の余暇と消費の選択による効用最大化**　]

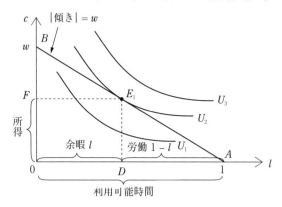

図2−3では、(2-7) のように家計は予算制約式ABの下で、無差別曲線U_1上の点E_1で効用を最大化している。横軸に余暇l、縦軸に消費cが測られている。したがって、横軸の利用可能時間0−1の区間内の全ての点は、余暇lと労働1−

lを同時に測ることになる。予算制約式は、ここでは所得税が課されておらず、賃金率wの絶対値の傾きの直線である。予算制約式（2-5）上の点Aでは、家計は全ての利用可能時間を余暇に使い、労働供給がゼロであるから消費cはゼロであることを示しており、点Bでは、家計は全ての利用可能時間を労働に使い、所得$w(1-l)$を全て消費cに使うことを示していることに注意しておこう。家計の余暇と消費の選好は、通常の原点に対して凸の無差別曲線として描かれると仮定しよう。**図2-3**では、これらを3つの曲線U_1、U_2、U_3で描かれており、効用最大化点E_1では、$0D$が余暇、DAが労働に専心する時間であり、$0F$が稼得所得を表している。

2-3-2　比例所得税の労働供給への影響

所得税の効果について考えて見ることにしよう。まず政府は家計に対して税率tの比例所得税を課すものと仮定しよう。家計の得る所得は賃金率がwから$(1-t)w$に減少することにより余暇に対する機会費用を減少させることになる。したがって、可処分所得が消費額と等しくなるから、

$$(1-t)w(1-l) = c \tag{2-7}$$

で表される。

図2-4では、家計が予算制約式（2-7）の下で（2-6）の効用最大化をはかる状況を図示している。予算制約線はもはやABではなくなり、少し緩やかなAGとなり、傾きは$(1-t)w$の絶対値となる。所得税が課税される前の均衡点E_1は達成できなくなり、課税後の予算制約線AGに沿った点で選択されることになる。この点は、**図2-4**では均衡点E_2で表されている。ここで家計は、$0D'$が余暇、$D'A$を労働として選択するから、$0F'$が可処分所得となる。したがって、家計は労働供給をDAから$D'A$に減少させることになる。

それでは、合理的な家計は、比例所得税の影響によって、常に労働供給を減少させるのであろうか。**図2-5**では、家計は労働供給をDAから$D'A$に増加させている。これは、家計が非合理的な行動を取ったわけではなく、家計の選好

[**図2-4　労働供給が減少する比例所得税の場合**]

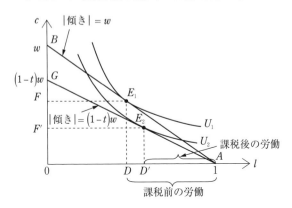

に依存して、課税後にどれだけ労働を増加させるのか、もしくは減少させるのかを決めることになる。

　比例所得税の労働供給への影響が増加もしくは減少する要因は、「代替効果」と「所得効果」の2つの効果が複雑に影響していることによる。「**代替効果**（substitution effect）」とは、課税により賃金率（労働の価格）が下落し、余暇の機会費用が減少し、消費から余暇への代替を引き起こす効果のことであり、労働供給を減少させる効果を持つ。「**所得効果**（income effect）」とは、課税により家計の実質的な所得を減少させるから、消費および余暇をともに減少させる効果のことである。これは、余暇が正常財であることを仮定すれば、所得の減少によって余暇を減少させることを意味する。そして、余暇の減少は同時に労働の増加を引き起こすから、所得効果は、家計の労働供給を増加させる効果を持つ。したがって、2つの効果は労働供給に対して正反対の効果として働くから、どちらの効果が強く働くかによって、労働供給が減少するか、もしくは増加するかが決まってくる。したがって、**図2-4**では、代替効果が所得効果よりも強く働き、余暇が増加するために、労働供給が減少することになる。一方、**図2-5**では、所得効果が代替効果よりも強く働き、余暇が減少するために、労働供給が増加することになる。

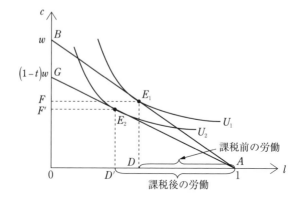

2-3-3　比例所得税の場合の代替効果と所得効果

　「所得効果」と「代替効果」の消費者理論による分析を労働供給が減少する場合を例にとって考えよう。**図2−6は図2−4**の労働供給が減少する場合の総合的な効果を「所得効果」と「代替効果」に分解した図である。

　図2−6では、家計は課税前の状況では、予算制約式ABの下で、無差別曲線U_1上の点E_1で効用を最大化している。そして、比例所得税が課せられると、予算制約式は、ABからAGにシフトし、無差別曲線U_2上で効用を最大化し、新しい均衡点E_2となる。ここで仮に課税後の新しい均衡価格下で無差別曲線U_1の効用水準が維持されるような補助金が家計に与えられたとしよう。**図2−6**上では、仮の予算制約式は点線HIで示されており、次の2つの条件を満たしている。第1に、HIは無差別曲線U_1と接している。第2に、HIの傾きは、課税後の実際の予算制約式AGと等しくなり、**図2−6**でHIはAGと平行に描かれる。仮に家計は予算制約式HI下で効用最大化するならば、均衡点は点E_3となる。したがって、比例所得税の総合効果は、E_1からE_3、そしてE_3からE_2の2つの効果に分解されることになる。第1のE_1からE_3の移動は、実質的な所得変化のない場合の余暇と消費の相対価格の変化の効果であるから「代替効果」

[　図2−6　比例所得税の場合の代替効果と所得効果　]

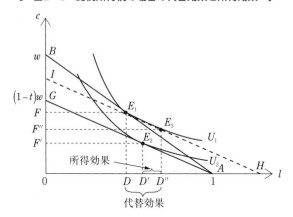

であり、第2のE_3からE_2の移動は、実質的な所得変化の効果であるから「所得効果」と考えられる。代替効果では、労働供給はDAから$D''A$に減少するが、一方、所得効果では、労働供給は$D''A$から$D'A$に増加する。しかし、**図2−6**の場合では、代替効果が所得効果に対して強く働くから、総合的な効果としては、労働供給は減少することが分かるだろう。消費に関しては、代替効果では、$0F$から$0F''$に減少し、所得効果でも、$0F''$から$0F'$に減少することに注意しておこう。

2-3-4　累進所得税の労働供給への影響

　2-3-2、2-3-3では、比例所得税を考えたが、ここではより現在の所得税制度に近い形の超過累進所得税率を考えてみることにしよう。この時、基礎控除等の課税最低限も考慮することにする。まず、課税標準として労働所得から課税最低限E（$0 \leqq E \leqq 500$）を差し引いたものとして表せるから、としておく。したがって、労働所得が課税最低限Eをこえるまでは所得税は課税されないことになる。また、仮に2段階税率が適用されているとすれば、課税最低限から一定所得、例えば500万円までが限界税率t_1が課され、それ以上の所得については限界税率t_2が課されるような超過累進税率を考えてみよう。ここで、限界税

率は$0 < t_1 < t_2$としておく。ここで家計の予算制約式は次のようになる。

1) $w(1-l) \leq E$であれば課税されず、

$$w(1-l) = c \tag{2-8a}$$

2) $E < w(1-l) \leq 500$万（円）であれば限界税率t_1が適用され、

$$w(1-l) - t_1\{w(1-l) - E\} = c \tag{2-8b}$$

3) 500万（円）$< w(1-l)$であれば限界税率t_2が適用され、

$$w(1-l) - \left[t_1(500 - E) + t_2\{w(1-l) - 500\}\right] \tag{2-8c}$$

となる。

[図2－7　累進所得税の労働供給への影響]

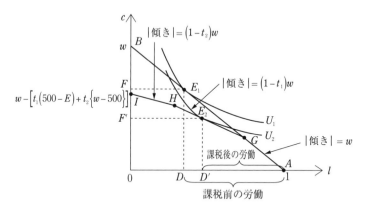

　図2－7では、（2-8a）－（2-8c）による家計の直面する予算制約式は2箇所で屈折している。それは、所得が1) $w(1-l) \leq E$の課税最低限より小さければ、所得税は課されず、家計は（2-8a）によるAGの予算制約式に直面し、2) $E <$

$w(1-l)\leq500$万（円）であれば、（2-8b）による限界税率t_1の所得税が課され、少し緩やかなGHの予算制約式に直面し、そして、3）500万（円）$<w(1-l)$であれば、（2-8c）による500万円超過額分は限界税率t_2の所得税が課され、さらに緩やかなHIの予算制約式に直面するからである。家計はU_2上の均衡点E_2で効用最大化し、0D'が余暇、$D'A$を労働として選択するから、0F'が可処分所得となる。労働供給が増加するか減少するかは、家計の選好に依存することになる。**図2-7**では、代替効果が所得効果にまさり、総合効果として労働供給が減少する場合が描かれている[14]。

▌2-4 所得再分配効果[15]▌

2-3までは、所得税の課税効果について考えてきたが、本節では、所得税の課税根拠となっている垂直的公平性による所得再分配効果について考えてみることにしよう。

2-4-1　所得再分配と実現可能性曲線

経済は、単純化した2人から成っているとしよう。ここで個人2は個人1より所得稼得能力が高く、個人2から個人1に所得の再分配を行うと考える。また、所得の限界効用は逓減することを仮定する。

図2-8では、横軸に個人1の効用U_1、縦軸に個人2の効用U_2をとり、所得再分配によって得られた各個人の効用の組み合わせは、**実現可能性曲線AE**上で示されている。AEは原点に対して凹の曲線であるが、理由は次である。当初所得が個人2が800万円、個人1が300万円とすれば、所得を個人2から個人1へ100万円づつ再分配すれば、BからC、そしてCからDへと移動する。個

14　総合効果では所得効果が代替効果にまさり労働供給が増加する場合も類似して描かれる。読者が各自で確かめられたい。

15　関連する内容は入谷他編［1996］、井堀［2002］、井堀［2022］、上村［2005］、貝塚［2003］、栗林他編［2023］、土井［2021］、林［2023］、柳下他編［2022］、吉田［1996］等を参照のこと。

[図2-8　所得再分配と実現可能性曲線]

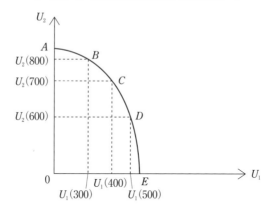

人2の効用は減少し、一方、個人1の効用は増加する。ここで所得の限界効用
逓減が仮定されているから、個人2の効用の減少は、*B*から*C*に比べて*C*から
*D*の変化が大きくなる。個人1の効用の増加も同様に考えることができる。

2-4-2　社会的厚生関数による最適な分配点

　どのような所得再分配が社会的に見て望ましくなるかを考えてみることにし
よう。所得稼得能力の相違と課税前後の所得の相違、そして超過負担による効
率性のコストの問題を考慮して再分配を行うには、想定する社会的厚生関数に
依存してくる。そこで、次の3種類の2人の効用から構成される「**社会的厚生
関数**（social welfare function）」を導入しよう。**図2-9**では、**図2-8**と同様
な個人2が個人1に比べて所得稼得の能力が高い場合の所得再分配の状況を描
いた実現可能曲線状に考慮すべき3つの社会的厚生関数による社会的無差別曲
線が描かれている。

　まず、一定の*W*を実現する*U*₁と*U*₂を集めた2人の効用から成る社会的厚生
関数を考えよう。**図2-9**では、同一の社会的無差別曲線上の点では社会的厚
生は等しくなるように描かれている。

[**図2−9　社会的厚生関数と最適な分配**]

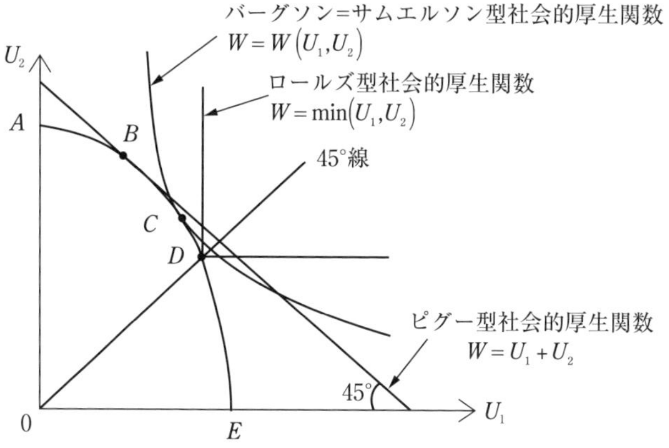

バーグソン=サムエルソン型社会的厚生関数
$W = W\left(U_1, U_2\right)$

ロールズ型社会的厚生関数
$W = \min\left(U_1, U_2\right)$

45°線

ピグー型社会的厚生関数
$W = U_1 + U_2$

$$W = W\left(U_1, U_2\right) \tag{2-9}$$

（2-9）は、「バーグソン=サムエルソン（Bergson-Samuelson）**型社会的厚生関数**」であり、右上方へ行くほど社会的厚生は高くなることを意味する。

次に「**ロールズ（Rawls）型社会的厚生関数**」を考える。これは、効用の最も低い個人（ここでは個人１）の効用が社会的厚生を表すものであり、**図2−9**では、社会的無差別曲線は45線上にＬ字型で示されている。

$$W = \min\left(U_1, U_2\right) \tag{2-10}$$

（2-10）は、社会で最も効用の低い個人の効用を増加させた場合にのみ社会的厚生は増加することを意味する。

もうひとつは、「**ピグー（Pigue）型社会的厚生関数**」である。これは、各人の効用の合計を社会的厚生とするものであり、**図2−9**では、社会的無差別曲線は傾きが−１の直線として示されている。

$$W = U_1 + U_2 \tag{2-11}$$

（2-11）は個人２の効用が１単位減少したとき、個人１の効用が１単位増加

していれば社会的厚生は変化しないことを意味する。

　ロールズ型の社会的厚生関数は、2人の効用を等しくさせる点を最適点としているのに対して、ピグー型の社会的厚生関数は、2人の所得の限界効用を等しくするような点を最適点としている。また、ロールズ型が効用の高い人の効用増加は社会的厚生の増加とならないのに対して、ピグー型は誰の効用の増加でも社会的厚生の増加となることを意味している。

　したがって、**図2-9**で示されているように、3つの社会的厚生関数によって判断した場合の所得再分配による最適点は必ずしも一致するとは限らない。しかし、2人の所得稼得能力が同じであり、全く同一の効用を持っていると仮定すれば、3つの社会的厚生関数による最適な所得再分配点は一致することに注意しておこう。

▎2-5 不平等度の測定[16]▎

　社会的な公平性を客観的に判断するには、所得分布などの状況がどの程度不平等であるかを測る手段が必要である。特に所得分配政策を評価する時には役立つ不平等度の測定方法としてローレンツ曲線の性質を利用したジニ係数がある。本節はこれらの概念を用いて不平等の測定を試みてみることにしよう。

2-5-1　ローレンツ曲線とジニ係数

　不平等度の測定方法としてローレンツ曲線の性質を利用したジニ係数を求めることにしよう。まず、所得分布表を作成することにし、最も所得の低い個人から順番に国民を並べることを考える。横軸には人口累積比率を取り、縦軸には所得累積比率を取る。横軸に沿って所得の最も低い個人から順に数えたとき

16　関連する内容は井堀［2022］、入谷他編［1996］、上村［2005］、栗林他編［2023］、土井［2021］、林他［2015］、林［2023］、柳下他編［2022］、吉田［1996］、厚生労働省ウェブサイト等を参照のこと。

の*x*％の人口の所得の合計が*y*％であるという関係を示した曲線が**ローレンツ曲線**である。

[**図2−10　ローレンツ曲線とジニ係数**]

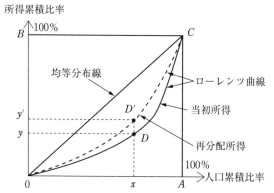

出所：厚生労働省ウェブサイト　報道・広報　報道発表資　2023年8月　令和3年所得再分配調査の結果　令和3年所得再分配調査の結果報告書　PDF版　p.5　図2より作成
（https://www.mhlw.go.jp/toukei/list/dl/96-1/R03hou.pdf）

　図2−10では、国民の各個人の所得分布は等しくなく、平等ではないからローレンツ曲線は下方に下がった形の曲線として描かれている。このような性質を利用して考案された不平等尺度がジニ係数である。**ジニ係数**とは、三日月部分0*DC*の面積を三角形0*AC*の面積で割った商で定義される。つまり、不平等度の度合いは完全平等からどれだけ離れているかによって示すことができるから、図中では、ローレンツ曲線と45度線で示される**均等分布線**0*C*とが作る三日月状領域が広ければ広いほど不平等度が大きくなることを示すことになる。したがって、完全平等であれば、ローレンツ曲線は均等分布線と等しくなり、ジニ係数は0となる。また、完全不平等である社会、例えば、1人の個人が所得を独占し、他の個人の所得がゼロである場合、ジニ係数は1となることが分かる。

　所得に対して累進課税がなされたり、社会保障給付で所得などが保障された

りするような政策が行われた場合の所得分配への影響は、ジニ係数の変化によって測ることができる。このような政策で、三日月部分の面積とジニ係数は小さくなり分布は平等化してゆくことが見てとれる。再分配前後のジニ係数を測定し改善度を所得再分配による所得格差是正効果の指標とし、租税政策等でどれだけ不平等度が改善されたかを見ることができる。**図2−10**では、当初所得のローレンツ曲線が$0DC$で、再分配所得後のローレンツ曲線が$0D'C$として示されている。ここで所得の低い個人から数えたx％の個人の所得合計が、再分配前後でy％からy'％に上昇し、不平等度が改善されていることが分かる。

2-5-2　不平等度の改善

　表2−3はわが国の税および社会保障による所得再分配によってどの程度の所得是正効果がもたらされたかを示したジニ係数の改善度の推移である。ジニ係数の改善度は、厚生労働省ウェブサイト内『令和3年所得再分配調査の結果報告書』PDF版によれば、以下のように算出すると定義されている。

[　**表2−3　所得再分配による所得格差是正効果（ジニ係数）**　]

調査年	ジニ係数				ジニ係数の改善度		
	当初所得 ①	①＋ 社会保障給付金 －社会保険料 ②	可処分所得 （②－税金） ③	再分配所得 （③＋現物給付） ④	再分配による 改善度 ※1	社会保障による 改善度 ※2	税による 改善度 ※3
					%	%	%
2005年	0.5263	0.4059	0.3930	0.3873	26.4%	24.0%	3.2%
2008年	0.5318	0.4023	0.3873	0.3758	29.3%	26.6%	3.7%
2011年	0.5536	0.4067	0.3885	0.3791	31.5%	28.3%	4.5%
2014年	0.5704	0.4057	0.3873	0.3759	34.1%	31.0%	4.5%
2017年	0.5594	0.4017	0.3822	0.3721	33.5%	30.1%	4.8%
2021年	0.5700	0.4083	0.3890	0.3813	33.1%	29.8%	4.7%

※1　再分配による改善度＝1−④／①
※2　社会保障による改善度＝1−②／①×④／③
※3　税による改善度＝1−③／②

出所：厚生労働省ウェブサイト　報道・広報　報道発表資　2023年8月　令和3年所得再分配調査の結果　令和3年所得再分配調査の結果報告書　PDF版　p.6　表2
（https://www.mhlw.go.jp/toukei/list/dl/96-1/R03hou.pdf）

$$ジ ニ 係数の改善度（\%）= \frac{当初所得ジ ニ 係数 - 再分配所得ジ ニ 係数}{当初所得ジ ニ 係数} \times 100$$

　表2-3では、2021年の当初所得のジニ係数0.5700に対して、再分配所得のジニ係数は0.3890となり、所得再分配により所得格差是正効果が現れていることが分かる。所得再分配によるジニ係数の改善度の年度ごとの推移を比較すると、2011年は31.5％、2014年は34.1％、2017年は33.5％、そして、2021年は33.1％であり、横ばいで推移している。ただし、2021年の当初所得のジニ係数は2014年の0.5704に次ぐ水準である。また、2005年から2021年にかけての当初所得のジニ係数からは、2008年4月のリーマンショック、2011年3月の東日本大震災、そして、2020年初頭からの新型コロナウイルス感染症の拡大などによる社会的危機を要因とした所得格差の拡大傾向を見てとることができる[17]。

●参考文献●

［和　文］

井堀利宏『要説：日本の財政・税制』税務経理協会、2002年。

井堀利宏『新版　要説：日本の財政・税制』税理経理協会、2022年。

入谷純『財政学入門』日本経済新聞社、1992年。

入谷純・岸本哲也編『財政学』八千代出版、1996年。

上村敏之『はじめて学ぶ国と地方の財政学』日本評論社、2005年。

江島一彦編『図説　日本の税制（平成27年度版）』財経詳報社、2015年。

大矢俊雄編『図説　日本の財政（平成27年度版）』東洋経済新報社、2015年。

貝塚啓明『財政学』（第3版）東京大学出版会、2003年。

栗林隆・江波戸順史・山田直夫・原田誠編『財政学』（第6版）創成社、2023年。

角野浩『失業と環境政策の租税分析』同友館、2014年。

田原芳幸編『図説　日本の税制（平成28年度版）』財経詳報社、2016年。

土井丈朗『入門財政学（第2版）』日本評論社、2021年。

釣雅雄・宮崎智視『グラフィック財政学』新世社、2009年。

林宏明・玉岡雅之・桑原美香『入門財政学』（第2版）中央経済社、2015年。

---

[17]　厚生労働省ウェブサイト、NHKウェブサイト等を参照のこと。

林宏昭『日本の税制と財政』（第2版）中央経済社、2023年。

柳下正和・于洋・青柳龍司編『はじめての財政学』（第2版）文眞堂、2022年。

吉田達雄『トピックス財政学』中央経済社、1996年。

［欧　文］

Rosen, H. S., and T. Gayer, Public Finance, McGraw-Hill 10th ed., 2014.

Simons, H. C., Personal Income Taxation, University of Chicago Press.

［データ・資料］

黒部ダムウェブサイト

・放水量について　黒部ダムを知る

　（http://www.kurobe-dam.com/whatis/index.html）

　（2016年7月2日確認）

厚生労働省ウェブサイト

・報道・広報　報道発表資　2023年8月　令和3年所得再分配調査の結果　令和3年所得
　再分配調査の結果報告書　PDF版

　（https://www.mhlw.go.jp/toukei/list/dl/96-1/R03hou.pdf）

　（2023年11月21日確認）

・統計情報・白書　白書、年次報告書　令和3年版厚生労働白書－新型コロナウイルス感
　染症と社会保障－（本文）

　（https://www.mhlw.go.jp/stf/wp/hakusyo/kousei/20/）

　（2023年11月21日確認）

国税庁ウェブサイト

・税の情報・手続・用紙　税について調べる　タックスアンサー（よくある税の質問）
　No.2260　所得税の税率

　（https://www.nta.go.jp/taxes/shiraberu/taxanswer/shotoku/2260.htm）

　（2023年11月20日確認）

・税の情報・手続・用紙　税について調べる　タックスアンサー（よくある税の質問）
　No.1410　給与所得控除

　（https://www.nta.go.jp/taxes/shiraberu/taxanswer/shotoku/1410.htm）

　（2023年11月20日確認）

・税の情報・手続・用紙　税について調べる　タックスアンサー（よくある税の質問）
　No.1199　基礎控除

　（https://www.nta.go.jp/taxes/shiraberu/taxanswer/shotoku/1199.htm）

　（2023年11月20日確認）

・税の情報・手続・用紙　税について調べる　タックスアンサー（よくある税の質問）
No.1800　パート収入はいくらまで所得税がかからないか
（https://www.nta.go.jp/taxes/shiraberu/taxanswer/shotoku/1800.htm）
（2023年11月20日確認）

財務省ウェブサイト
・税制　わが国の税制の概要　所得税など（個人所得課税）　所得税など（個人所得課税）
（https://www.mof.go.jp/tax_policy/summary/income/）
（2024年1月31日確認）

NHKウェブサイト
・NEWS　WEB　社会　世帯間の所得格差　過去最大の平成26年に次ぐ水準に　厚生労働省
（https://www3.nhk.or.jp/news/html/20230822/k10014170691000.html）
（2023年11月24日確認）

第3章　法人税

Key! Words

実効税率　法人擬制説　法人実在説　二重課税　配当軽課　調整方式　転嫁　帰着　ハーバーガー・モデル

3-1 法人税の課税根拠[1]

本節では、まず法人税（corporation tax）の仕組みについて考察し、次に法人税の課税根拠とその問題点について見てゆくことにしよう。

3-1-1　法人税とは

法人税とは、法人の企業活動により得られる所得に対して課される税である。この法人には様々な形態の法人が存在するが、法人税法では、内国法人と外国法人とに分けて納税義務を定めている。**内国法人**とは、国内に本店または主たる事務所を有する法人で、所得源泉が国内にあるか国外にあるかを問わず、その全てについて納税義務を負う。一方、**外国法人**は、内国法人以外の法人で、国内に源泉のある所得のみについて納税義務を負う。内国法人には、普通法人、公共法人、公益法人等、共同組合等、人格のない社団等があり、それぞれの法人の性格に応じて法人税の課税所得の範囲が定められる。普通法人は、株式会社（特例有限会社を含む）、合名会社、合資会社、合同会社、相互会社等であ

1　関連する内容は浅井他編［1993］、井堀［2002］、井堀［2022］、入谷［1992］、入谷他編［1996］、江島編［2015］、大矢編［2015］、栗林他編［2023］、神野［2007］、角野［2014］、田原編［2016］、土井［2021］、林他［2015］、林［2023］、柳下他編［2022］等を参照のこと。

り、また協同組合等は農協および漁協等であり、これらの法人の全ての所得に課税される。公共法人は、地方公共団体、公社、公庫、国立大学法人等で法人税が課されず、公益法人等は、一般財団法人・一般社団法人（非営利法人に該当するもの）、社会医療法人、学校法人、公益社団法人・公益財団法人、社会福祉法人、宗教法人等で、公共法人に含まれない各種事業団体等で、収益事業から生じた所得に限り課税される。また、特定非営利活動法人（NPO法人）は、公益法人等にみなされている。

3-1-2　日本の法人税制度[2]

　図3-1から日本の法人税制度について課税標準と法人税率について見てみる。法人所得に課税されるのは、国税としての法人税、道府県税、市町村税および事業税がある。これらは相互に関連付けられて定められている。法人所得は、経済学上の利潤概念に近いが、異なった点がある。法人税の課税標準は、次のように課税所得を定義し、

課税所得＝益金－損金
　　　　　＝会計上の当期純利益＋（益金参入額＋損金不算入額）－（益金不算入
　　　　　　額＋損金算入額）

とする。ここでいう益金は、商品や製品などの棚卸資産等の販売による売上収入、土地や建物等の固定資産の譲渡による収入などの企業会計でいう決算利益を計上する上での収益である。ただ、交際費、使途不明金のような一見すると費用扱いと思えるものも益金として算入される。また、貸倒引当金、賞与引当金、退職給与引当金の一定割合は益金不算入である。また、ここでいう損金とは、事業年度の収益にかかわる売上原価、販売費、災害等の損失などの決算利益を計算する上での費用・損失である。このように何を益金、損金として扱う

2　関連する内容は井堀［2022］、栗林他編［2023］、土井［2021］、林［2023］、柳下他編［2022］、財務省ウェブサイトを参照のこと。

かは、法人の税負担を大きく左右するので、法人税率とともに重要である。また、企業会計の決算利益と税法上の課税所得とが一致するとは限らず、法人税制のややこしさがある。したがって、企業会計による決算利益をもとに益金不算入、益金算入、損金不算入および損金算入の税務調整を行うことにより税法上の所得金額を計算し、所得金額に税率をかけ税額控除額を差し引くことで法人税額は算出される。

[　図3−1　法人税の課税標準　]

法 人 税 の 課 税 ベ ー ス

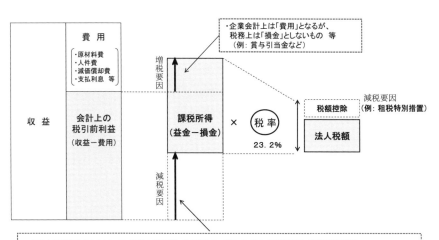

出所：財務省ウェブサイト　税制　わが国の税制の概要　法人税（法人課税）法人課税に関する基本的な資料　法人税の課税ベース
（https://www.mof.go.jp/tax_policy/summary/corporation/c01.htm）

3-1-3　法人税の実効税率

　図3-2では税制改正による法人税率の推移を示している。法人税の税率（ここでは表面税率（基本税率）を言う）は、その時々の財政事情や経済情勢等を反映させ、税率が変更されてきており、1988年12月の抜本改革、1998年度、1999年度、2009年度、2012年度および2015年度法人税制改正を経て23.9％まで引き下げられ、2016年度改正で23.4％、2018年度からは法人税の税率は、普通法人、一般社団法人等又は人格のない社団等については23.2％（資本金1億円以下の普通法人、一般社団法人等又は人格のない社団等の所得の金額のうち年800万円以下の金額については15％）とされた。法人税の表面税率（基本税率）は**図3-2**のように推移してきている[3]。

　財務省ウェブサイトの「直近の法人税改革」の説明には、法人課税をより広く負担を分かち合う構造へと改革するために「課税ベースを拡大しつつ税率を引き下げる」という方針の下で法人税改革が進められ、2015年度改正から始まり、改革2年目である2016年度改正で目標とされていた「法人実効税率20％台」を実現したと言及されている[4]。

　図3-2で示されているのは国税としての法人税率のみであり、法人所得が実質的にどれぐらいの税率で課税されているのかを示したものではない。また、国税および地方税として課税される法人税の各税率を見るだけでも法人所得がどれだけの実質的な税負担をしているかを測ることはできない。そこで、以上のような制度から法人所得が実質的にどれぐらいの税率で課税されているのかを測定するものとして国際比較を行う際に法人税の実効税率の概念が用いられるが、これは国税と地方税を合わせた法人所得に対する税率水準を表すものである。

　次に財務省ウェブサイトにおいて国際比較などで用いられている実効税率の

---

[3]　関連する内容は井堀［2022］、栗林他編［2023］、田原編［2016］、土井［2021］、林［2023］、柳下他編［2022］、財務省ウェブサイトを参照のこと。

[4]　財務省ウェブサイト　税制　わが国の税制の概要　法人税（法人課税）　法人課税に関する基本的な資料　直近の法人税改革を参照のこと。

計算方法は次のようになる[5]。

$$\frac{法人税率23.2\% \times (1+地方法人税率10.3\%+道府県民税率1.0\%+市町村民税率6.0\%)+事業税率3.6\%)}{1+事業税率3.6\%}$$

[図3-2 法人税率の推移]

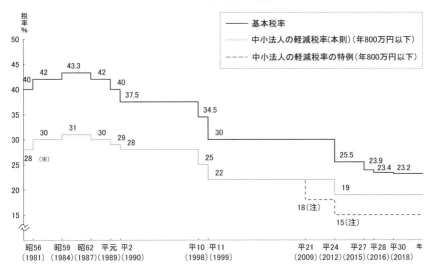

(注) 中小法人の軽減税率の特例（年800万円以下）について、平成21年4月1日から平成24年3月31日の間に終了する各事業年度は18％、平成24年4月1日前に開始し、かつ、同日以後に終了する事業年度については経過措置として18％、平成24年4月1日から令和7年3月31日の間に開始する各事業年度は15％。

(※) 昭和56年3月31日の間に終了する事業年度については年700万円以下の所得に適用。

出所：財務省ウェブサイト　税制　わが国の税制の概要　法人税（法人課税）法人課税に関する基本的な資料　法人税率の推移
（https://www.mof.go.jp/tax_policy/summary/corporation/c01.htm）

　表3-1から2018年度からの日本の国税と地方税を合わせた法人所得に対する実効税率は29.74％になっている。算出方法は、地方法人税と道府県民税・市町村民税は法人税を課税標準として課税しており、事業税は法人所得算出時の

―――――――――――――――――

5　林［2023］p.138、財務省ウェブサイト　税制　わが国の税制の概要　法人税（法人課税）法人課税に関する基本的な資料を参照のこと。

費用項目として損金算入になることを計算手続きとしている。

[　表3−1　法人実効税率の引き下げ　法人税改革と国・地方の法人実効税率の推移　]

	2014年度 （改革前）	2015年度 （2015年度改正）	2016年度 （2016年度改正）	2018年度
法人税率	25.5%	23.9%	23.4%	23.2%
大法人向け法人事業税所得割 ＊地方法人特別税を含む ＊年800万円超所得分の標準税率	7.2%	6.0%	3.6%	3.6%
国・地方の法人実効税率	34.62%	32.11%	29.97%	29.74%

出所：財務省ウェブサイト　税制　わが国の税制の概要　法人税（法人課税）法人課税に関する基本
　　　的な資料　直近の法人税改革
　　　（https://www.mof.go.jp/tax_policy/summary/corporation/c01.htm）

　2019年10月1日以降に開始する事業年度からは特別法人事業税が導入されて
おり、2020年からはこれを追加して実効税率を計算する必要がある。そこで東
京都主税局ウェブサイトの法人事業税の税率表[6]にしたがい東京23区内事業所
（資本金1億円未満（外形標準課税対象外））で800万円を超える所得がある普
通法人（住民税・事業税は超過税率の適用対象）では、$(a+b)/(1+b)$、ただ
し、a＝法人税率23.2%×（1+地方法人税率10.3%+住民税率10.4%）、b＝事業税
率7.48%+事業税標準税率7.0%×特別法人事業税率37.0%で計算され、実効税率
は34.59%となる[7]。

3-1-4　法人税の実効税率の国際比較と推移

　2023年1月現在の日本の法人実効税率の国際比較については、財務省ウェブ
サイト内にある諸外国における法人実効税率の比較に詳細がある[8]。**図3−3**か

6　東京都主税局ウェブサイト　都民税法人税割の税率表についての説明を参照のこと。
7　東京都主税局ウェブサイト　2019年（令和元年）10月1日以後に開始する事業年度に係る
法人事業税の税率についての説明を参照のこと。
8　財務省ウェブサイト　法人課税に関する基本的な資料　諸外国における法人実効税率の比
較を参照のこと。

ら各国比較すると、日本の29.74％に対してドイツが29.93％とやや高いが、ア
メリカ、カナダ、フランスそしてイタリアと同様に20％台である。

[　**図3-3　法人実効税率の国際比較**　]

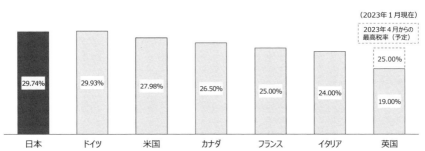

（注１）法人所得に対する税率（国税・地方税）。地方税は、日本は標準税率、ドイツは全国平均、米
　　　　国はカリフォルニア州、カナダはオンタリオ州。
　　　　なお、法人所得に対する税負担の一部が損金算入される場合は、その調整後の税率を表示。
（注２）日本においては、2015年度・2016年度において、成長志向の法人税改革を実施し、税率を段
　　　　階的に引き下げ、34.62％（2014年度（改革前））
　　　　→32.11％（2015年度）、29.97％（2016・2017年度）→29.74％（2018年度〜）となっている。
（注３）英国について、引上げ後の最高税率（25％）は、拡張利益（※）25万ポンド（4,200万円）超
　　　　の企業に適用（現行は一律19％）。なお、拡張利益25万ポンド以下では計算式に基づき税率が
　　　　逓減し、５万ポンド（840万円）以下は19％に据え置き。※拡張利益とは、課税対象となる利
　　　　益に加えて他の会社（子会社等を除く）から受け取った適格な配当を含む額のことを指す。
（備考）邦貨換算レートは、１ポンド＝168円（裁定外国為替相場：令和５年（2023年）１月中適用）。
（出典）各国政府資料
出所：財務省ウェブサイト　税制　わが国の税制の概要　法人税（法人課税）法人課税に関する基本
　　　的な資料　諸外国における法人実効税率の比較
　　　（https://www.mof.go.jp/tax_policy/summary/corporation/c01.htm）

3-1-5　法人擬制説と法人実在説

　法人をどのように理解するかについては、従来から法人擬制説と法人実在説
という２つの考え方が成立してきた。「**法人擬制説**（fiction theory）」とは、
法人は株式を所有する株主によって最終的に個人によって所有されており、法
人を株主とは別個の主体として存在せず、したがって担税力を有するとはみな
さない。一方で、「**法人実在説**（entity theory）」は、法人は家計とは別に経済
活動を行っている主体として存在するとし、担税力を有すると考える。

したがって、法人擬制説の立場に立てば、法人税は法人から分配される個人の所得に対して前もって課税されていると考えられるから、実際には株主に対しては、法人税が徴収され、税引き後の配当所得に対しても再び課税されることになるから、**二重課税**（double taxation）が問題であると考える。しかし、法人実在説に立てば、法人は独立した経済主体であり担税力を有するから、法人税と配当所得に対する課税は二重課税としては問題とならない。

　このように法人擬制説と法人実在説によって法人税の課税根拠を考えるのは、企業会計上の処理の問題や、税法上の立場の問題である。実際には企業は、公的に提供される交通網や情報網を利用して生産活動を行い、生産物を供給している。そして、企業は公共財を利用する対価として法人税などの租税支払いを行っているわけであり、経済学的には、企業は、１つの独立した経済主体であり、受益者負担の原則に立てば、法人実在説の立場に近いと考えられる。**図3－4**では、これらの２説について図解説明を施してあるが、法人実在説が法人税の支払段階では、法人企業を実線で囲んだものとして表し、一つの経済主体とみなして、担税力が存在するものと考えている様子が示されている。

[　**図3－4　法人擬制説と法人実在説**　]

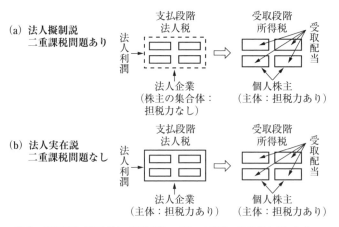

出所：神野直彦『財政学』［改訂版］p.218　有斐閣、2007年を基に作成。

　次節からは、一旦法人税の性質と課税根拠から離れ、法人税の経済効果について経済学的なモデル分析を行い、その後で二重課税問題などの租税制度の問題について検討することにしよう。実際、わが国の財政の歳入全体に占める法人税収の割合は大きな部分を占めており、財政学的見地からも法人税の経済効果について分析をすることは非常に重要であると考えられるからである。

▌3-2 法人税の経済効果[9]▌

　本節では、まず法人税の家計の消費計画に与える影響について考察する。次に、法人税と一括税の経済に与える効率性の影響について比較することにしよう。

3-2-1　勤労所得税のみの経済モデル

　法人税の経済効果について分析するために、まず基本的なモデルについて準備しよう。家計は、2期間（若年期と退職期）を生きるものとし，若年期は働く期間、老年期は退職後の期間とする。家計の消費計画は、若年期で働いて得られる賃金所得を消費と貯蓄に振り分ける。そして、老年期では若年期での貯蓄を取り崩し消費に充てて生活するものとする。ここで家計は、法人企業の株主であることを想定し、老年期の貯蓄の利回りは株式からの配当等に相当するものとして経済モデルを考えることにしよう。

　まず、基本モデルとして、家計の賃金所得に対する勤労所得税（t_l）のみが存在し、法人税は課されないものと考える。ここで現在である若年期を第1期、将来の老年期を第2期とすれば、現在の第1期消費をc_1、将来である第2期消費をc_2、第1期の賃金をw、現在の貯蓄をs、そして貯蓄の収益率をrとすれば、rsは資産所得であり、株式からの配当等を表すことになるが、基本モデルでは

9　関連する内容は浅井他編［1993］、井堀［2022］、入谷他編［1996］、上村［2005］、橋本［1994］、林［2023］等を参照のこと。

法人税は課税されないとし、後ほど導入することにする。したがって、家計の各期の消費計画である予算制約式は、

$$c_1 + s = (1 - t_l)w \tag{3-1}$$

$$c_2 = (1 + r)s \tag{3-2}$$

となる。したがって、家計の生涯に渡る予算制約式は、(3-1)、(3-2)を考慮すれば次のようになる。

$$c_1 + \frac{c_2}{1+r} = (1 - t_l)w \tag{3-3}$$

家計は生涯にわたる消費から効用を得るものとし、通常の原点に対して凸の無差別曲線として描かれると仮定すれば、家計の効用関数は、

$$U = U(c_1, c_2) \tag{3-4}$$

で表現される。したがって、家計は(3-3)の生涯の予算制約式の下で(3-4)の効用を最大化するから、(3-5)の最大化問題を解くことになる。

$$\underset{c_1, c_2}{\text{Max}}\ U = U(c_1, c_2)$$
$$\text{subject to } c_1 + \frac{c_2}{1+r} = (1 - t_l)w \tag{3-5}$$

したがって、**図3−5**では予算制約式*AB*と無差別曲線*U*が接する点*E*が、家計が消費計画(c_1, c_2)によって効用を最大化する点として描かれている。

3-2-2　勤労所得税と法人税の経済モデル

法人税の経済効果について分析するために、資産から生じる所得に課される法人税を導入しよう。そこで、若年期での貯蓄*s*を株式の購入等とみなし，老年期の利回り分*rs*を株式の配当等とすれば，これらには法人税率t_Fが課税されることになる。したがって、勤労所得税と法人税導入後の家計の各期の消費計

[　**図3−5　法人税の経済効果**　]

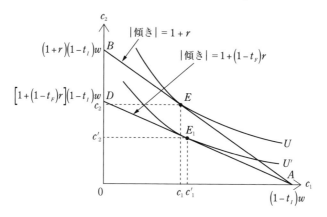

画である予算制約式は、

$$c_1 + s = (1 - t_I)w \tag{3-1}$$

$$c_2 = \left[1 + (1 - t_F)r\right]s \tag{3-6}$$

となる。したがって、家計の生涯の予算制約式は、(3-1)、(3-6) を考慮すれば、

$$c_1 + \frac{c_2}{1 + (1 - t_F)r} = (1 - t_I)w \tag{3-7}$$

となる。家計の効用関数は (3-4) で表現されているから、家計は (3-7) の生涯の予算制約式の下で (3-4) の効用を最大化する。

$$\operatorname*{Max}_{c_1, c_2} U = U(c_1, c_2)$$
$$\text{subject to } c_1 + \frac{c_2}{1 + (1 - t_F)r} = (1 - t_I)w \tag{3-8}$$

したがって (3-8) の最大化問題を解けば、**図3−5**では予算制約式*AD*と無

差別曲線U'が接する点E'が、家計が消費計画(c_1', c_2')によって効用を最大化する点として描かれる。

ここで法人税の家計への影響について考察するために、法人税導入前後の家計の消費計画を比較することにしよう。**図3−5**では、法人税の課税により家計の生涯の予算制約式はABからADに下方シフトしており、最大化点は点Eから点E'に下がり、家計の効用はUからU'に下がったことが見てとれる。また、法人税の課税前後で消費計画は(c_1, c_2)から(c_1', c_2')にシフトしている。これは第1期の消費c_1から第2期の消費c_2への交換比率が、法人税の課税前後で、$1:1+r$から$1:1+(1-t_F)r$の比率となり、c_1をより多く消費し、c_2をより少なく消費するよう消費計画を変更した様子が分かる。

3-2-3　勤労所得税と一括税の経済モデル

次に法人税の経済効果について効率性の観点から考察してみることにしよう。そこで、政府は法人税から得られる税収と同額の税収が得られる一括税を導入する政策を行うことを想定してみる。したがって、株式の配当等rsに課される法人税ではなく、家計の生涯の予算制約式から一括税Tとして課税するとしよう。ここで、家計の生涯の予算制約式は、(3-3) から一括税Tを課税することを考えれば次のようになる。

$$c_1 + \frac{c_2}{1+r} = (1-t_I)w - T \tag{3-9}$$

家計の効用関数は (3-4) で表現されているから、家計は (3-9) の生涯の予算制約式の下で (3-4) の効用を最大化する。

$$\begin{aligned} &\underset{c_1, c_2}{\text{Max}}\ U = U(c_1, c_2) \\ &\text{subject to}\ c_1 + \frac{c_2}{1+r} = (1-t_I)w - T \end{aligned} \tag{3-10}$$

[　図3-6　法人税と一括税の効率性の比較　]

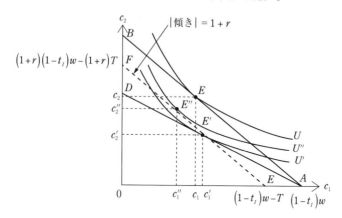

　したがって（3-10）の最大化問題を解けば、**図3-6**では予算制約式EFと無差別曲線U''が接する点E''が、家計が消費計画(c_1'', c_2'')によって効用を最大化する点として描かれる。

　ここで法人税と同額の税収が得られる一括税とを効率性の観点から比較してみる。法人税が導入された場合、家計の効用最大化点は点E'であり、一括税の場合は点E''であるから、一括税の場合のほうが家計の効用が高いことが見て取れる。これは政府が同額の税収を得ることができるという税制中立性を前提とした場合、法人税から一括の税制改革をしたことで、パレート改善が可能であることを示している。つまり、法人税はパレート最適を実現しておらず、効率性上の歪みをもたらしていると言える。

3-2-4　法人税と企業の投資活動

　法人税は企業行動にいかなる影響を与えるであろうか。以下では法人税と企業の投資活動の関係について考察することにしよう。企業は使途が自由な資金があり、設備投資による生産性の向上による利益の確保、もしくは金融資産への投資による運用利益を得ることができる。ここで企業は、工場設備などの資

本Kを投入し、財やサービスをY単位生産するとしよう。企業の資本Kを投入
した時の生産関数は$Y=F(K)$で表され、Kを増加することでYを増加させるこ
とができるが、労働などの他の生産要素の制約によって増加幅は小さくなると
するから、資本に対する限界生産力は逓減することを仮定する。**図3-7**では
上図が生産関数、下図が追加的なKの1単位の増加による追加的な収益の増加
を示す資本限界収益率MRであるが、仮定からMRは減少するように描かれて
いる。

[**図3-7　法人税と企業の投資行動**]

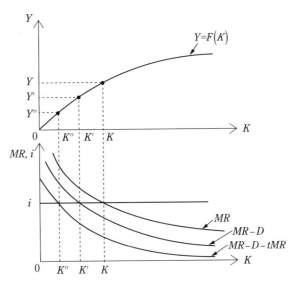

　資本Kは時間の経過とともに磨耗や陳腐化する。この資本の減耗率をDとす
れば、ネットの資本の限界収益率は$MR-D$となる。次に、企業が資金を金融
資産に投資し運用利益を得ることを考えると、市場利子率がiである場合には、
金融資産1円当たりの資産運用収益はi円である。そこで、企業が資金を設備
投資か金融資産に投資するかは、運用収益iとネットの資本限界収益率$MR-D$
の大小関係で決まってくることになる。**図3-7**の下図から、K'の水準まで設

備投資をすることが分かる。K'以上の水準の設備投資は$MR-D$を下回るから、金融資産に投資したほうが高収益を得られることになるからである。

　さて、ここで法人税が企業収益に課税されることを考えよう。税率tが設備投資による収益に課されたとしよう。法人税率の適用後の設備投資によるネットの資本限界収益率は$MR-D-tMD$となり、**図3-7**の下図では、K''の水準まで設備投資をすることが分かる。このように法人税の課税後に設備投資水準はK'からK''に減少し、生産量もY'からY''に減少することが見て取れる。このように法人税は企業の投資活動に影響を及ぼす。近年の日本の法人税改革では、法人税率の引き下げが行われてきた。ここで述べたモデルに当てはめるとするならば、法人税率の引き下げは、企業の設備投資活動を活発化させ、増加させる効果を持つことになる。つまり、法人税は企業行動に対して中立的ではないことが分かる。

▐3-3 法人税と二重課税の調整問題[10]▐

　本節では法人税の二重課税問題に焦点を当てて考察し、その問題の解決策としてのいくつかの調整方式を見てゆくことにしよう。

3-3-1　配当と内部留保

　法人税において考慮すべきなのは、法人所得の中の配当と内部留保の区別である。**内部留保**（retained income）は企業貯蓄、投資資金などになる。**配当**（dividend）は、法人所得として法人の支払段階で法人税が課税され、家計の所得として家計の受取段階で所得税が課税されることになる。これは配当に関しては同一源泉に対して二重課税が生じることを意味するから、法人擬制説が取られてきた日本の法人税制度においては、配当に対する課税を内部留保に対

10　関連する内容は浅井他編［1993］、井堀［2022］、入谷他編［1996］、上村［2005］、緒方［2006］、橋本［1994］、林［2023］等を参照のこと。

－75－

して軽く課税すべきという「配当軽課」の考え方がとられた。そこで、昭和36年には法人所得の配当に対してより内部留保に対する法人税率を軽減した税率を適用する二段階税率の課税方式「支払配当軽減課税制度」が設けられた。しかし、昭和63年12月の抜本的改革で、個人段階の配当控除に調整を一本化し、制度を簡明にする等の見地から廃止された。ただ、現在の法人税制度においても法人所得に関して、配当と内部留保を区別して取り扱うという事であり、どのような経済的な影響を及ぼすかを考察しておくことは大切である。

法人所得の取り扱いについては、3-2節までのモデルでは、資産所得rsを考慮しており、株式の配当等として考え、法人税率t_Fが課せられ、課税後所得$(1-t_F)rs$として法人税の課税効果を考察してきた。しかし、配当等に関しては二重に課税されており、モデルを実態に即した形で表現することで経済的な影響が見えてくることになる。

まず法人所得πとし、これを配当Dと内部留保Rに分けて考える。そして、法人の支払段階の法人税を一律税率$t_\pi(0<t_\pi<1)$とすれば法人税の課税後所得は、

$$(1-t_\pi)\pi = (1-t_\pi)D + (1-t_\pi)R$$

で表される。内部留保は将来の設備投資として企業に留まることから、$(1-t_\pi)R$となり、家計の株主の受取段階には配当所得税が課され、税率$t_H(0<t_H<1)$とすれば、配当は$(1-t_H)(1-t_\pi)D$となる。

ここで、3-2節までのモデルの法人税率は法人税率と配当所得税率の組み合わせ税率$t_F=(1-t_H)(1-t_\pi)$であったから、配当等に関する課税後所得は、$(1-t_F)rs=(1-t_H)(1-t_\pi)D$に相当し、$t_F=t_\pi+(1-t_H)t_H$、そして配当は、$rs=D$である。この事実からも配当等に対して二重課税の問題が生じていることが分かる。

このように配当は家計の受取配当所得となり、法人段階で企業に法人税が課され、そして株主段階で家計に配当所得税が課されることから法人税の二重課税の問題が生じる。そこで、法人段階の企業で株主にわたる配当に関して軽減

税率が適用されることになる。そこで法人段階の企業に対する法人税は、配当
と内部留保に対して個別の税率を課することとする。ここで配当法人税率
$t_D(0<t_D<1)$、内部留保法人税率$t_R(0<t_R<1)$とすれば、配当には$(1-t_D)D$、内部
留保には$(1-t_R)R$が、各々課されることになる。そこで、配当に対して軽減税
率を適用すれば、

$$t_D<t_R$$

となり、法人税の二重課税の調整問題として「**配当軽課**」の措置がとられるこ
とになる。

3-3-2　法人と株主間の調整方式

　3-3-1で見てきたように法人所得の配当と内部留保に対して別々の取り扱い
が必要であり、法人税課税に関しての二重課税の調整措置の一つが配当軽課で
あった。3−2節の家計の各期の予算制約式について（3-1）、（3-2）において非
課税に相当する配当がであることを考慮すれば、配当法人税と配当所得税の配
当軽課措置後は以下で表される。

$$c_1+s=(1-t_I)w、\quad c_2=s+(1-t_H)(1-t_D)rs$$

　次に、法人と株主間の二重課税の問題の調整について様々な調整方式を見て
ゆくことにしよう。

１．支払段階調整方式
　配当が支払われる法人段階で配当二重課税を調整する方式である。

［**完全統合法**］
　最も理想的な調整方式は、法人税と所得税を完全に統合し、法人税をなくし、
所得税のみに租税制度を統合する方式である。これによって法人擬制説の立場
からも制度的に二重課税の問題は生じなくなる。3−2節の法人税の経済モデル

による家計への経済効果は、家計の各期の予算制約式が、

$$c_1 + s = \left(1 - t_I\right)w 、 c_2 = s + \left(1 - t_H\right)rs$$

となるから、家計の生涯の予算制約式は次のようになる。

$$c_1 + \frac{c_2}{1 + \left(1 - t_H\right)r} = \left(1 - t_I\right)w \qquad (3\text{-}11)$$

　ただし、$D = rs$として配当等とする。ここで、(3-11) からも分かるように配当等に対する法人税率t_Dが適用されないから、配当所得税率t_Hのみが適用されていることが分かる。

[支払配当控除法]

　法人税の課税ベースから、法人所得の支払段階での配当部分に対しての法人税の一部または全額が控除される方式である。全額が控除されれば、完全統合法と同様に所得税率のみに統一されることになる。3-3-1で説明した配当軽課の措置は、日本では法人税率を軽減税率で適用する**支払配当軽課方式**にあたる。

2. 受取段階調整方式

　配当を受け取った個人株主段階で配当二重課税を調整する方式である。

[受取配当控除法]

　法人税の課税ベースから、法人所得の家計の受取段階での配当部分に対しての所得税の一部または全額が控除される方式である。仮に支払段階での配当に対する法人税が課税後、受取段階での家計の配当等所得に対して所得税額が全額控除されれば、法人税率のみに統一されることになる。したがって、3-2節の法人税の経済モデルによる家計への経済効果は、家計の各期の予算制約式が、

$$c_1 + s = \left(1 - t_I\right)w 、 c_2 = s + \left(1 - t_D\right)rs$$

となるから、家計の生涯の予算制約式は次のようになる。

$$c_1 + \frac{c_2}{1+\left(1-t_D\right)r} = \left(1-t_I\right)w \tag{3-12}$$

ここで、（3-12）からも分かるように配当等に対する法人税率t_Dのみが適用され、配当所得税率t_Hが適用されないことが分かる。現行の日本の二重課税の調整方式にあたり、**配当税額控除方式**と呼ばれ、受取配当の10％（課税総所得金額が1,000万円を超える場合、その超える部分に金額については5％）の税額控除が認められる制度である。

[インピュテーション法]

まず受取配当Dと、その受取配当に対する法人税額$C\left(=t_D D\right)$とを加算して帰属計算を行う。次に$C+D$に所得税率t_Hを適用し税額$t_H\left(C+D\right)$を求める。そして、実際の受取配当に課税された法人税額Cを控除して、最終的な税額Tを決める方式である。したがって税額Tは、$T=t_H\left(C+D\right)-C=t_H\left(t_D D+D\right)-t_D D$で算出される。これは配当帰属計算方式として分類され、ヨーロッパで普及し、グロスアップ方式とも呼ばれている。

‖3-4 法人税の転嫁と帰着[11]‖

伝統的に財政学の理論では直接税は転嫁せずという主張から、直接税である法人税は転嫁しないと考えられてきた。これは、完全競争であっても独占であっても、法人企業が限界原理に基づいて行動し、利潤最大化行動をとっている限りは、税負担は他の個人に転嫁することはできず、株主に帰着するということである。つまり、法人税率を変化させても生産量や投資量は変化せず、課税

---

[11] 関連する内容は入谷他編［1996］、貝塚［2003］、久我他［1999］、角野［2014］、林［2023］、本間［1982］、Iritani, J. et al.［2001］、Sumino, K.［2006］等を参照のこと。

後も課税前と同様の利潤を最大化する生産量や投資量が決められるから、最適水準と法人税とは独立であるということである。

　しかし伝統的見解には、いくつかの制約もあり不十分なところも見られる。そこで本節では、伝統的見解と、一般均衡モラルに拡張したハーバーガー・モラルの説明を通して、法人税の転嫁と帰着に関して見てゆくことにしよう。

3-4-1　伝統的見解

　法人税に対する伝統的な見解では、課税後の利潤が課税前の純粋利潤と対応していなければならないので、課税ベースから資本コストが除外されていることになる。ここで簡単なモデルで考えてみることにする。資本は一定のレンタルコストを支払い、資本市場で自由に借り入れが出来ることを想定する。企業の生産は資本Kと労働Lの生産要素から生産物に変換する生産関数$F(K,L)$で表現され、資本レンタル料率r、賃金w、生産物価格P、法人税率t_π、および法人利潤πとすれば、企業の利潤最大化行動は、

$$\text{Max } \pi = (1-t_\pi)\bigl(PF(K,L)-wL-rK\bigr) \qquad (3\text{-}13)$$

となる。したがって企業が（3-13）で利潤最大化するためには、$PF-wL-rK$を最大化することになる。したがって、（3-13）で最適な生産量や投資量は法人税率t_πとは独立に決まることになる。また、課税ベースから資本コストrKが控除されていることにも注意しておくべきであろう。資本に関する利潤最大化条件は、$F_K=\partial F/\partial K$とすれば、$(1-t_\pi)PK_K-(1-t_\pi)r=0$となる。したがって、$PF_K=r$であることから法人税率$t_\pi$が影響しないことが分かる。以上から伝統的見解では、法人税課税後も課税前の価格が均衡価格であり、したがって、法人税は資本家が100%負担することになり、税負担は転嫁しないというのが「法人税は転嫁せず」の考え方であった。

　しかし、3-2-4でも見たように、現実の法人税制では、資本コストが全て控除されているわけではなく、投資に対して中立的ではなく影響を及ぼすことも考察した。

3-4-2　ハーバーガー・モデルと法人税

　3-4-1で伝統的見解の前提となっていたのは財が１種類であったことに依存している。もし財が２種類であったとするならば、法人税が課税されれば、資本家の需要総額が法人税額だけ減少するが、２種類の需要に対して変化がおこる可能性がある。そして、これは新たな需給均衡となる可能性を意味し、課税前とは異なる均衡価格となり、新たな資源配分が生じる可能性が生まれるのである。この経済の法人税の課税前後の需給バランスを比較して、税が最終的に誰の負担となったかを確定するのが、**法人税の帰着問題**であり、一般均衡を前提とした議論としてハーバーガーが２財２要素モデルで法人税の影響を分析し、その後租税帰着問題の標準モデルとなった。

　ハーバーガーの主張は、経済を法人部門と非法人部門の２部門に分けた時、「法人税は労働者と資本家の両者の負担となり、法人部門が非法人部門に比べて資本を利用する相対的に資本集約的な企業であるならば、資本家の負担が労働者の負担に比べて相対的に重くなる」ことを示した。

　次にハーバーガー・モデルの設定と問題点について指摘しておこう[12]。モデルは、3-4-1のモデルとほぼ同様であるが、ある部門が１次同次の生産関数の下で、資本Kを一定値として労働Lを変数として利潤最大化行動を取るとするから、

$$\text{Max} \ \ \pi = (1 - t_\pi)(PF(K,L) - wL) \tag{3-14}$$

となる。ここで、$PF(K,L) - wL = rK$が成立していなければならない。したがって、法人税率t_πは実質的には資本のレンタルへの支払いへの課税と考えることが出来る。

　つまり、これを通常の法人税と解釈するには２つある。１つめは、法人が資本を所有し、$PF(K,L) - wL$の利潤が法人所得となると考えることである。これ

12　ハーバーガー・モデル以降の租税帰着分析は久我他［1999］に専門的な内容が書かれている。

は資本コストが課税ベースに含まれることから、現実の法人税制に近い解釈が可能であり、法人実在説の立場からも合理的な考え方である。ただ、資本の所有を法人とすることには問題がある。2部門モデルでは、企業が資本財を含めた生産活動を行い供給する場合、家計が生産物を需要するから、資本財の所有者は家計となる点である。

2つめは、資本家という家計の存在を仮定していることである。これは資本化が株主であるとみなすことは出来るが問題点は残る。つまり、ハーバーガー・モデルにおける法人所得は、内部留保のない法人所得への配当課税と解釈される。通常は法人所得は、内部留保と配当に分けられるわけであるから、モデルでは法人の行動を単純化しているという点である。

3-4-3　法人税の帰着分析

3-4-2では、法人税の帰着に関して、一般均衡モデルを前提としたハーバーガー・モデルの分析と問題点について指摘した。本項では、本間［1982］で取り扱われている2財2要素を前提とした2部門一般均衡モデルをもとに、法人税の帰着について、伝統的見解からの問題点を修正し、法人税の転嫁の可能性について指摘することにしよう。

まず伝統的な租税帰着理論に従い、資本 K と労働 L の総量は一定とする。経済には2部門存在し、第1企業は、第1財 Y_1 を資本 K_1 と労働 L_1 を用いて生産し、第2企業も第2財 Y_2 の生産を資本 K_2 と労働 L_2 を用いるとする。そこで、資本市場と労働市場は、

$$K_1 + K_2 = K \tag{3-15}$$
$$L_1 + L_2 = L \tag{3-16}$$

が成立する。各企業の生産関数は、

$$Y_i = F_i(K_i, L_i),\ i = 1, 2 \tag{3-17}$$

で表され、前節のモデル同様に一次同次性、正の限界生産力および限界代替率

が逓減することを仮定する。(3-17) を一人当たりのタームで書き直せば、

$$y_i = f_i(k_i)l_i, \ i = 1,2 \tag{3-18}$$

となる[13]。ただし、$f_i > 0$、$f_i' > 0$、$f_i'' < 0$を満たし、$y_i = Y_i/L$、$k_i = K_i/L$、$l_i = L_i/L$、$f_i = F_i(k_i,1)$、$f_i' = \partial f_i/\partial k_i$および$f_i'' = \partial^2 f_i/\partial k_i^2$とする。

　次に考慮する租税体系は、法定上の納税義務者が企業とする各企業の利潤に課す利潤税$t_{i\pi}$のみとする。ここで、前節で分析したハーバーガー・モデルと同様な扱いを考慮するならば、第1企業を法人企業、第2企業を非法人企業とする。そして、利潤に関する課税は各企業に対して課すこととすれば、法人企業に対してのみ選択的に課税する場合、法人税として取り扱うことができる。

　上述のような租税体系を前提として各企業の税引き後利潤は次のように表すことができる。

$$\pi_i = (1 - t_{i\pi})(P_i Y_i - w L_i), \ i = 1,2 \tag{3-19}$$

　各企業は (3-19) の利潤を最大化するように労働需要を選択する。したがって、各企業の利潤最大化のための最大化条件は次のようになる。

$$P_i \frac{\partial Y_i}{\partial L_i} w, \ i = 1,2 \tag{3-20}$$

　ここで生産関数の一次同次性の仮定から、次のように書き直すことができる[14]。

$$P_i \left[f_i - k_i f_i' \right] = w, \ i = 1,2 \tag{3-21}$$

　さて、(3-21) から法人税の帰着に関しての伝統的見解を見ておくことにし

13　一次同次性の仮定から、生産関数は、$\alpha Y_i = F_i(\alpha K_i, \alpha L_i)$が満たされるから、$\alpha = 1/L_i$として、これを代入すれば、$Y_i/L_i = F_i(k_i,1) \equiv f_i(k_i)$となる。

14　西村他［2015］p.415を参照のこと。

よう。(3-21) の利潤最大化の必要条件には、全く利潤税（法人企業に対しては法人税）が影響を与えていないという事実である。したがって、伝統的見解のように産業は1部門からなる企業を考慮した場合、資本は固定されていると考えることができるから、利潤税は生産に影響を及ぼすことはなく、利潤の絶対値のみを変化させることになる。つまりこのことが伝統的見解の「法人税は転嫁せず」の命題と考えることができる。

　しかし、ハーバーガー・モデル以降の2部門の2要素の一般均衡モデルでは、企業間の資本移動の完全性を前提としており、伝統的見解は資本が固定的であるという前提は再検討を要することが分かるであろう。

　次にこの点についてモデルに戻り見てゆくことにしよう。まず利潤最大化条件（3-21）を各企業の税引き後利潤（3-19）に代入することで次のように書き表すことができる。

$$\pi_i = \left(1 - t_{i\pi}\right) P_i f_i' K_i, \ i = 1,2 \tag{3-22}$$

したがって各企業の資本1単位あたりの利潤率は次のようになる。

$$r_i \equiv \frac{\pi_i}{K_i} = \left(1 - t_{i\pi}\right) P_i f_i', \ i = 1,2 \tag{3-23}$$

ところが（3-23）は資本移動の完全性を仮定する限りは、資本は利潤率の低い企業から高い企業に移動するから、両企業で利潤は均等化することになる。したがって、両企業の税引き後利潤の均等化条件は、

$$r = \left(1 - t_{i\pi}\right) P_i f_i', \ i = 1,2 \tag{3-24}$$

となっていなければならない。そこで、（3-20）および（3-24）から、

$$\frac{f_i - k_i f_i'}{f_i} = T_{i\pi} \omega, \ i = 1,2 \tag{3-25}$$

となる。ただし、$T_{i\pi} = 1 - t_{i\pi}$、$\omega \left(= w/r\right)$は賃金・利潤率比とすれば、（3-25）の左辺は資本・労働比率k_iのみの関数で表される。したがって、k_iはωおよび$T_{i\pi}$に依存して決定されるから、この関係は次のように表すことができる。

$$k_i = k_i\left(T_{i\pi}\omega\right) \tag{3-26}$$

したがって利潤税$1-t_{i\pi}$もしくは選択的に法人企業（ただし、第1部門を法人部門とする。）に課税される場合には法人税$1-t_{1\pi}$の課税は、ωの比率を変化させ、k_iの比率を変化させるから、資源配分を変化させることで生産構造に影響をおよぼすから、課税の負担は転嫁する可能性があることが分かる。

このような問題を考察することが租税帰着問題である。そして帰着問題を分析する場合、政府予算についての考慮によって2種類の帰着問題の区別がある。1つ目は、政府の予算規模を実質的に一定に保つ形で租税体系の改編に伴う分配上の効果を問題とするのが**均衡予算帰着**（balanced-budget incidence）の問題であり、2つ目は、政府の予算規模の拡大もしくは縮小に応じて租税体系が改編される場合の分配上の効果を問題とするのが**差別的帰着**（differential incidence）の問題である。どのような租税帰着分析が用いられるかは、分析の目的に依存して選択されるべき問題であり、ハーバーガー・モデル以降、様々な分析がなされてきている[15]。

●**参考文献**●
［和　文］
浅井勇・入谷純編『現代財政の基礎』八千代出版、1993年。
井堀利宏『要説：日本の財政・税制』税務経理協会、2002年。
井堀利宏『新版　要説：日本の財政・税制』税理経理協会、2022年。
入谷純『財政学入門』日本経済新聞社、1992年。
入谷純・岸本哲也編『財政学』八千代出版、1996年。
上村敏之『はじめて学ぶ国と地方の財政学』日本評論社、2005年。
江島一彦編『図説　日本の税制（平成27年度版）』財経詳報社、2015年。
大矢俊雄編『図説　日本の財政（平成27年度版）』東洋経済新報社、2015年。
緒方隆・須賀晃一・三浦功『公共経済学』勁草書房、2006年。

---

[15]　角野［2014］、Iritani, J. et al.［2001］、Sumino, K.［2006］などには租税帰着分析の展開として、失業を取り入れた分析がなされている。

貝塚啓明『財政学』（第3版）東京大学出版会、2003年。

久我清・入谷純・永谷裕明・浦井憲『一般均衡理論の新展開』多賀出版、1999年。

栗林隆・江波戸順史・山田直夫・原田誠編『財政学』（第6版）創成社、2023年。

神野直彦『財政学』（改訂版）有斐閣、2007年。

角野浩『失業と環境政策の租税分析』同友館、2014年。

田原芳幸編『図説　日本の税制（平成28年度版）』財経詳報社、2016年。

土井丈朗『入門財政学（第2版）』日本評論社、2021年。

西村和雄『ミクロ経済学入門』（第2版）岩波書店、1995年。

西村和雄・友田康信『経済学ゼミナール　上級編』実務教育出版、2015年。

橋本徹・山本栄一・林宣嗣・中井英雄『基本財政学』（第3版）有斐閣、1994年。

林宏昭・玉岡雅之・桑原美香『入門財政学』（第2版）中央経済社、2015年。

林宏昭『日本の税制と財政』（第2版）中央経済社、2023年。

柳下正和・于洋・青柳龍司編『はじめての財政学』（第2版）文眞堂、2022年。

本間正明『課税の経済理論』創文社、1982年。

吉田達雄『トピックス財政学』中央経済社、1996年。

［欧　文］

Iritani, J and K. Sumino, "On the Existence of Unemployment Equiribria under Wage Rigidity," in The Economic Review vol. 51, no. 4, Otaru University of Commerce, P1-7, 2001.

Sumino, K. and S. Rashid, "Counter-Intuitive Effects of Unemployment Benefits: Balanced-Budget Incidence," in Economics of Unemployment, ed. by M. I. Marshalle, Nova Science Publishers, 2006.

［データ・資料］

財務省ウェブサイト

・税制　わが国の税制の概要　法人税（法人課税）　法人課税に関する基本的な資料
（https://www.mof.go.jp/tax_policy/summary/corporation/c01.htm）
（2023年11月24日確認）

東京都主税局ウェブサイト

・税金の種類　法人事業税・法人都民税　法人事業税の全般について　法人事業税】2
税率は　法人事業税の税率表
（https://www.tax.metro.tokyo.lg.jp/kazei/houjinji.html#ho_02_01）
（2023年11月26日確認）

・新着情報　2019（平成31年度（令和元年度））年度の新着情報　令和元（2019）年10月
1日以後に開始する事業年度に係る法人事業税の税率について

（https://www.tax.metro.tokyo.lg.jp/oshirase/2019/houjin.pdf）
（2023年11月26日確認）

第4章　消　費　税

Key! Words

一般消費税　軽減税率制度　適格請求書等保存方式（インボイス制度）　簡易課税制度　益税　転嫁　帰着　従量税　従価税　余剰分析　価格弾力性　最適課税　逆弾力性の命題　ラムゼイの比例性命題

‖4-1 消費税の仕組み[1]‖

　本節では、間接税として代表的な消費税を取り上げ、その課税根拠、仕組み、そして問題点について考えてゆくことにする。

4-1-1　消費税とは

　消費税は、財・サービスの売り上げに対して課税される間接税である。消費税は大きく分けると、個々の財・サービスごとに異なった税率で課税する**個別消費税**と個々の財・サービスに関係なく一定税率で課税する**一般売上税**または**一般消費税**（general consumption tax）に区別することができる。一般売上税は、小売段階、卸売段階および製造業段階の1段階のみに課税する**単段階課税**と、全ての段階に課税する多段階課税に分かれる。さらに多段階課税は、各段階で課税額が累積する**累積型**と、前段階の課税額を排除する**累積排除型**に分

---

[1]　関連する内容は上村［2005］、江島編［2015］、井堀［2022］、栗林他編［2023］、神野［2007］、角野［2014］、竹内［2005］、田原編［2016］、土井［2021］、林他［2015］、林［2023］、柳下他編［2022］、国税庁・財務省ウェブサイト等を参照のこと。

けられる。また、課税対象別に、売上高に課税する**売上高税**と付加価値に課税する**付加価値税**（Value aded tax：VAT）がある。1989年４月１日から３％の税率で実施された**日本の消費税**は、累積排除型の付加価値税に分類される。

　個別消費税は、奢侈品に高税率、必需品に低税率または非課税と個別的に税率を適用することが可能であり、所得分配上の公平性を確保することができる。一般売上税は、全ての商品に均一に課税することから、所得の低い貧しい層の担税力の小さい人々に対して税負担が重くなるという逆進性の問題が生じる。一方効率性の観点からすれば、資源配分上の効率性の歪みに関しては、個別消費税よりも一般消費税の方が歪みは少ないといえる。

　日本の消費税税制度が、租税制度の抜本的改革によって個別消費税制度から付加価値税制度に移行した理由は２つあった。１つ目は、直接税中心の租税制度は、経済成長と共に高所得者層の租税負担が相対的に重くなったという指摘から、その負担の軽減と税収減少の補填のためであった。２つ目は、個別消費税の課税品目と非課税品目の区別に関して不整合性が存在したこと、また、奢侈品と必需品との区別が不明確であったことが理由である。

　消費税は1989年に３％の税率で創設され、1997年４月からは消費税率の５％への引上げ（地方譲与税に代わる地方消費税の創設）、そして2004年４月からの中小事業者に対する特別措置の縮減等が図られた。2012年には民主党政権で8％への税率引き上げが決定され、2013年10月には消費税の増税分の価格転嫁拒否を禁ずる消費税転嫁対策特別措置法[2]を施行した後、2014年４月からは国・地方を合わせた消費税率を８％に引上げられた。平成28年度税制改正では、2017年４月に消費税率の10%の引上げに伴い低所得者対策として**軽減税率制度**を導入するとした。しかし、2016年６月に当時の安倍内閣は、消費税率10%への引上げと軽減税率制度および**適格請求書等保存方式（インボイス制度）**の導入時期を2017年４月から2019年10月に延期する旨を表明し、その後予定通り施

2　朝日新聞［2014］、産経新聞［2014］では、消費税増税と消費税転嫁対策特別措置法について説明されている。

行された。国と地方の消費税率の内訳は、国が7.8%（軽減税率は6.24%）分で地方が2.2%（軽減税率は1.76%）分とされた[3]。

4-1-2　消費税の仕組みと取引の流れ

消費税の仕組みと取引の流れについて、消費税率10%（軽減税率8%）を例にとり、**表4-1**で説明することにしよう。

[　**表4-1　消費税の仕組み（標準税率10%（軽減税率8%）の場合）**　]

（単位：円）

	製造業者	卸売業者	小売業者	消費者
売上（10%対象商品）	5,000	20,000	30,000	
売上税額（10%対象商品）	500	2,000	3,000	
売上（軽減税率適用（8%対象）商品）	5,000	20,000	30,000	
売上税額（軽減税率適用商品）	400	1,600	2,400	
売上+売上税額	(10,000+900=) 10,900	(40,000+3,600=) 43,600	(60,000+5,400=) 65,400	
仕入（10%対象商品）	0	5,000	20,000	
仕入税額（10%対象商品）	0	500	2,000	
仕入（軽減税率適用（8%対象）商品）	0	5,000	20,000	
仕入税額（軽減税率適用商品）	0	400	1,600	
仕入+仕入税額	0	(10,000+900=) 10,900	(40,000+3,600=) 43,600	(60,000+5,400=) 65,400（購入額）
仕入税額控除額	0	900	3,600	
納付税額	900	2,700	1,800	5,400（負担税額）

注）各事業者は免税事業者ではないとする。
出所：江島編［2015］、土井［2021］、林［2023］、栁下他編［2022］、国税庁・財務省ウェブサイトを基に筆者作成。

ここでは簡便化して製造業者、卸売業者、小売業者の3段階の事業者が取引を行い、最終的には消費者が小売業者から商品を購入することとする。消費税は間接税であるから**納税義務者**[4]である事業者が消費税を税務署に納付し、**納**

3　消費税法改正の経緯と消費課税の概要については、井堀［2022］、江島［2015］、栗林他編［2023］、土井［2021］、林［2023］、栁下他編［2022］、国税庁・財務省ウェブサイトを参照のこと。
4　財務省ウェブサイトでは、消費税の納税義務者は、国内において課税資産の譲渡等（特定

税負担者[5]である消費者が実際に税を負担する。また、日本の消費税は税の累積を除く累積排除型であるから、売上税額から仕入税額を控除する**仕入税額控除**がなされ、これらの差引税額を事業者は納付する[6]。各取引に対して消費税が標準税率10％商品と軽減税率適用８％商品が販売される場合を例にとる。まず、製造業者は卸売業者に標準税率商品を5,500円（軽減税率適用商品を5,400円）で販売する。売上げには標準税率500円（軽減税率適用400円）の消費税額が含まれる。製造業者は、消費税を卸売業者に900円を**転嫁**し、税務署へ900円を納付する。

　次に、卸売業者は、製造業者から税込み10,900円で商品を仕入れ、小売業者に標準税率商品を22,000円（軽減税率適用商品を21,600円）で販売する。売上げには標準税率2,000円（軽減税率適用1,600円）の消費税額が含まれている。卸売業者は、消費税を小売業者に3,600円を**転嫁**し、900円を仕入税額控除とし、税務署に2,700円を納付する。

　さらに、小売業者は、卸売業者から税込み43,600円で商品を仕入れ、消費者に標準税率商品を33,000円（軽減税率適用商品を32,400円）で販売する。売上げには標準税率3,000円（軽減税率適用2,400円）の消費税額が含まれている。小売業者は、消費税を消費者に5,400円を**転嫁**し、3,600円（900円+2,700円）を仕入税額控除とし、税務署に1,800円を納付する。最終的には、消費者の購入金額65,400円に含まれる消費税額5,400円が消費者に**帰着**し、実際の負担者となり納税負担者となる。

　まず事業者には規模に応じて様々な制度が存在する。小規模事業者向けには**事業者免税点制度**がある。これは一定の事業規模以下の小規模事業者の納税事

資産の譲渡等に該当するものを除く。）および特定課税仕入れを行った事業者と外国貨物を保税地域から引き取る者と定義される。栁下他編［2022］、国税庁ウェブサイトを参照のこと。
5　国税庁ウェブサイト　消費税のしくみ　税の負担者と納税者を参照のこと。栁下他編［2022］、財務省ウェブサイトを参照のこと。
6　井堀［2022］、江島編［2015］、栗林他編［2023］、田原編［2016］、土井［2021］、林［2023］、栁下他編［2022］、財務省ウェブサイトを参照のこと。

務負担に配慮する観点から納税義務が免除される制度である。基準期間（個人事業者は前々年、法人は前々事業年度）における課税売上高が1,000万円以下の小規模事業者は**免税事業者**となり納税が免除される。

　中小事業者向けには**簡易課税制度**があり、納税事務負担に配慮する観点から5,000万円以下の課税期間によって選択的に事業者が選択できる制度である。制度の詳細は4-1-3で解説する[7]。

　次に2017年４月に予定されていた税制抜本改革法第７条に基づく消費税率の10%への引上げに伴う関連事項については、2016年６月に当時の安倍内閣が消費税率10%への引上げと**軽減税率制度**および**適格請求書等保存方式（インボイス制度）**の導入時期を2019年10月に延期したが、その後予定通り施行された。詳細については**図4－1**から財務省ウェブサイトの消費税の軽減税率制度にしたがって説明する[8]。

　まず、低所得者対策として、消費税率の10%への引き上げに伴って８%の軽減税率制度が導入されたが、軽減税率の対象品目の詳細については以下である[9]。

１．飲食料品（酒類を除く）

　飲食料品とは、食品表示法に規定する食品で、医薬品、医薬部外品および再生医療等製品、また、外食やケータリング等のイートインに相当する場合は軽減税率の対象外とする。飲食料品には、おもちゃ付きのお菓子などで、税抜き価額が１万円以下で、食品の価額が３分の２以上の場合の一定資産を含む。外

---

[7]　国税庁ウェブサイト　No.6505　簡易課税制度を参照のこと。

[8]　財務書ウェブサイト「消費税など（消費課税）に関する資料（平成28年６月末現在）」には、消費税率引上げ及び軽減税率制度の導入時期の延期について、そして、税制改革の内容が記されている。

[9]　財務省ウェブサイト　税制　わが国の税制の概要　消費税、酒税など（消費課税）　消費税のインボイス制度・軽減税率制度に関する資料、身近な税　Q&A～身近な税について調べる～　「軽減税率制度」について教えてくださいを参照のこと。

食についてもファースト・フード店でのテイクアウトのみが対象で店内飲食で
あるイートイン（スーパーで購入した弁当などのフードコート内での飲食）は
対象外とするため、「イートイン脱税」が問題視されている[10]。

２．新聞

週２回以上発行される新聞の定期購読料とする。

次に、2019年（令和元年）９月末までの消費税率が一律の８％の下では、消
費税の納付税額は仕入税額控除方式により、売上げの税額から仕入れの税額を
控除して算出した。消費税創設当初は、仕入れの事実を記載した帳簿又は仕入
先から交付を受けた請求書等の保存を税額控除の要件とする「帳簿方式」を採
用していた。しかし、控除税額の計算が自己記帳に基づく帳簿であり信頼性に
疑問が残ることから、1994年秋の税制改革（1997年４月１日施行）から、仕入
れの事実を記載した帳簿の保存に加え、請求書、領収書、納品書その他取引の
事実を証する書類（取引の相手方が発行した書類）のいずれかの保存を税額控
除の要件とする「請求書等保存方式」を採用した。

2019年（令和元年）10月からの消費税率10%の引上げに伴って８％の軽減税
率制度が導入され、消費税率は複数税率となった。単一税率の下では、現行制
度の請求書等保存方式によって、請求書等に税額が別記されていなくても仕入
税額の計算に支障はなかったが、複数税率の場合では、請求書等に適用税率・
税額の記載を義務付けた**適格請求書（インボイス）**がなければ適正な仕入税額
の計算は困難となってきた。

そこで、2023年（令和５年）10月からは課税事業者が発行する適用税率や税
額など法定されている記載事項が記載された書類であるインボイスに記載され

10　衆議院ウェブサイト　立法情報　質問答弁情報　第200回国会　質問の一覧　「軽減税率
制度の廃止等に関する質問主意書」および「衆議院議員前原誠司君提出軽減税率制度の廃止
等に関する質問に対する答弁書」を参考のこと。

た税額のみを控除することができる「**適格請求書等保存方式（インボイス制度）**」が導入された[11]。

「インボイス制度」は以下の３点が特徴である。１．課税事業者はインボイスを発行するためには、税務当局に登録事業者となる申請を行い事業者番号を取得する必要がある[12]。課税事業者は「インボイス」の発行が義務付けられており、また、自ら発行した「インボイス」の副本の保存が義務付けられている。２．「インボイス」に適用税率・税額、事業者番号の記載が義務付けられている。３．登録事業者の申請がなされていない免税事業者は、課税業者の売上げに対して「インボイス」を発行できない。したがって、課税事業者は免税事業者からの仕入れについて仕入税額控除ができないことになる。

ただし、**図4−1**から経過措置期間が設けられ、2026年（令和８年）10月１日〜2026年（令和８年）９月30日までの３年間は控除割合を80％、2023年（令和５年）10月１日〜2029年（令和11年）９月30日までの３年間は控除割合を50％の仕入税額控除が可能とされている。

例：**表4−1**の例では、卸売業者が免税業者で小売業者が課税業者とした場合、実際の仕入税額控除額3,600円は控除できない。経過措置では、最初の３年間は小売業者の卸売業者からの消費税の5,400円の80％の4,320円、次の３年間は消費税の5,400円の50％の2,700円が仕入税額控除可能となる[13]。

次に、令和５年度改正におけるインボイス制度の改正の中で、**小規模事業主向けインボイス制度支援措置**が事務負担軽減、補助金支給および税軽減などの目的として、2023年（令和５年）10月１日〜2026年（令和８年）９月30日を含む課税期間でとられている[14]。

11　財務省ウェブサイトのリーフレット「インボイス制度、支援措置があるって本当!?」には、令和５年10月１日〜令和８年９月30日を含む課税期間における小規模事業主向けインボイス制度支援措置の概要がまとめられている。

12　したがって免税事業者は、インボイス発行事業者になる。

13　国税庁・財務省ウェブサイトを参照のこと。

14　財務省ウェブサイトの「令和５年度改正におけるインボイス制度の改正について」の中

1．小規模事業者向け：免税事業者がインボイス発行事業者となり、2年前（基準期間）の課税売上が1000万円以下等の要件を満たす事業者

売上税額の2割を納税額とする。例1：財務省ウェブサイトの掲載例では、実額計算では、売上税額（70万円）－経費税額（15万円）＝納税額（55万円）となるところ、特例では、売上税額（70万円）×2割＝納税額（14万円）と軽減される。

例2：**表4－1**の例では、卸売業者が製造業者から仕入れた場合、実額計算では、売上税額（3,600円）－経費税額（900円）＝納税額（2,700円）となるところ、特例では、売上税額（3,600円）×2割＝納税額（720円）と軽減される。

2．小規模事業者向け

持続化補助金については、免税事業者がインボイス発行事業者に登録した場合、補助上限額が50～200万円に一律50万円が加算。

3．中小事業者向け

IT導入補助金（デジタル化基盤導入類型）については、安価な会計ソフト（ソフトウェア購入費、クラウド利用費（最大2年分）、ハードウェア購入費等）が対象となるように補助下限額が撤廃。

4．中小事業者向け：2年前（基準期間）の課税売上が1億円以下または1年前の上半期（個人は1～6月）の課税売上が5千万円以下の事業者

1万円未満の課税仕入れ（経費等）については、インボイスの保存がなくても帳簿の保存のみで仕入税額控除が可能。ただし、期間は2023年（令和5年）10月1日～2029年（令和11年）9月30日。

でリーフレット「インボイス制度、支援措置があるって本当!?」には、令和5年10月1日～令和8年9月30日を含む課税期間における小規模事業主向けインボイス制度支援措置の概要がまとめられている。

[図4-1 適格請求書等保存方式導入までの制度変更]

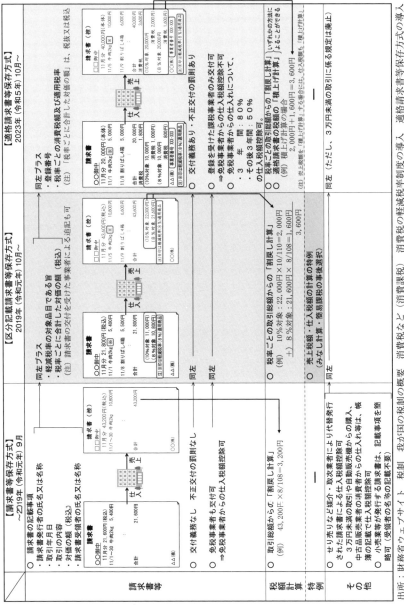

出所：財務省ウェブサイト 税制 我が国の税制の概要 消費税など（消費税）消費税の軽減税率制度の導入 適格請求書等保存方式の導入
（http://www.mof.go.jp/tax_policy/summary/consumption/keigen_03.pdf）

5．すべて事業者

　支援措置制度開始時に事業者登録申請が可能。１万円未満の値引きや返品等については、返還インボイスを交付は不要。振込手数料分を値引処理する場合も対象。

4-1-3　簡易課税制度[15]

　簡易課税制度は、中小事業者の納税事務負担に配慮する観点から事業者が選択できる制度である。基準期間（個人事業者は前々年、法人は前々事業年度）における課税売上高が5,000万円以下の事業者（免税事業者を除く）は、所轄税務署長に「消費税簡易課税制度選択届出書」を提出した場合、売上げに係る消費税額に、事業の種類の区分（事業区分）に応じて定められたみなし仕入率を乗じて算出した金額を仕入れに係る消費税額の合計額とみなして売上げに係る消費税額から控除できる制度である。例として第１種事業から第６種事業までのうち１種類の事業だけを営む事業者の場合は**表4−2**のように算出される。

[　**表4−2　１種類の事業の専業者の場合の基本的な計算方法**　]

$$
\text{仕入控除税額} = \left[
\begin{array}{l}
\text{課税標準額に対する消費税額} \\
\quad - \text{売上げに係る対価の返還等の金額に係る消費税額}
\end{array}
\right]
$$

$$
\times \text{みなし仕入率} \left\{
\begin{array}{ll}
\text{第１種事業（卸売業）} & 90\% \\
\text{第２種事業（小売業）} & 80\% \\
\text{第３種事業（製造業等）} & 70\% \\
\text{第４種事業（その他）} & 60\% \\
\text{第５種事業（サービス業等）} & 50\% \\
\text{第６種事業（不動産業）} & 40\%
\end{array}
\right.
$$

出所：国税庁ウェブサイト　税の情報・手続・用紙　税について調べる　タックスアンサー（よくある税の質問）No.6505　簡易課税制度を基に筆者加筆作成。

---

[15]　国税庁ウェブサイト　No.6505　簡易課税制度には、２種類以上の事業を営む事業者などの特例の計算方法が示されている。井堀［2022］、栗林他編［2023］、土井［2021］、林［2023］、柳下他編［2022］、財務省ウェブサイトを参照のこと。

4-1-4　伝票方式と帳簿方式

4-1-1〜4-1-3まで見てきた消費税は付加価値税であるが、理論的に分類するならば、伝票方式と帳簿方式の2つの方式によって区別することができる。**伝票方式**（invoice system）の付加価値税は、事業者の売上額に税率を乗じて算出した額から、前段階の事業者が請求する税額を控除して、納税額を計算することから前段階税額控除方式と考えられる。したがって、前段階の事業者が税額を請求するためにインボイス（送り状）を使用することから伝票方式（インボイス方式）の付加価値税と呼ばれている。

次に**帳簿方式**（account system）の付加価値税は、事業者が新たに加えた付加価値を売上額から仕入額を差し引いて求め、それに税率を乗じて納税額を計算することから前段階売上高控除方式と考えられる。売上額から仕入額を差し引く計算を帳簿上で行うために帳簿方式（アカウント方式）の付加価値税と呼ばれている。

2つの方式の計算方法は次のようである。売上額を R、仕入額を C、税率を t そして納付税額を T とすれば、伝票方式は、$T = tR - tC$ で計算され、帳簿方式は、$T = t(R-C)$ で税額が計算されることになるから、いずれの方式をとっても税額は同額になる。ただし、4-1-3で見たように現行税制下で、仕入税額控除に基づいた事業者免税点制度および簡易課税制度によるみなし仕入率等が適用されると2つの方式間では税額は相違してくることになる。

現在最も普及しているのは**ヨーロッパ型付加価値税**で、前段階税額控除方式に基づく伝票方式の消費型付加価値税である。一方、現行の日本の消費税制度は、4-1-2で述べたように2023年10月から適格請求書等保存方式（インボイス制度）が導入されたが、事業者免税点制度や簡易課税制度によって益税問題の可能性が残っている。

4-1-5　日本の消費税制度の益税問題[16]

　日本の消費税制度では、4-1-2、4-1-3で解説したように小規模事業者向けの事業者免税点制度と中小事業者向けの簡易課税制度などが設けられている。前者は消費者から消費税を預かるが納税が免除され、後者は一部の消費税額が事業者の手元に残るなど消費者の負担額と納付税額とに差異が生じる「**益税**」問題が存在する。2019年10月からは「適格請求書等保存方式（インボイス制度）」が導入されたことにより益税問題の解消に向けて大きく前進した。ただし事業者免税点制度と簡易課税制度の変更はこれらに該当する事業者に影響を与えるため段階的な変更および経過措置が取られており益税が生じている。

　表4-1の例から事業者免税点制度について考慮する。ここで卸売業者が免税事業者として納税義務がないとする。卸売業者は、小売業者に43,600円で販売する。ここで消費税額は製造業者からの仕入税額900円を含む売上税額3,600円となるが、納税義務がないことから2,700円が免税となり益税となる。

　次に**表4-1**の例から簡易課税制度を考慮する。小売業者は卸売業者から仕入れることとする。ここで小売業者の仕入額Cとすればみなし仕入率80％を適用し、$C=0.8 \times R$であり、消費税率10％（軽減税率8％）を適用するならば、消費税額は標準税率10％では、$T=0.1 \times (R-0.8 \times R)$、そして、軽減税率8％では、$T=0.08 \times (R-0.8 \times R)$で計算される。実額計算では、小売業者の売上額（標準税率対象商品と軽減税率適用商品の総額）は60,000円（30,000円＋30,000円）で、仕入額が40,000円（20,000円＋20,000円）であるから、売上税額5,400円（3,000円＋2,400円）から仕入税額3,600円（2,000円＋1,600円）を仕入税額控除して1,800円（1,000円＋800円）が納付税額となるはずである。

　しかし、簡易課税方式では、実際の売上額60,000円に対してみなし仕入率80％を適用すれば仕入額48,000円（24,000円＋24,000円）と計算される。売上げを標準税率商品と軽減税率適用商品とで、各々、消費税額を計算すれば、売上

16　井堀［2022］、栗林他編［2023］、土井［2021］、林［2023］、栁下他編［2022］、国税庁・財務省ウェブサイトを参照のこと。

税額5,400円から仕入税額4,320円（2,400円＋1,920円）を仕入税額控除して1,080円が納付税額となる。ところが小売業者は、消費者への商品の販売から5,400円を消費税額として徴収する一方で、実際の納付税額1,800円に対してみなし仕入率適用後の計算上の納付税額1,080円を納付することから、720円の差額が益税として手元に残ることになる。

　このように簡易課税制度では、実際の仕入額がみなし仕入率適用後の仕入額よりも少額の場合には、実際に納付すべき税額より計算上の納付税額が少額となり、納付した税額の差額が事業者の益税となる。

‖4-2 消費税の租税帰着問題[17]‖

　現在の租税体系を分類するとき、法律上の納税者（**納税義務者**）と実質的な税負担者（**納税負担者**）が一致する租税が**直接税**（Direct tax）であり、納税義務者と納税負担者が異なる租税が**間接税**（indirect tax）としている。

　本章で考察している消費税は間接税であり、その課税負担が転嫁されることが想定されているから、実際の税の負担者が分かりにくくなっている。そこで、本節では、消費税がどのような形で転嫁され、そして帰着するのかに関して理論的な分析を踏まえて考察してゆくことにする。

4-2-1　租税の転嫁と帰着

　法的に税を支払う納税義務者と実際に税を負担する納税負担者が必ずしも一致するわけではない。前節の**表4−1**で見たように各事業者は消費税分を販売価格に上乗せしており、もし販売量が減少しなければ、この商品を購入する消費者が実際の消費税の負担をすることになる。すなわち納税義務者が各事業者であり、納税負担者は消費者となるから両者は一致しないことになる。このよ

17　関連する内容は浅井他編［1993］、井堀［2002］、井堀［2013］、井堀［2022］、入谷［1992］、入谷他編［1996］、上村［2005］、角野［2011］、角野［2012］、角野［2014］等を参照のこと。

うに納税義務者がなんらかの形で税負担を他の経済主体に移転することを**転嫁**（tax shifting）といい、例えば、小売業者が消費者に租税転嫁する場合を**前方転嫁**（**前転**（forward shifting））、製造業者が資本または労働の要素価格に転嫁する場合を**後方転嫁**（**後転**（backward shifting））と呼ぶ。さらに課税を契機に技術革新など生産性の向上によって負担を吸収する**消転**（transformation）などがある。また、租税を実際に負担することを帰着（tax incidence）といい、その負担者が誰であるかを問題とするのが**租税帰着問題**（problem of tax incidence）である。以下では租税帰着問題について単純にある財の市場に限定して**個別消費税**である財のみに個別に消費税が課せられることを想定し、その財のみの消費税の効果で他の財市場への効果を無視した**部分均衡分析**（partical equilibrium analysis）によって考えてゆくことにする。

4-2-2　従量税と従価税

　部分均衡分析で個別消費税を考察する場合、消費税を従量税と従価税に分けられる。**図4−2**、**図4−3**では、従量税および従価税が導入された場合が図示されており、縦軸にはある財の価格、横軸にはその財の需要量および供給量が

[　**図4−2　従量税の転嫁と帰着**　]

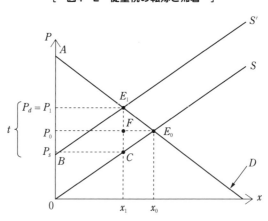

表されている。右下がりの需要曲線 D と右上がりの供給曲線 S の交点が均衡点であり、課税がない場合は均衡点 E_0、均衡価格 P_0 である。

図4－2は、企業が財の販売に対して、1 単位当たり t 円だけの税が課税される**従量税**（unit tax）が導入された場合である。企業は、課税によってこの財の供給で 1 単位当たり t 円だけコストが追加的にかかるから、この分だけ供給曲線は S から S' に上方シフトする。したがって、均衡点は E_0 から E_1 へ移動し、市場価格も P_0 から P_1 へ上昇する。ここで課税前後について比較するために、消費者が実際に支払う価格を消費者価格 P_d、企業が実際に受け取る価格を生産者価格 P_s と呼ぶことにする。課税前は消費者価格と生産者価格が等しく均衡価格 P_0 と等しくなる。しかし、課税後は、消費者価格は $P_1 = P_d$ に上昇し、生産者価格は $P_1 - t = P_s$ に下落する。これは課税によって消費者価格が上昇した消費者が、需要量を x_0 から x_1 を減少させたことによっている。すなわち、$t\left(= P_d - P_s\right)$ 円分の課税負担は、$P_d - P_0$ 円分が消費者に前転し、$P_0 - P_s$ 円分が生産者に後転するというかたちで転嫁されたことになる。

課税前後の比較を余剰分析から考察してみよう[18]。課税前の**消費者余剰**は $P_1 E_0 A$、生産者余剰は $P_0 E_0 0$ であるから、両者を合計した**総余剰（社会的余剰）**は $AE_0 0$ である。課税後は、消費者余剰は $P_1 E_1 A$、生産者余剰は $P_s C 0$ である。税収が $P_1 E_1 C P_s$ であるから、前転による消費者の帰着部分は $P_0 F E_1 P_1$ となり、後転による生産者の帰着部分は $P_0 F C P_s$ であることが分かるから、総余剰は $AE_1 C 0$ であり、課税前後で総余剰は $E_1 E_0 C$ 分だけ減少したことになり、これが課税の**歪み**（distortion）であり**超過負担**（excess burden）または**死荷重**（dead weight loss）と呼ばれている。このように**社会的効率性の損失**（efficiency loss）が存在するから消費税の課税は中立的ではないことが分かる。

図4－3は、企業が財の販売に対して、価格 P に対して一定税率 t が課税される**従価税**（ad valoren tax）が導入された場合である。

企業は、課税によってこの財の供給で価格 P に対して乗じられた一定税率 t

---

[18]　余剰分析については、4－4節「最適課税の理論」で詳しく述べることにする。

だけコストが追加的にかかるから、この分だけ供給曲線はSからS'に上方シフトする。図4−2の従量税と違うのは供給曲線が傾きが急となっていることである。図4−3で表されているように課税による消費者への影響は従量税の場合の議論が同様に成立することが分かる。

[図4−3 従価税の転嫁と帰着]

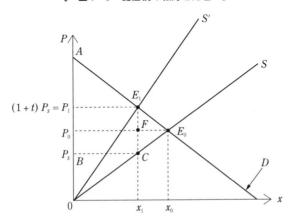

||4-3 価格転嫁と価格弾力性[19]||

　消費税の価格転嫁は、需要曲線もしくは供給曲線の傾きに依存して決まり、負担の帰着が異なってくる。本節では、需給曲線の傾きに着目し、消費税の転嫁と帰着に関して考察する。またもう少し具体的に転嫁と帰着の状況を見るために需要曲線と供給曲線を具体的に与え、転嫁率についても考える。

19　関連する内容は浅井他編 [1993]、井堀 [2002]、井堀 [2013]、入谷 [1992]、入谷他編 [1996]、上村 [2005] 等を参照のこと。

4-3-1　需要曲線の弾力性が無限大の場合

　消費税のような課税のよって税負担が実質的に誰にどれだけ転嫁されるかは、需要曲線および供給曲線の価格弾力性の比率に依存して決まってくる。**価格弾力性**（price elasticity）は、価格が１％変化したときに需要や供給が何％変化するかを示す指標である。

[　**図4-4　需要曲線の弾力性が無限大の場合**　]

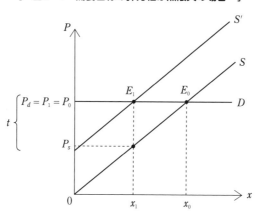

　図4-4は需要曲線の弾力性が無限大の場合が表されており、**需要の価格弾力性**（price elasticity of demand）が完全に弾力的であるから、需要曲線が水平に描かれている。課税によって供給曲線は上方にシフトし、均衡価格はP_0からP_1に上昇し、均衡需給量はx_0からx_1に減少する。しかし、課税後の消費者価格と生産者価格との関係は、$P_d = P_s + t$であるが、$P_d = P_0 = P_1$であるから、課税前後で価格は変化せず、従量税tと等しい額が供給者に完全に転嫁されたことになる。

4-3-2　需要曲線の弾力性がゼロの場合

　図4-5は需要曲線の弾力性がゼロの場合が表されており、需要の価格弾力

性が完全に非弾力であるから、需要曲線が垂直に描かれている。課税によって供給曲線は上方にシフトし、均衡価格はP_0からP_1に上昇するが、均衡需給量は$x_0 = x_1$で変化しない。課税後の消費者価格と生産者価格との関係は、$P_d = P_s + t$であり、さらに、$P_s = P_0$、$P_d = P_1$であるから、従量税tと等しい額が需要者に完全に転嫁されたことになる。

[**図4-5 需要曲線の弾力性がゼロの場合**]

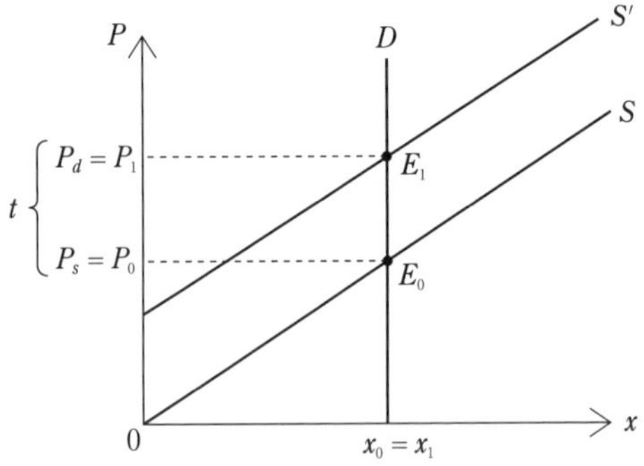

4-3-3 供給曲線の弾力性が無限大の場合

　図4-6は供給曲線の弾力性が無限大の場合が表されており、供給の価格弾力性が完全に弾力であるから、供給曲線が水平に描かれている。課税によって供給曲線は上方にシフトし、均衡価格はP_0からP_1に上昇し、均衡需給量はx_0からx_1に減少する。課税後の消費者価格と生産者価格との関係は、$P_d = P_s + t$であり、さらに、$P_s = P_0$、$P_d = P_1$であるから、従量税tと等しい額が需要者に完全に転嫁されたことになる。

4-3-4 供給曲線の弾力性がゼロの場合

　図4-7は供給曲線の弾力性がゼロの場合が表されており、供給の価格弾力性が完全に非弾力であるから、供給曲線が垂直に描かれている。課税によっても供給曲線は全くシフトせず変化しない。したがって、課税前後で均衡価格、

[**図4-6 供給曲線の弾力性が無限大の場合**]

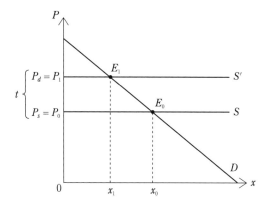

均衡需給量は変化せず、それぞれ$P_0=P_1$、$x_0=x_1$である。課税後の消費者価格と生産者価格との関係は、$P_d=P_s+t$であるが、$P_d=P_1=P_0=P_s+t$であるから、課税前後で価格は全く変化せず、従量税tと等しい額が供給者に完全に転嫁されたことになる。**図4-7**では、$P_d=P_1=P_0=P_s+t$であるため、価格転嫁が明示的に表れないが、実際は供給側が税を負担し、後転しているからP_0からtだけ差し引いたところがP_sとなる。

[**図4-7 供給曲線の弾力性がゼロの場合**]

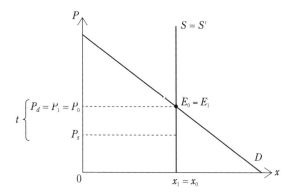

4-3-5　価格転嫁率

　消費税として従量税が課税されたとき、価格に対してどれだけ転嫁されるかについて見てみることにしよう。そこで4-2節の**図4-2**で示されているある財に対する個別消費税の場合を考える。課税前の需要曲線と供給曲線が、それぞれ、

$$課税前の需要曲線：P = -ax + b \qquad (4\text{-}1)$$

$$課税前の供給曲線：P = cx + d \qquad (4\text{-}2)$$

で表されているとする。ただし、$a, b, c, d > 0$とする。したがって、課税前の均衡価格P_0、均衡需給量x_0とすれば、(4-1) と (4-2) から、

$$P_0 = \frac{ad + bc}{a + c}, \; x_0 = \frac{b - d}{a + c} \qquad (4\text{-}3)$$

が求められる[20]。**図4-2**では、(4-3) で示される課税前の均衡点はE_0で示されている。ここである財に個別消費税として従量税tが課税されたとすると、課税後の供給曲線は、

$$課税後の供給曲線：P = cx + d + t \qquad (4\text{-}4)$$

で表される。したがって、課税前後で需要曲線は変わらないから、課税後の均衡点E_1は、(4-1) と (4-4) から求められ、課税後の均衡価格P_1、均衡需給量x_1とすれば、

$$P_1 = \frac{a(d + t) + bc}{a + c}, \; x_1 = \frac{b - (d + t)}{a + c} \qquad (4\text{-}5)$$

が求められる。ここで消費税の課税による価格、および需給量の変化を、それ

---

[20]　連立方程式の行列を用いた解法は、補章「経済数学」の基礎を参照のこと。

ぞれ、$\Delta P = P_1 - P_0$、$\Delta x = x_1 - x_0$ とすれば、(4-3)、(4-5) から次のように求まる。

$$\Delta P = \frac{at}{a+c}, \ \Delta x = \frac{-t}{a+c} \tag{4-6}$$

したがって、消費税の価格および需給量への効果が具体的に求まる。ここで、特に従量税 t の課税による価格の変化の割合がどれだけかを測る指標として転嫁率を定めれば、(4-6) から、

$$\frac{\Delta P}{t} = \frac{a}{a+c} \tag{4-7}$$

が得られる。

　そこで、4-3-1の需要曲線の弾力性が無限大の場合（需要曲線が水平の場合）は、需要曲線の傾き a がゼロだから、(4-7) から、$\lim\limits_{a \to 0} \frac{a}{a+c} = 0$ が分かり、価格転嫁率がゼロであるから、生産者に完全転嫁することが確認できる。同様に、4-3-2の需要曲線の弾力性がゼロの場合（需要曲線が垂直の場合）は、需要曲線の傾き a が無限大だから、(4-7) から、$\lim\limits_{a \to +\infty} \frac{1}{1+(c/a)} = 1$ が分かり、価格転嫁率が1であるから、消費者に完全転嫁することが確認できる。4-3-3の供給曲線の弾力性が無限大の場合（供給曲線が水平な場合）は、供給曲線の傾き c がゼロだから、(4-7) から、$\lim\limits_{c \to 0} \frac{a}{a+c} = 1$ が分かり、価格転嫁率が1であるから、消費者に完全転嫁することが確認できる。4-3-4の供給曲線の弾力性がゼロの場合（供給曲線が垂直の場合）は、供給曲線の傾き c が無限大だから、(4-7) から、$\lim\limits_{c \to +\infty} \frac{a}{a+c} = 0$ が分かり、価格転嫁率がゼロであるから、生産者に完全転嫁することが確認できる。

‖‖4-4 最適課税の理論[21]‖‖

本節では、余剰分析を用いて、最適な間接税の課税ルールとは何かについて考えることにする。まず、ミクロ経済学の基礎理論である余剰分析を再度確認する。そして、超過負担を判断材料として最適課税ルールを考察する。

4-4-1 最適課税問題

最適課税理論の問題を類型化した場合、一つの重要な分野として、いくつかの異なった財やサービスに間接税を課す場合、どのように課税するのが経済合理性に沿うものであるかを分析する**最適間接税問題**がある。これは1920年代にラムゼイ（F. P. Ramsey）が古典的な専門論文を発表して以来、この論文の再評価とその拡張という形で発展してきている。1970年代にはダイヤモンド・マーリーズ（P. Diamond and J. A. Mirrlees）等によって様々な理論的拡張がなされ、1980年代に入り、本間［1982］、入谷［1986］そして山田［1991］等によって独創的な貢献がなされ分析の途が開かれた[22]。

4-4-2 消費者余剰と超過負担

最適課税問題を考察するためには、余剰分析を用いて消費者余剰から超過負担を測る必要がある。4－2節の消費税の租税帰着問題でも余剰分析については触れたが、ここでは簡単化のために企業は一定の生産コストP_0で生産が可能であるとして、供給曲線は水平であることを仮定しておく。

まず消費者余剰を考えるために需要曲線について次のように考えよう。例えば、**図4－8**で、財xをケーキとして、価格Pをケーキの価格と想定する。$x_1=1$、

---

[21] 関連する内容は井堀［2006］、井堀［2022］、入谷［1986］、貝塚［2003］、角野［2011］、角野［2012］、角野［2014］、本間［1982］等を参照のこと。

[22] 最適課税問題の専門的な内容は、入谷［1986］、貝塚［2003］、角野［2011］、角野［2012］、角野［2014］、本間［1982］、山田［1991］等に、一般均衡モデルを用いた理論的な分析が詳細に記述されている。

$x_0 = 2$、そして、$P_1 = 300$（円）、$P_0 = 200$（円）と置く。さて、この場合、消費者はケーキに対してどのような評価を持っているのであろうか。まず、最初の1個目のケーキに対して300円の金額を支払ってもよいと考える。そして、次の2個目のケーキに対しては200円を支払ってもよいと考える。つまり消費者は、2個のケーキに対して合計500円を支払うという評価をしていることになる。つまり、各ケーキに対する評価額が**限界効用**（marginal utility）を表しており、全てのケーキに対する評価額が総効用を意味しており、需要曲線は、価格と需要の関係だけではなく、消費者の金銭表示による評価を意味している。

　ここで、ケーキの価格が$P_0 = 200$（円）であるとした時、消費者はケーキを$x_0 = 2$まで購入しようと考える。この時需要曲線による消費者の評価は、総効用の500円である。一方、支払額は400円であるから、総効用から支払額を差し引いた額が、消費者にとっての純効用であり、**消費者余剰**（consumer's surplus）と呼んでいる。**図4−8**では、消費者余剰の大きさは、三角形$P_0 E_0 A$の面積で表されている。

[　**図4−8　消費者余剰と超過負担**　]

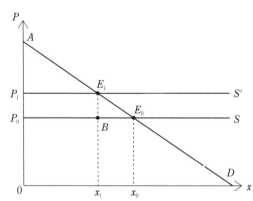

　次に消費者余剰の概念を用いて超過負担について考えてみることにしよう。**図4−8**では、課税前のケーキの価格$P_0 = 200$（円）、課税後価格$P_1 = 300$（円）

として、$t = 0.5$の従価税が課された状況が表されているとする。課税前の消費者余剰はAP_0E_0、課税後はAP_1E_1である。この時、政府税収は$P_1P_0BE_1$であるから、これは公共財等で支出されると考えるならば、社会的余剰となり消費者余剰の減少とはならないとみなすことが出来る。したがって、課税前の消費者余剰AP_0E_0から課税後の消費者余剰AP_1E_1プラス政府税収$P_1P_0BE_1$を差し引いたものはE_1BE_0であり、これが消費税の課税による消費者余剰の減少である**超過負担**と呼ばれる課税の歪みである。そこで超過負担E_1BE_0の面積は、

$$E_1BE_0 = \frac{1}{2} \times \Delta x \times \Delta P \tag{4-8}$$

で表される。需要の価格弾力性をと定義すれば、超過負担を絶対値で表せば、

$$\left| E_1BE_0 \right| = \left| \frac{1}{2} \times \left(-e\frac{x_0}{P_0}tP_0 \right) \times tP_0 \right| = \left| -\frac{1}{2}eP_0x_0t^2 \right| \tag{4-9}$$

となる。したがって、（4-9）から超過負担は、需要の価格弾力性に比例し、税率の2乗に比例して大きくなることが分かる。また、この財の消費額P_0x_0の大きさにも比例していることが分かる。つまり、消費税の課税が消費量に依存して超過負担も決まってくることになる。

　これは他の条件が一定であれば、異なった財に異なった税率を必要以上に適用すべきではないことを示唆している。つまり、消費税率を大きくすると、税率の2倍に比例して超過負担は大きくなるからである。さらに、高税率の財の超過負担は、税率以上に大きくなることを意味するから、租税体系全体の消費税に対する超過負担は大きくなる。したがって、他の条件が同じであるならば、全ての消費財に対して同税率を課すべきであるという**均一税率課税**の租税政策が望ましいということになる。

　しかし、このように消費税の課税によって超過負担という課税の歪みが生じるから、消費税を全て撤廃することが現実的には財政政策上現実的ではないから、消費税の歪みを前提とした租税政策を考えることが必要となってくる。

4-4-3　最善および次善の意味における最適課税問題

　最適課税（optimal taxation）問題には、2つのタイプの問題が存在する。一つは、租税体系の選択において、その種類、構造および税額のいずれかにも制約が置かれていない**最善**（first best）の意味における最適課税問題である。これは、ある経済状況下で、任意に租税体系の租税の種類、租税構造や税額を選択することによって、国民経済にとって最も望ましい経済状態を導くためにはどのような課税が良いかを明らかにしようとするものである。もう一つは、租税体系の選択において、その種類、構造および税額に何らかの制約が置かれた形での**次善**（second best）の意味における最適課税問題である。これは、ある経済状況下で、租税体系のある特定の租税の種類、租税構造や税額が制約されていることを前提とした上で、国民経済にとって最も望ましい経済状態を導くためにはどのような課税が良いかを明らかにしようとするものである。

　これから考察してゆく最適課税問題は、ラムゼイ型の次善の意味における最適間接税問題である。つまり、経済社会の一部に資源配分上の効率性を阻害する要因が存在する場合、その阻害要因を前提として、どのようなルールに従って租税体系を再編すれば社会的に最適な状態が実現できるかである。これから問題とするのは、消費税体系の存在自身が生産者価格と消費者価格との乖離の原因となっており、超過負担という歪みが発生している状態である。財政上の要請から消費税が課税されていれば、全ての消費税率をゼロにし、超過負担をなくすわけにはゆかないから、他の消費税との関連によって個々の消費税率をどのように選択してゆくかを考察することになる。このような問題が、「次善」の意味での最適間接税問題である。

4-4-4　次善の意味における最適間接税問題

　「次善」の意味における最適課税問題は、経済には一部分に資源配分上の攪乱要因が存在することを前提とするから、他の残りの部分に対してパレート効率性を達成することの出来る条件を適用し、例えば、租税体系を再編成することが、必ずしも経済全体を改善することにつながらない。これが次善の意味に

おけるラムゼイ型の最適課税問題を考察することである。ラムゼイ型の最適間接税の枠組みは、様々な分析手法の発展によって、きわめて簡明な解析手法を開いてきた。まずその成果については、次の2つのルールに要約することが出来る。

(1) 逆弾力性の命題：逆弾力性ルール（inverse elasticities rule）

　最適消費税体系においては、各財貨の需要が相互に独立である場合、各財貨に対しての個別税率は当該財貨の「自己価格弾力性（own price elasticity）」に逆比例するように決定されなければならない。

(2) ラムゼイの比例性命題：ラムゼイ・ルール（Ramsey rule）

　最適消費税体系においては、全ての財貨の補整的需要[23]が同一の比率で減少するように個別税率が決定されなければならない。

　(1)、(2) は若干専門的な内容の命題となっている。比較的容易な説明をすれば、(1) は、あらゆる課税財について、消費税の税率は価格弾力性の逆数に比例的でなければならないということであり、「**需要の価格弾力性**（price elasticity of demand）」[24]が価格が1％上昇したときの需要の変化率（百分比でみた変化率）であるから、(2) は、需要の価格弾力性に価格の変化率を掛けた値が等しくなることを要請する。

　ここでは上述の2つの命題について説明するために、消費財が2財存在するとし、個別消費税に限定して、その中で消費税率をどのように適用するのが資源配分の視点から望ましいかを考えてみることにしよう。

　まず消費財をxとyとし、各財の価格をP_x、P_yとすれば、それぞれ需要は相互

---

[23] 「実質所得一定の下での需要」であり、通常の需要は「名目所得一定の下での需要」である。西村［1995］等のミクロ経済学のテキストを参照のこと。

[24] 需要の価格弾力性の定義から、特に自己価格の変化率で測った場合、需要の自己価格弾力性と呼ぶ。

に独立的であることを仮定する。つまり、x財とy財とは相互に代替的でも補完的な財でもないことを意味している。ここで**図4−9**左図ではx財が価格弾力性が非弾力的な財であり、右図ではy財が弾力的な財として描かれている。簡単化のために課税前のx財とy財との価格は等しくP_0としておく。また供給曲線は、4-4-2と同様に企業は一定の生産コストP_0で生産が可能であるとして、供給曲線は水平であることを仮定しておく。また課税前の需給量も$x_0 = y_0$と等しいとしておく。

[**図4−9　最適間接税**]

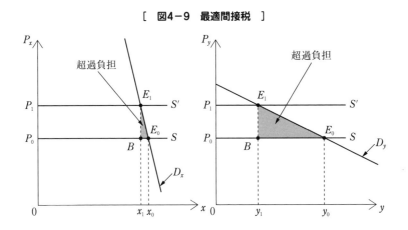

この時、x財とy財に対して同税率tで消費税が課税されたとしよう。4-4-2の議論から超過負担が$E_1 B E_0$であるが、**図4−9**ではy財への課税による超過負担はx財への課税による超過負担より大きいことが分かる。これはy財の需要の価格弾力性が、x財のそれより弾力的で大きいことから明らかである。

この事実から、**(1) 逆弾力性の命題（逆弾力性ルール）**が導かれる。つまり、この2財に対する課税から生じる超過負担を最小にするためには、x財に対して高税率、y財に対して低税率を課すべきであるということである。言い換えれば、価格に対して非弾力的に財に対してはより高い税率を課し、価格に対して弾力的な財に対してはより低い税率を課すことを主張している。つまり、非

弾力的な財ほど、課税による超過負担はそれほど大きなものとはならず、高い
税率を課したとしても、課税による歪み、つまり、資源配分上の非効率性はあ
まり生じないということである。ここでx財とy財の各財の税率、および需要
の価格弾力性は、それぞれ、t_x、t_y およびe_x、e_yとすれば、この2財に対して
の逆弾力性ルールは、

$$\frac{t_x}{t_y} = \frac{e_y}{e_x} \tag{4-10}$$

で表される。(4-10) は各税率は各財の弾力性に逆数に比例することを示して
いる。しかし、効率性の視点からは、逆弾力性ルールは指示されるが、公平性
の視点からは問題も残る。つまり、相対的に需要の価格弾力性の低い財は、米
のような必需品が多く、逆に弾力性の高い財は奢侈品であることが想定される。
したがって、必需品に対して高税率を課し、奢侈品に対して低税率を課すこと
になり、逆弾力性ルールによる最適間接税は逆進的になるというパラドックス
が生じてしまうことになり、**効率性と公平性のトレード・オフ**が存在すること
になる[25]。

　そこで、逆弾力性ルールを再解釈するならば、(4-10) は次のように書き換
えることが出来る。

$$t_x\, e_x = t_y\, e_y \tag{4-11}$$

　これは価格が1%上昇したときの需要の変化率に価格の変化率を掛けた値で
あり、各財の課税に対して各財の需要量の減少率が等しいことを要請するもの
であり、(2) **ラムゼイの比例性命題（ラムゼイ・ルール）**が導かれる。ラムゼ
イ・ルールは価格の変化ではなく、需要量の変化こそが超過負担の要因である
という観点から同量の需要量の変化率が最適間接税のルールであることを主張
するものである。

---

[25] 4-4-2で述べたように、Hatta（八田）[1986] による均一税率に近づくという解釈の理論
的研究も存在する。

●参考文献●

[和　文]

浅井勇・入谷純編『現代財政の基礎』八千代出版、1993年。

井堀利宏『要説：日本の財政・税制』税務経理協会、2002年。

井堀利宏『財政学』（第4版）新世社、2013年。

井堀利宏『新版　要説：日本の財政・税制』税理経理協会、2022年。

入谷純『課税の最適理論』東洋経済新報社、1986年。

入谷純『財政学入門』日本経済新聞社、1992年。

入谷純・岸本哲也編『財政学』八千代出版、1996年。

上村敏之『はじめて学ぶ国と地方の財政学』日本評論社、2005年。

江島一彦編『図説　日本の税制（平成27年度版）』財経詳報社、2015年。

大矢俊雄編『図説　日本の財政（平成27年度版）』東洋経済新報社、2015年。

貝塚啓明『財政学』（第3版）東京大学出版会、2003年。

栗林隆・江波戸順史・山田直夫・原田誠編『財政学』（第6版）創成社、2023年。

神野直彦『財政学』（改訂版）有斐閣、2007年。

角野浩「環境税制改革と二重配当」『生駒経済論業』Vol.9 No.2、pp.53（169）〜pp.67（183）、2011年。

角野浩「Sandmoの環境フィードバックと二重配当仮説」『生駒経済論叢』Vol.9 No.3、pp.15（253）〜pp.35（273）、2012年。

角野浩『失業と環境政策の租税分析』同友館、2014年。

竹内信二編『スタンダード財政学』中央経済社、2005年。

田原芳幸編『図説　日本の税制（平成28年度版）』財経詳報社、2016年。

土井丈朗『入門　財政学』（第2版）精文堂、2021年。

林宏昭・玉岡雅之・桑原美香『入門財政学』（第2版）中央経済社、2015年。

林宏昭『日本の税制と財政』（第2版）中央経済社、2023年。

本間正明『課税の経済理論』創文社、1982年。

柳下正和・于洋・青柳龍司編『はじめての財政学』（第2版）文眞堂、2022年。

山田雅俊『現代の租税理論』創文社、1991年。

[欧　文]

Hatta, T. "Welfare Effects of Changing Commodity Tax Toward Uniformity," Journal of Public Economics, 1986.

[資　料]

朝日新聞2014年3月6日、松井彰彦「消費増税　価格も3%上がる必要はない」読み解き経済所収。

産経新聞2014年3月30日、角野浩「従業員の賃金、上げたいが／税率アップの影響を図り

かねる中小企業」所収。

［データ・資　料］
国税庁ウェブサイト
・税の情報・手続・用紙　税について調べる　タックスアンサー（よくある税の質問）
　No.6121　納税義務者
　（https://www.nta.go.jp/taxes/shiraberu/taxanswer/shohi/6121.htm）
　（2023年12月9日確認）
・税の情報・手続・用紙　税について調べる　タックスアンサー（よくある税の質問）
　No.6102　消費税の軽減税率制度
　（https://www.nta.go.jp/taxes/shiraberu/taxanswer/shohi/6102.htm）
　（2023年12月9日確認）
・税の情報・手続・用紙　税について調べる　税目別情報　消費税　消費税の軽減税率制
　度・適格請求書等保存方式（インボイス制度）
　（https://www.nta.go.jp/taxes/shiraberu/zeimokubetsu/shohi/keigenzeiritsu/）
　（2023年12月12日確認）
・税の情報・手続・用紙　税について調べる　タックスアンサー（よくある税の質問）
　No.6505　簡易課税制度
　（https://www.nta.go.jp/taxes/shiraberu/taxanswer/shohi/6505.htm）
　（2023年12月13日確認）
・刊行物等　パンフレット・手引　パンフレット「暮らしの税情報」（令和5年度版）　消
　費税のしくみ
　（https://www.nta.go.jp/publication/pamph/koho/kurashi/html/01_3.htm）
　（2023年12月9日確認）

財務省ウェブサイト
・税制　我が国の税制の概要　消費税など（消費課税）　消費税など（消費課税）に関す
　る資料（平成28年6月現在）　お知らせ
　（http://www.mof.go.jp/tax_policy/summary/consumption/index.htm）
　（2016年7月6日確認）
・税制　出版物等　「平成28年度税制改正（平成28年4月発行　PDF版）」　Chapter 2　消
　費課税　軽減税率の創設
　（http://www.mof.go.jp/tax_policy/publication/brochure/zeisei16/02.htm）
　（2016年7月6日確認）
・身近な税　Q&A～身近な税について調べる～　「軽減税率制度」について教えてください
　（http://www.mof.go.jp/tax_policy/publication/mail_magazine/20151217.html）
　（2023年12月9日確認）

・税制　わが国の税制の概要　消費税、酒税など（消費課税）　消費税のインボイス制度・軽減税率制度に関する資料

　（https://www.mof.go.jp/tax_policy/summary/consumption/d02.htm）

　（2023年12月 9 日確認）

衆議院ウェブサイト

・立法情報　質問答弁情報　第200回国会　質問の一覧　「軽減税率制度の廃止等に関する質問主意書」、「衆議院議員前原誠司君提出軽減税率制度の廃止等に関する質問に対する答弁書」

　（https://www.shugiin.go.jp/internet/itdb_shitsumon.nsf/html/shitsumon/b200094.htm）

　（2023年12月 9 日確認）

第5章　公　債

> **Key! Words**
>
> 公債　地方債　建設国債　赤字国債　新正統派　ブキャナン　ボーエン＝デービス＝コップ　モディリアーニ　リカードの等価定理　ライフサイクル・モデル　バローの中立性命題　2世代重複モデル

▌5-1 公債とは何か[1]▐

　中央政府あるいは地方政府の債務一般を公債と呼ぶが、本節では、なぜ政府は財源調達手段として公債を発行するのか、そして、どのような形態で発行されるのかについて考えてみることにしよう。

5-1-1　公債の定義

　国および地方の財政の経済活動に必要な財政収入は、強制力を背景とした独占的なシステムの下で無償で貨幣を調達することが原則である。しかし、公共サービスに必要な財源を強制的に無償で調達することが経常収支の中で賄えなくなったとき、政府は貨幣市場から借入れによって調達することになる。このように政府の借金である公的債務を**公債**（public debt）といい、「政府の信用を基礎とした債務証書の発行による財源調達」手段である。しかし、公債は例

---

[1]　関連する内容は井堀［2013］、上村［2013］、内山［2006］、大矢編［2015］、栗林他編［2023］、神野［2007］、土井［2021］、橋本他［1994］、林［2023］、柳下他編［2022］、国税庁・財務省ウェブサイト等を参照のこと。

外的な収入であり、日本の財政法第4条では、「国の歳出は、公債又は借入金以外の歳入を以って、その財源としなければならない」として国債発行の原則禁止が謳われていることからも分かるであろう。

　特徴としては、公債は最終的に強制的に無償で調達する租税収入によって返済するから、公債は「租税収入の前取り」と考えられる。つまり、公債購入者である国民や銀行に対して、将来的に元金に利子分を加えた元利合計分を元利償還しなければならないが、これは租税で賄われることになる。しかし、公債は、租税収入のオプションの一つであり例外的な収入と考えられる。また、租税は「強制論理」での調達であるが、公債は「市場論理」に基づいた自由意志による調達という側面も持つ。ただし、**元利償還**が背後にあり、それは租税収入による調達であり、強制力が働くことになる。

　また、公債証書は、証券市場で売買される有価証券であるから、法人企業の株式と同様の性質を持っている。つまり、株式は会社が利益をあげること、公債は政府の信用が存在することが条件となって、証券価値を持つという擬制資本の一種ということになる。

5-1-2　公債の種類[2]

　公債は、**表5−1**からも分かるように発行主体、償還期限、発行目的および発行場所により分類され、また発行方法および償還方法によっても分類されている。

1．発行主体

　公債は発行主体を基準に分類すると、中央政府が発行する**国債**と、地方政府が発行する**地方債**に分類される。さらに政府関係機関や特殊法人等が発行する

2　財務省ウェブサイト　債務管理リポート2023−国の債務管理と公的債務の現状−に詳細な解説がなされている。また、井堀［2022］、大矢編［2015］、栗林他編［2023］、土井［2021］、林他［2015］、林［2023］、柳下他編［2022］、国税庁ウェブサイト等を参照のこと。

政府が元金および利息の支払いの債務保証を行う**政府保証債**がある。

[　**表5-1　国公債の種類**　]

区　分	国債の種類
発行主体	国債、地方債、政府保証債
償還期限	短期国債、中期国債、長期国債、超長期国債
発行目的・根拠	建設国債、赤字国債、復興債、脱炭素成長型経済構造移行債（GX経済移行債）、借換債、財政投融資特別会計国債（財投債）
発行場所	内国債、外国債
発行方法	市中発行方式（入札方式、リオープン方式）、個人向け販売（個人向け国債、一般の利付国債についての新型窓口販売方式）、公的部門発行方式（日銀乗換）

出所：大矢俊雄編『図説　日本の財政（平成27年度版）』図表Ⅱ12.2　国債の種類、p.230、東洋経済新報社、2015年、及び神野直彦『財政学』（改訂版）表16-1　公債の種類、p.226、有斐閣、2007年、財務省ウェブサイト　債務管理リポート2023　－国の債務管理と公的債務の現状－より作成。

2．償還期限

　財政法第4条では、国の歳出の財源調達手段としての国債発行を禁止しており、償還期限を定める必要があるため、1年以下を**短期国債**、2年または5年を**中期国債**、10年を**長期国債**、10年超を**超長期国債**とされている。

3．発行目的・根拠[3]

　国の経費を調達するために発行される普通国債には、**建設国債**と**赤字国債**（一般会計の歳入の一部）、**復興債**（東日本大震災復興特別会計の歳入の一部）、**脱炭素成長型経済構造移行債（GX経済移行債）**（エネルギー対策特別会計の歳入の一部）および**借換債**（国債整理基金特別会計の歳入の一部）が位置づけられている。

---

[3]　財務省ウェブサイト　赤字国債と建設国債の違いを教えてください（https://www.mof.go.jp/faq/budget/01aa.htm）で解説されている。

建設国債は四条国債とも言われ、財政法第４条但書（建設国債の原則）に基づき、社会資本を建設する公共事業、出資金や貸付金といった投資経費のために発行される。赤字国債は特例国債とも言われ、特例公債法（財源確保法）を制定し発行され、1975年度から2011年度までは年度ごとに成立させ、2012年度以降は複数年度で時限を区切り成立させて、公務員の給料などの経常支出の財源不足に充てられる[4]。

　財政法で建設国債が容認されている背景には、建設された社会資本が耐用年数の期間中は便益をもたらし、元利償還費を将来に分散し、利用者の受益に応じた負担を求める利用時払い原則（pay-as-you-use principle）に基づいている。しかし、特例で認められている赤字国債は、将来の便益をもたらさないという側面があるが、毎年度、両国債ともに一般会計予算総則で発行限度額を規定する。

　復興債は、「東日本大震災からの復興のための施策を実施するために必要な財源の確保に関する特別措置法」（復興財源確保法）に基づき、2011年度〜2025年度に発行されることとなっている。復興のための施策に必要な財源については、復興特別税の収入等を活用して確保されることとされているが、これらの財源が入るまでの間のつなぎとして発行されるものである。

　炭素成長型経済構造移行債（GX経済移行債）は、「脱炭素成長型経済構造移行推進戦略」の実現に向けた先行投資を支援するため、「脱炭素成長型経済構造への円滑な移行の推進に関する法律」（GX推進法）に基づき、2023年度〜2031年度に発行されることとなっている。カーボンプライシング導入の結果として得られる将来の財源を裏付けとする。

　借換債は普通国債の償還額の一部を借り換えるための資金を調達するために国債整理基金特別会計法において発行され、新たに財源を確保するために発行する国債とは異なり、債債務残高の増加をもたらさないものとされる。

---

[4]　E-GOV　法令検索　財政運営に必要な財源の確保を図るための公債の発行の特例に関する法律（平成二十四年法律第百一号）を参照のこと。

　財政投融資特別会計国債（財投債）は、財政融資資金の原資を必要額だけ調達し、財投債は国の信用に基づいて、普通国債と一体として発行されることとなっている。ただし、償還は財政融資資金の貸付回収金によって賄われているという点で、将来の租税を償還財源とする建設国債・特例国債等とは異なり、財投債残高は区分されることとなっている。

４．発行場所

　国債は、起債地を基準として、内国債と外国債に分類できる。**内国債**は、国内で発行され、利子は国内の公債購入者に支払われる。**外国債**は、外国で発行される国債であり、国内に資金が不足しているときに発行する。利子は外国に支払われるので、国民所得の一部が外国に流出することになる。

５．発行方式[5]

　国債の発行方式は、A．市中発行方式、B．個人向け販売及び、C．公的部門発行方式に大別される。

　A．市中発行方式は、公募入札を基本として、市場実勢を反映した条件設定が行われ、a.入札方式と、b.リオープン方式がある。入札方式は、①　価格（利回り）競争入札、②　非競争入札、③　第Ⅰ非価格競争入札及び第Ⅱ非価格競争入札がある。

　B．個人向け販売には、a.個人向け国債、b.一般の利付国債についての新型窓口販売方式がある。

　C．公的部門発行方式は、**日銀乗換**がある。

　国債の発行には、**建設国債の原則**と**市中消化の原則**の２つの原則がある。財政法第５条では、｜すべて、公債の発行については、日本銀行にこれを引き受けさせ、又、借入金の借入については、日本銀行からこれを借り入れてはなら

5　財務省ウェブサイト　債務管理リポート2023 - 国の債務管理と公的債務の現状 -　第Ⅱ編制度編　第１章　国債１　国債発行市場に詳細な解説がなされている。

ない。但し、特別の事由がある場合において、国会の議決を経た金額の範囲内では、この限りではない。」と定められている。したがって、日本銀行が国債を直接引受ける形で発行すること（**日銀引受**）を原則的に禁止している。これは日本銀行が増発した貨幣で新たに発行された公債を引受ければ、マネー・サプライが急激に増加し、インフレーションを引き起こす可能性があるからである。言い換えれば、公募発行で、資金を持つ金融機関や個人が購入して、引受けるということが**市中消化の原則**である。現在、財政法第５条但書に基づいて**日銀乗換**と呼ばれる日本銀行が保有する国債の償還期限を迎える借り換えを予定しているものについて、政府が借換債を発行する形で日銀が国債を保有することである。同条但書の「特別の事由」として、日銀乗換は、日銀が既に保有する国債を借り換えることになるので、日銀が直接引き受けても通貨供給量は変化しないとされ、通貨膨張をもたらさずインフレーションを生じさせないと判断されている。

5-1-3　債務管理制度

　国債は発行した後、満期がきた際に償還に要する資金を確保するための**減債制度**がある。国債の償還は国債の発行根源法により定められているが、償還財源として借換債を発行する借換えと現金償還がある。一般会計及び特別会計で発行される全ての国債の償還は**国債整理基金**を通じて行われ、償還財源を繰入れる。国債整理基金は、国債整理基金特別会計において発行する借換債の発行収入金や国債整理基金特別会計に所属する政府保有株式の売却なども償還財源として受け入れ、蓄積され支出される仕組みである。

　まず、建設国債と赤字（特例）国債の償還[6]は、全体で発行して60年で償還するという「**60年償還ルール**」という考え方を採る。公債発行の対象となる資産の平均耐用年数を60年とみなして、この期間内に全額現金償還する。**図5**

6　復興債、GX経済移行債、および財投債は60年償還ルールが適用されない。財務省ウェブサイトを参照のこと。

－1は財務省ウェブサイトの例であり、ある年度に600億円の国債を全て10年満期で発行する。10年（＝60年の1/6）後の満期時には、100億円（＝600億円の1/6）を現金償還し、残りの500億円は借換債を発行する。この借換債も10年満期の国債で発行したとすれば、さらにその10年後（当初からの20年後）には再び当初発行額600億円の1/6である100億円を現金償還し、残りの400億円は再び借換債として発行される。これを繰り返し当初発行から60年後に国債は全て現金償還されることになる。

[　**図5－1　60年償還ルール**　]

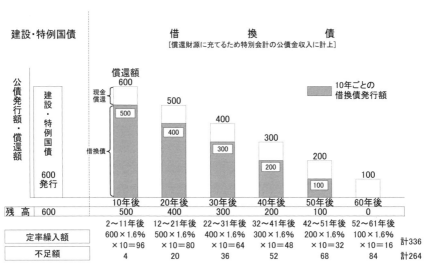

出所：財務省ウェブサイト　債務管理リポート2023　－国の債務管理と公的債務の現状－第Ⅱ編　制度編　第1章　国債　3　債務管理制度。

　図5－1から毎年度の定率繰入額は前年度期首の国債発行残高から算出されるため、国債発行残高の減少に伴って減少し、定率繰入だけでは現金償還額が手当てできないため、剰余金繰入や予算繰入、株式の売却収入等の財源を補完的に組み合わせて現金償還することになる。

5-1-4　国債管理政策[7]

　国債の累積残高が累増してくると、国債の発行、借換えおよび償還といった国債の管理が重要な政策課題となってくる。財政にとっては国債の利払費が重大な財政負担となり、国民経済や金融にとっても国債の発行や流通が投資や景気に重要な影響を与えるようになる。こうした中で財政当局が民間の保有している長期債と短期債の構成割合を新規発行や借換えに際してどのように決定してゆくかを課題とした**国債管理政策**（public debt policy）が大切となってきている。

　財務省ウェブサイトでは国債管理政策[8]について、『できるかぎり財政負担の軽減を図りながら、国債が国民経済の各局面において無理なく受け入れられるよう、国債の発行、消化、流通及び償還の各方面にわたり行われる種々の政策のこと。』と説明し、さらに『わが国では、国債の確実かつ円滑な発行及び中長期的な調達コストの抑制を国債管理政策の基本目標とし、国債発行計画の策定、各種懇談会等を通じた市場との対話、コスト・アット・リスク分析の手法を用いた債務分析、国債保有者層の多様化等に取り組んでいます。』と位置づけている。

　具体的な政策目標の１つは、失業やインフレに対する経済の安定化であり、２つは国債の利払い費の最小化である。経済の安定化に関しては、民間の保有する公債の流動性を調整して総需要を管理する。例えば景気が過熱気味であれば、総需要抑制を導くために利子率の引き上げを意図した流動性が低く利回りの高い長期債を多く発行する。逆に不況期には利子率の引き下げに向くように流動性が高く利回りの低い短期債を多く発行する。利払いの最小化に関しては、利子率の高い好景気にはより多くの短期債の発行を行い、利子率の低い不況期にはより多くの長期債を発行して、将来の財政負担を出来る限り少なくしよう

7　栗林他編［2023］、土井［2021］、柳下他編［2022］、財務省ウェブサイト等を参照のこと。
8　財務省ウェブサイトの国債の概要の解説では、「国債管理政策とは」において政府の政策当局の位置づけについて述べられている。

とするものである。しかし、国債管理政策において、経済の安定化と利払いの最小化という目標はトレードオフの関係にあるものの、金融政策などの他の政策手段を採ることができ、金融市場に大きな影響を与えないように国債を発行し、利払費を最小にするように国債管理政策を行う必要がある。国債管理政策は、①　市場のニーズ・動向等を踏まえた国債発行計画の策定、②　国債市場の流動性の維持・向上、そして、③　保有者層の多様化、以上の３点を考慮し、そして推し進めてゆくことが重要だろう[9]。

‖5-2 公債負担論[10]‖

　公債発行は将来の課税によって元利償還されるため、公債の負担は将来世代に転嫁されると一般的に言われている。このような公債の負担の考え方は、租税帰着分析の誰が税負担を最終的に行ったかの分析に対応しており、どの世代が課税による税負担をしたかというものである。したがって、公債の負担論を議論するためには、誰が、いつ、どのように経済的な負担するのかを考慮しなければならない。そのためには、前節で公債の種類を検討した公債の発行・償還期限などに加えて、何を基準として公債の負担と捉えるのか、または家計の存続期間、家計の世代の存在などを考慮すべきである。例えば、償還期限では、短期債と長期債では公債の発行から償還までの期間が異なり、課税よる家計の負担が将来に渡るのかどうかに影響してくる。公債の負担では、資源利用、家計の効用または消費で測ることによっても異なってくるだろう。また、考慮すべき家計についても、１世代を現在（現役）と将来（退職期）に分けるかどうか、もしくは家計を２世代重複モデルの中で考慮して親世代と子世代を区別するかどうかによっても、公債の負担の将来への影響は大きく異なってくる。さ

9　大矢編［2016］、栗林他編［2023］、土井［2021］、柳下他編［2022］、財務省ウェブサイト等参照のこと。

10　関連する内容は井堀［2013］、上村［2005］、上村［2013］、小塩［2002］、栗林他編［2023］、竹内［2005］、土井［2021］等を参照のこと。

らに世代重複モデルでも、親世代から子世代への遺産の考慮、各世代の人口成長を考慮するかどうかも公債の負担に影響するだろう。**表5-2**では、これらの公債負担の基準が整理されている。

[**表5-2　公債負担の基準**]

負担の基準	基 準 の 概 要
償還期限	短期公債、中期公債、長期公債、超長期公債
負担の測定	資源利用、家計の効用、家計の消費など
家計の存続期間	現在（現役期）と将来（退職期）の区別など
家計の世代	世代重複モデルの考慮の有無（親世代、子世代の区別）
世代間の考慮	親世代から子世代への遺産の考慮の有無
人口成長	世代重複モデルの各世代の人口成長の考慮の有無

出所：貝塚啓明編『財政学』（第3版）pp.239～242　東京大学出版会、2003年より作成。

　以下では代表的な議論を紹介し、公債の負担を経済学的にはどのように捉えるべきかについて考えることにしよう。

5-2-1　新正統派の議論

　まずケインズ派の伝統を受け継いだラーナー（A. P. Lerner）の議論を代表とする新正統派の議論を整理しておくことにしよう。

　公債発行が、内国債である場合、公債の負担を一国内の利用可能**資源の減少**と捉えるならば、公債発行時も公債償還時も何ら特別な負担が生じるわけではない。そして、財政支出が公債の場合でも課税の場合でも、資源が国内にとどまる限り一国内での利用可能資源は一定であり、民間が利用可能な資源が公的に利用されただけであり、負担を負うことにはならない。

　しかし、外国債である場合、公債発行時の現在世代は外国から資本が流入し利用可能資源が増大するが、公債償還時の将来世代は元利償還のために資本が外国に流出し、利用可能資源が減少するから、公債の負担が発行世代から償還世代に転嫁するとした。

　そこで次にラーナーの負担論について簡単なモデルで考えてみよう。**図5-**

2では、財源調達として内国債、外国債そして課税で行われる場合の家計と政府の関係が示されている。

[　**図5－2　ラーナーの負担論**　]

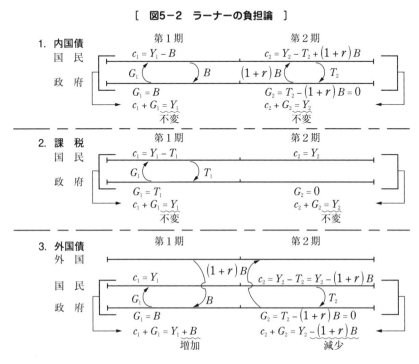

ただし、図中の矢印は資金の流れを示している。

（1）まず国民および政府の存在期間を2期間、今期（公債発行または課税：第1期）および次期（公債償還：第2期）とする。

（2）政府は、今期に政府支出G_1を賄うために、公債発行の場合は公債Bを発行し、課税の場合は課税T_1を行うとする。

（3）一方、国民は、今期に所得Y_1を稼得し、これを消費c_1と公債購入Bに振り分ける。簡単化のために貯蓄はなく、全て公債購入と考える。公債発行の場合、次期に国民は国債の元利償還を受ける。利子率rとすれば、元利合計は

$(1+r)B$ である。国民は所得 Y_2 を稼得し、消費 c_2 する。一方、政府は元利償還のために、元利合計分を課税 T_2 で賄うとし、簡単化のために政府支出 G_2 は、公債発行の場合は元利償還のみ、課税の場合は何も行わないとしておく。

上述の（1）～（3）のモデル設定下で各場合について考察してゆこう。

1．内国債の場合[11]

第1期の国民および政府の予算制約式は、

$$c_1 = Y_1 - B \tag{5-1}$$
$$G_1 = B \tag{5-2}$$

となる。次に第2期の国民および政府の予算制約式は、

$$c_2 = Y_2 - T_2 + (1+r)B \tag{5-3}$$

$$G_2 = T_2 - (1+r)B = 0 \tag{5-4}$$

となる。したがって、（5-1）と（5-2）から第1期の利用可能資源は、

$$c_1 + G_1 = Y_1 \tag{5-5}$$

であり、（5-3）と（5-4）から第2期の利用可能資源は、

$$c_2 + G_2 = Y_2 \tag{5-6}$$

となる。したがって（5-5）、（5-6）から両期の国民所得が Y_1 と Y_2 であることから、利用可能資源に全く変化がないことから、公債の負担は生じていない。

2．課税の場合

第1期の国民および政府の予算制約式は、

---

[11] 国債発行の大部分を国内で賄う日本の場合の例と考えられる。

$$c_1 = Y_1 - T_1 \tag{5-7}$$

$$G_1 = T_1 \tag{5-8}$$

となる。次に第 2 期の国民および政府の予算制約式は、

$$c_2 = Y_2 \tag{5-9}$$

$$G_2 = 0 \tag{5-10}$$

となる。したがって、(5-7) と (5-8) から第 1 期の利用可能資源は Y_1 であり、(5-9) と (5-10) から第 2 期の利用可能資源は Y_2 となるから、利用可能資源が国民所得で全く変化がないことから、公債の負担は生じていない。

3．外国債の場合[12]
　第 1 期の国民および政府の予算制約式は、

$$c_1 = Y_1 \tag{5-11}$$

$$G_1 = B \tag{5-12}$$

となる。ここで公債は外国債で発行されたために国民の予算制約式には変化がないことに注意しておこう。次に第 2 期の国民および政府の予算制約式は、

$$c_2 = Y_2 - T_2 = Y_2 - (1+r)B \tag{5-13}$$

$$G_2 = T_2 - (1+r)B = 0 \tag{5-14}$$

となる。したがって、(5-11) と (5-12) から第 1 期の利用可能資源は、

---

[12]　2009年10月から浮上したギリシアの財政赤字の悪化とその後のユーロ圏内の信用不安につながった国債発行の大部分を外国債（主に、ドイツ・フランス等が購入）の場合の例と考えられる。

$$c_1 + G_1 = Y_1 + B \tag{5-15}$$

であり、(5-13) と (5-14) から第2期の利用可能資源は、

$$c_2 + G_2 = Y_2 - T_2 = Y_2 - (1+r)B \tag{5-16}$$

となる。したがって (5-15) から第1期の利用可能資源は$Y_1 + B$に増加するが、(5-16) から第2期の利用可能資源は$Y_2 - T_2 = Y_2 - (1+r)B$に減少することから、公債償還時の将来世代に負担が転嫁された。

5-2-2　ブキャナンの議論

　次にブキャナン (J. M. Buchanan) の議論を整理しておくことにしよう。

　公債の負担を国民の**効用の低下**と捉えるならば、公債発行時には負担は伴わないが、公債償還時には課税による租税負担という形で効用の低下を伴い、公債の負担が生じることになる。

　公債発行時は、国民の自由意志に基づいた公債の購入であり、効用の低下を伴わないが、公債償還時は、国民の意思に反した強制的な租税負担であるから効用の低下を伴うと考える。さらに、償還時には、公債保有者は、元利償還がなされるから効用の低下は生じないが、公債非保有者は、課税負担分が効用の低下となることから、公債の負担は、公債発行時の世代から公債償還時の将来世代に負担が転嫁されるとした。

　次にブキャナンの負担論について簡単なモデルで考えてみることにしよう。**図5−3**では家計と政府の関係が示されている。

　(1) モデルはラーナーで用いたものとほぼ同様とするが、国民は公債保有者と非保有者が存在するものとする。

　(2) 政府はラーナーのモデルと同様に内国債を発行する。

　(3) 国民は、今期に所得$Y_1^i, i=1,2$を稼得し、これを消費c_1^iと公債購入Bに振り分ける。ここで、$i=1$を国債保有者、$i=2$を国債非保有者としておく。簡単化のために国債非保有者も貯蓄はないと考える。公債発行の場合、次期に国民

は国債の元利償還を受ける。利子率rとすれば、元利合計は$(1+r)B$である。国民は所得Y_2^iを稼得し、消費c_2^iする。一方、政府は元利償還のために、元利合計分を課税$T_2 = \sum_{i=1}^{2} T_2^i$で賄うとし、簡単化のために政府支出$G_2$は元利償還のみとしておく。上述の（1）〜（3）のモデル設定下で負担論を議論することにしよう。

[　**図5-3　ブキャナンの負担論**　]

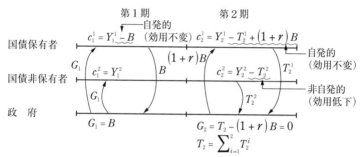

ただし、図中の矢印は資金の流れを示している。

第1期の国民の国債保有者、国債非保有者および政府の予算制約式は、

$$c_1^1 = Y_1^1 - B \tag{5-17}$$

$$c_1^2 = Y_1^2 \tag{5-18}$$

$$G_1 = B \tag{5-19}$$

となる。次に第2期の国債保有者、国債非保有者および政府の予算制約式は、

$$c_2^1 = Y_2^1 - T_2^1 + (1+r)B \tag{5-20}$$

$$c_2^2 = Y_2^2 - T_2^2 \tag{5-21}$$

$$G_2 = T_2 - (1+r)B = 0 \tag{5-22}$$

$$T_2 = \sum_{i=1}^{2} T_2^i \tag{5-23}$$

となる。

したがって、(5-17) と (5-18) から第 1 期の国民は、国債保有者も自発的な公債の購入であることから、効用水準の低下とはならないとし、国債非保有者は全く効用水準に影響しないとみなす。しかし、(5-20) と (5-21) から第 2 期の償還時の国民は、国債保有者も非保有者も強制的な課税を伴うが、国債保有者は、元利償還があるから効用水準の低下とはならないとするが、国債非保有者は、課税負担のみが転嫁され効用水準の低下となるとみなす。

5-2-3　ボーエン＝デービス＝コップの議論

公債負担論に将来世代を考慮した異世代間の負担の転嫁という新たな視点で議論したボーエン＝デービス＝コップ（W. G. Bowen, R. G. Davis and D. H. Kopf）について考えてみることにしよう。

公債の負担を国民の**生涯消費の減少**と捉えるならば、公債発行時の現在世代は生涯消費の減少という意味では負担は伴わないが、公債償還時の将来世代は生涯消費の減少という意味で負担が生じることになる。

彼らの議論は、利用可能資源の減少という形で公債の負担を考えた新正統派のラーナーの議論と共通するが、公債の発行と償還が異時点で行われると考えた点で異なっている。同一世代内で公債の発行と償還がなされる場合には負担は生じないが、公債の発行と償還が異世代間で行われる場合、将来世代の生涯消費が減少し負担が転嫁すると考える。

言い換えれば、現在の国民（世代）に発行された公債は、その国民の生涯の間に公債の償還が行われないとすれば、償還に伴う課税が行われないから、その国民の生涯消費を減少させることにはならない。そして、将来の国民（世代）に公債の償還が行われたとすれば、元利償還のための課税による負担が生じ、公債の負担が転嫁されたことになると考える。

次にボーエン＝デービス＝コップの負担論について簡単なモデルで考える。**図5－4**では家計と政府の関係が示されている。

[**図5－4　ボーエン＝デービス＝コップの負担論**]

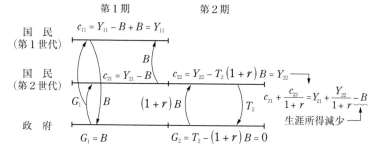

ただし、図中の矢印は資金の流れを示している。

　まずラーナーのモデルに世代を考慮し、異世代間の負担を扱うためのモデル
に拡張する。

　(1)　政府はラーナーのモデルと同様に今期（第1期）に政府支出G_1を賄うた
めに国債Bを発行する。来期（第2期）に元利償還のために、元利合計分を課
税T_2で賄うとし、簡単化のために政府支出G_2は元利償還のみとしておく。

　(2)　一方、国民は今期には第1世代（老年世代）と第2世代（若年世代）の
2世代が存在し、来期には第2世代が老年世代となって存在するものとする。
ここで考えている2世代間モデルは後に議論するリカードの等価定理で扱うよ
うな厳密な世代重複モデルではないことに注意しておこう。今期の期首に第1
世代は、所得Y_{11}を稼得し、これを消費c_{11}と公債Bの購入に振り分け、さらに今
期の期末に第2世代に公債Bを売り渡す。簡単化のために貯蓄はなく、全て公
債購入と考える。今期の第2世代は、所得Y_{21}を稼得し、これを消費c_{21}と第1
世代からの公債Bの購入に振り分け、貯蓄はないものとする。来期には第1世
代は存在せず、第2世代のみと考えるから、第2世代が公債の元利償還を受け
ることになる。来期の第2世代は所得Y_{22}を稼得し、消費c_{22}を行うが、元利償
還とそれに伴う課税負担をする。ここで利子率rとすれば、元利償還$(1+r)B$
および課税T_2とする。

　上述の（1）と（2）のモデル設定から政府および国民の予算制約式は以下の

ように考えることができる。

第1期の第1世代、第2世代および政府の予算制約式は、

$$c_{11} = Y_{11} - B + B = Y_{11} \tag{5-24}$$

$$c_{21} = Y_{21} - B \tag{5-25}$$

$$G_1 = B \tag{5-26}$$

となる。次に第2期の第2世代および政府の予算制約式は、

$$c_{22} = Y_{22} - T_2 + (1+r)B \tag{5-27}$$

$$G_2 = T_2 - (1+r)B = 0 \tag{5-28}$$

となる。したがって（5-25）と（5-27）から（5-28）を考慮すれば第2世代の生涯の予算制約式は、

$$c_{21} + \frac{c_{22}}{1+r} = Y_{21} + \frac{Y_{22}}{1+r} - \frac{T_2}{1+r} = Y_{21} + \frac{Y_{22}}{1+r} - B \tag{5-29}$$

となる。ここで第2世代は第1期の消費c_{21}と第2期の消費c_{22}の2期間の消費を最適にするように行動するから、効用関数$U_2 = U_2(c_{21}, c_{22})$とし、これを生涯の予算制約式（5-29）の下で最大化する。したがって（5-29）の第2世代の生涯の予算制約式では現在価値でみた課税$T_2/(1+r)$もしくは公債Bだけ生涯所得が減少するから、生涯消費が減少していることが分かる。したがって、公債の負担が第1世代から第2世代に転嫁されたことになる。

ただし、ボーエン＝デービス＝コップの議論が成立するためには、いくつかの制約的な仮定が前提となる。第1にこのモデルで第1世代は第2期に存在せず、公債償還に伴う課税負担を行わない。第2に第2世代はさらに次世代に公債を転売しない。そして、第3に第2期に第2世代が元利償還と共に課税負担を行う。したがって、彼らの議論はラーナーの負担論に異世代の負担を考慮したが、最初に公債を購入した第1世代の存在期間中に元利償還がなされず、課税負担が生じず、結果として元利償還時の第2世代が課税負担により公債の負

担が転嫁されたことになる。

5-2-4　モディリアーニの議論

　公債負担論のモディリアーニ（F. Modigliani）の議論について考えてみることにしよう。

　公債の負担を国民の**資本蓄積の減少**と捉えるならば、公債発行は民間貯蓄の抑制となり、将来時点で将来世代の資本蓄積の減少による将来所得の減少となり、公債発行による資金調達は、課税調達と比べて資本蓄積が減少して、将来の生産が減少するため、将来世代に負担が転嫁されたことになる。

　彼の議論は、公債発行の場合、公債の保有が民間貯蓄の一部を公債消化にあてるから、その分だけ資本蓄積が減少する。一方、課税調達の場合、民間貯蓄の減少とともに消費の一部も減少するから、その分だけ資本蓄積の減少は小さくなる。これは課税によって可処分所得が減少し、貯蓄と消費を減少させるからである。したがって、公債発行は課税調達と比べて資本蓄積がより減少し、将来世代の負担となると考えた。

　次にモディリアーニの議論を簡単にマクロ経済モデルを用いて財市場のみを考慮して国民所得の決定について考察することにしよう。

　（1）まず、国民所得Yは消費C、投資I、そして政府支出Gの合計で決定されるから、

$$Y = C + I + G \tag{5-30}$$

が成立する。これは「**有効需要の原理**」に基づいて国民所得が決定されるということで、消費と投資と政府支出を合計した需要水準によって経済全体の供給水準が決定され、したがって、所得水準も決まるというものである。これは「**三面等価の原則**」と呼ばれ、国内総生産、国内総支出、国内所得は同じもので、それぞれ生産面、支出面、そして分配面から見たものであるから3者の値は等しくなるということである。

　（2）消費支出に関しては、家計の所得が増加するに慕って消費支出は増加す

るものと考えられるから、消費支出と所得の関係は消費関数で表されるから、

$$C = f(Y) \tag{5-31}$$

となる。特に消費関数を一次関数で表すならば、

$$C = c_0 + c(Y - T), \, c_0 > 0, 0 < c < 1 \tag{5-32}$$

となる。ただし、Tは租税、c_0は**基礎消費**であり所得に関係なく生活に最低限必要な消費水準を表し、cは**限界消費性向**（marginal propensity to consume）であり所得が1単位増加したときに消費がどれだけ増加するかを示す指標である。企業は得られた所得や資金借り入れなどによって設備投資や在庫投資などの投資支出Iを行う。そして、政府は公務員等の給与支払いや、橋や道路などの建設という公共支出を行う。

　上述の想定（1）と（2）から、モディリアーニの議論は、完全雇用経済を前提として、政府支出を公債発行と課税による資金調達によって賄うことを考察し、どれだけ民間資本が削減されるかを比較した。そこで、2つの調達方法による比較を行うことにしよう。**図5－5**では家計と政府の関係が示されている。

[　**図5－5　モディリアーニの負担論**　]

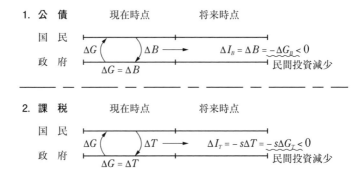

ただし、図中の矢印は資金の流れを示している。

1．公債発行の場合

政府支出Gの増加をΔGとすれば、公債発行ΔBによる資金調達は、

$$\Delta G = \Delta B \tag{5-33}$$

となる。完全雇用経済を前提とすれば、総需要は一定であり、$\Delta Y = 0$を考慮すれば、(5-30) から、

$$\Delta Y = \Delta C + \Delta I + \Delta G = 0 \tag{5-34}$$

となる。次に消費支出Cは (5-32) から、公債発行により租税水準は一定であり、$\Delta T = 0$を考慮すれば、$\Delta Y = 0$であることを念頭において、$\Delta C = 0$となることが分かる。したがって、これらのことを考慮して、(5-33) と (5-34) から、

$$\Delta I_B = -\Delta G_B = \Delta B \tag{5-35}$$

となる。ただし、ΔI_B、ΔG_Bは公債発行による変化分を示す。したがって、(5-35) から公債発行により政府支出分だけ民間投資が減少することが分かる。

2．課税の場合

政府支出増加ΔGを増税による課税調達ΔTで賄うことにすれば、

$$\Delta G = \Delta T \tag{5-36}$$

となる。完全雇用経済を前提とすれば、総需要は一定であり$\Delta Y = 0$である。一方 (5-32) から、消費支出Cは増税によって、$\Delta C = -c\Delta T$となる。そこでこれらを考慮して、(5-34) と (5-36) から、

$$\begin{aligned}
\Delta I_T &= -\left(\Delta C_T + \Delta G_T\right) = -\left(-c\Delta T + \Delta T\right)\\
&= -\left(1 - c\right)\Delta T = -s\Delta T = -s\Delta G_T
\end{aligned} \tag{5-37}$$

が分かる。ただし、ΔI_T、ΔG_Tは増税による変化分を示し、$s = 1 - c$で**限界貯蓄**

性向（marginal propensity to save）とする。したがって、(5-37) から課税調達によって政府支出分に限界貯蓄性向を乗じた分だけ民間投資が減少することになる。

3．公債の場合と租税の場合の比較

最後に政府支出の増加を公債発行で行う場合と租税で行う場合とを比較することにしよう。そこで、(5-35) と (5-37) から、

$$\Delta I = \Delta I_B - \Delta I_T = -(1-s)\,\Delta G = -c\,\Delta G \tag{5-38}$$

となる。したがって、公債発行の場合は租税の場合と比較して、政府支出分に限界消費性向を乗じた分だけより民間投資が減少するから、より資本蓄積を減少させるという負担を生じさせることが分かる。

‖5-3 等価定理[13]‖

公債負担論の問題分析で多くの出発点と位置づけられているのがリカードの等価定理であり、さらに世代間の遺産等の行動を考慮したモデルで分析したものがバローの中立性命題である。本節では、これらのモデルについて考察することにしよう。

5-3-1　リカードの等価定理

公債負担論では、公債の負担の捉え方によって結論が異なってきたが、公債を購入した家計の経済行動を明示的にモデルで考慮したリカード（D. Ricardo）の等価定理ついて考えてみることにしよう。

リカードの等価定理（Ricardian equivalence theorem）は、公債発行と公債

---

[13]　関連する内容は入谷他編［1996］、井堀［2001］、井堀［2013］、上村［2013］栗林他編［2023］、土井［2021］等を参照のこと。

償還が同一世代に限定されており、一定の政府支出を公債発行と課税調達で賄うとすれば、両者が家計に与える影響はまったく同じであるとする。

　彼の議論は、家計は公債発行と将来の課税による元利償還を合理的に予測すると考える。公債を購入した家計は、将来の課税に備えて貯蓄を多くし、消費を減少させる。モディリアーニの貯蓄を減少させると考えた議論とは異なっている。一方、課税調達の場合は、家計は所得から租税支払いのために消費を減少させる。したがって、公債発行と課税調達による政府支出が同じであれば、両者には差がないことになる。

5-3-2　ライフサイクル・モデル

　公債負担論の議論としてライフサイクル・モデル（2期間モデル）を用いて考察することにしよう。

　(1) まず家計は第1期（青年期）と第2期（老年期）の2期間生存し、その期間を通じて消費を最適化するように効用最大化行動をとる。

　(2) 家計の第1期（現在）の消費c_1、第2期（将来）の消費c_2とすれば、第1期には所得Y_1を得て、貯蓄sし、公債Bを購入する。第2期には所得はなく、第1期の貯蓄を取り崩して生活するから、貯蓄sと公債Bの利回りrを含めた元利合計分を所得として第2期の消費にあてるものとする。

　(3) 政府は2期間通じて存在し、第1期には公債を発行し、第2期に元利償還する。また、第1期、第2期に家計に対して課税し、それぞれ、T_1、T_2としておく。ただし、簡単化のために政府支出$G_i, i = 1,2$は、公債発行と課税以外の政府支出は一切ないものとするから、実質的には、第1期の家計に対する課税T_1は減税となる。

　上述の (1)〜(3) のモデル設定からライフサイクル・モデルによってリカードの等価定理について考えることにしよう。**図5−6**では家計と政府の関係が示されている。

第1期（青年期）　　第2期（老年期）

$$c_1 = Y_1 - s - B + T_1 \qquad c_2 = (1+r)s + (1+r)B - T_2$$

家　計

政　府

T_1
（減税）

B
（公債発行）

$(1+r)B$
（公債償還）

T_2
（増税）

$$G_1 = B - T_1 = 0 \qquad G_2 = T_2 - (1+r)B = 0$$

家計
$\mathrm{Max}\ U = U(c_1, c_2)$

$s.t.\ c_1 + \dfrac{c_2}{1+r} = Y_1$

ただし、図中の矢印は資金の流れを示している。

家計は第1期と第2期の消費から効用を得るとすれば効用関数は、

$$U = U(c_1, c_2) \tag{5-39}$$

で表される。家計の各期の予算制約式は、

$$c_1 = Y - s - B + T_1 \tag{5-40}$$

$$c_2 = (1+r)s + (1+r)B - T_2 \tag{5-41}$$

で表される。一方、政府の各期の予算制約式は、

$$G_1 = B - T_1 = 0 \tag{5-42}$$

$$G_2 = T_2 - (1+r)B = 0 \tag{5-43}$$

となる。ここで（5-40）−（5-43）について説明を付け加えておく。家計にとっては、公債保有は貯蓄の一部に相当し、また公債は市中消化されるから、貯蓄と同じ利子率 r で収益率があるとする。政府支出は、第1期は公債発行と減税の組み合わせでなされ、第2期は公債の元利償還と増税の組み合わせでなされるとする。

そこで（5-40）および（5-41）から家計の生涯の予算制約式は、

$$c_1 + \frac{c_2}{1+r} = Y_1 + \left(T_1 - \frac{T_2}{1+r} \right) \tag{5-44}$$

が得られる。また現在価値でみた政府の予算制約式は、

$$G_1 + \frac{G_2}{1+r} = -\left(T_1 - \frac{T_2}{1+r}\right) = 0 \tag{5-45}$$

となるから、(5-45) を (5-44) に代入すれば、

$$c_1 + \frac{c_2}{1+r} = Y_1 \tag{5-46}$$

が得られる。家計は (5-46) の制約下で (5-39) の効用を最大化するから、

$$\begin{aligned} &\operatorname*{Max}_{c_1, c_2} \ U = U\!\left(c_1, c_2\right) \\ &\text{subject to } c_1 + \frac{c_2}{1+r} = Y_1 \end{aligned} \tag{5-47}$$

で表される。

　したがって、(5-47) の効用最大化問題には、公債発行 B が全く表れていないから、**図5−7**で示されているように、効用関数が原点に対して凸の無差別曲線で示されると仮定すれば、均衡点 E^* での消費計画 $\left(c_1^*, c_2^*\right)$ は、公債は家計の行動に何ら実質的な影響を与えないことになるから、公債発行は経済に実質的な変数としては中立的であるというリカードの等価定理が成立する。

[　**図5−7　リカードの等価定理−ライフサイクル・モデル−**　]

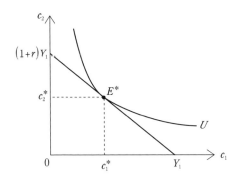

5-3-3　公債発行と家計の行動

　公債発行の中立性について考えてみることにしよう。第1には、(5-45) から政府支出がゼロであれば、現在価値でみた税負担はゼロとなり、公債発行には依存しない。これは、第1期の公債発行は第1期の減税となり、第2期の元利償還による増税となるから、増税と減税が相殺しあい、総税収がゼロとなる。つまり、公債発行は第1期と第2期の税負担の組み合わせを選択できるが、税収の恒常的な水準の変更はできない。したがって、(5-46) で示されるように家計が生涯の予算制約式の中で恒常的な可処分所得で効用最大化行動を取るならば、公債発行は実質的な影響を及ぼさないことになる。

　第2には、家計の公債購入によっても消費が全く増加せず、公債の増加を資産の増加と見なさいことである。つまり、公債の消費に関する**資産効果**（assets effect）が発生しないことを意味する。家計は、第1期には減税による可処分所得の増加を消費増や貯蓄増とせず、公債購入にあてて、第2期には元利償還を増税にあてている。つまり家計は将来の増税を予測して、消費を全く刺激しないことになる。

5-3-4　2世代重複モデル

　公債負担論の議論として2世代重複モデルを用いて公債の償還が長期になり、現在世代から将来世代に負担が転嫁される可能性を考慮することにしよう。

　(1) 家計は親世代（第1世代）と子世代（第2世代）の2世代が重複的に生存する。

　(2) 親世代、子世代ともに第1期（青年期）と第2期（老年期）の2期間生存し、親世代の第2期に子世代の第1期が生存するような重複関係を想定する。そして、各世代伴に2期間を通じての消費を最適化するように効用最大化行動をとる。

　(3) 各世代（i世代、$i=1,2$）の第1期（現在）の消費c_{i1}、第2期（将来）の消費c_{i2}、第1期の所得Y_{i1}を得て貯蓄sを行い、第2期には所得はなく第1期の貯蓄を取り崩して生活する。親世代は、第1期には公債Bを購入する一方で減

税T_1を受ける。第2期には公債Bの利回りrを含めた元利償還がなされ、貯蓄の元利合計を合わせた所得を第2期の消費にあてるものとする。子世代は、第1期には公債の元利償還に伴う増税T_2が課される。第2期には貯蓄の元利合計を所得として第2期の消費にあてるものとする。

　(4)　政府は2期間通じて存在し、親世代の第1期に親世代に公債を発行し、親世代の第2期（子世代の第1期）に親世代に元利償還する。また、親世代を基準に各期に家計に対して課税し、それぞれ、T_1、T_2としておく。ただし、簡単化のために政府支出$G_i, i=1,2$は、公債発行と課税以外の政府支出は一切ないとする。実質的には、親世代の第1期の親世代への課税T_1は減税となる。また、親世代の第2期（子世代の第1期）の子世代への課税T_2は増税となる。

　上述の (1)〜(4) のモデル設定から2世代重複モデルによって将来世代への公債負担の転嫁について考えよう。**図5−8**では家計と政府の関係が示されている。

[　**図5−8　2世代重複モデル**　]

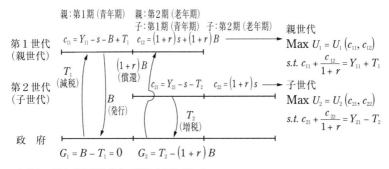

ただし、図中の矢印は資金の流れを示している。

　家計の各世代は各期の消費から効用を得るとすれば効用関数は、

$$U_i = U_i(c_{i1}, c_{i2}), i = 1,2 \tag{5-48}$$

で表される。家計の親世代の各期の予算制約式は、

$$c_{11} = Y_{11} - s - B + T_1 \tag{5-49}$$

$$c_{12} = (1+r)s + (1+r)B \tag{5-50}$$

で表される。家計の子世代の各期の予算制約式は、

$$c_{21} = Y_{21} - s - T_2 \tag{5-51}$$

$$c_{22} = (1+r)s \tag{5-52}$$

で表される。一方、政府の各期の予算制約式は、

$$G_1 = B - T_1 = 0 \tag{5-53}$$

$$G_2 = T_2 - (1+r)B = 0 \tag{5-54}$$

となる。ここで（5-42）−（5-43）について説明を付け加えておく。（5-42）は政府の第1期で、家計にとっては親世代の第1期であり、（5-43）は政府の第2期で家計にとっては、親世代の第2期であり、子世代の第1期であることに注意しておこう。

そこで（5-49）および（5-50）から家計の親世代の生涯の予算制約式は、

$$c_{11} + \frac{c_{12}}{1+r} = Y_{11} + T_1 \tag{5-55}$$

が得られる。次に（5-51）および（5-52）から家計の子世代の生涯の予算制約式は、

$$c_{21} + \frac{c_{22}}{1+r} = Y_{21} - T_2 \tag{5-56}$$

が得られる。

また現在価値でみた政府の予算制約式は、

$$G_1 + \frac{G_2}{1+r} = -\left(T_1 - \frac{T_2}{1+r}\right) = 0 \tag{5-57}$$

が得られ、政府支出はゼロである。

　ここで家計の親世代は（5-55）の制約下で（5-48）の効用を最大化するから、

$$\underset{c_{11},c_{12}}{\text{Max}}\ U_1 = U_1\left(c_{11}, c_{12}\right)$$

subject to $\ c_{11} + \dfrac{c_{12}}{1+r} = Y_{11} + T_1$ \tag{5-58}

で表される。一方、子世代は（5-56）の制約下で（5-48）の効用を最大化するから、

$$\underset{c_{21},c_{22}}{\text{Max}}\ U_2 = U_2\left(c_{21}, c_{22}\right)$$

subject to $\ c_{21} + \dfrac{c_{22}}{1+r} = Y_{21} - T_2$ \tag{5-59}

で表される。

5-3-5　公債発行の将来世代への転嫁

　公債発行の将来世代への転嫁の可能性について考察しよう。5-3-4で見たように親世代、子世代はそれぞれが（5-58）および（5-59）のような効用最大化行動をとる。まず、（5-58）から親世代の影響について詳しく見てみよう。（5-55）からも分かるように親世代の生涯の予算制約式では、減税T_1によって恒常的な可処分所得が増加するから、公債発行Bは親世代の所得増となり、親世代の第1期の消費を増加させるから、効用を増加させる。つまり公債発行によって消費を刺激させることになるからプラスの資産効果が生じることになる。**図5-9**左図で、親世代で次の2つの場合を考慮して、減税T_1がない場合の予算制約式が点線、ある場合を実線で示すこととすれば、効用最大化から均衡点Eの消費計画$\left(c_{11}, c_{12}\right)$から均衡点$E^*$の消費計画$\left(c_{11}^*, c_{12}^*\right)$に増加することが分かる。

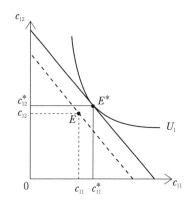 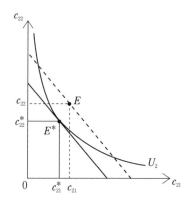

次に（5-59）から子世代の影響について見てみよう。（5-57）からも分かるように子世代の生涯の予算制約式では、増税T_2によって恒常的な可処分所得が減少し、効用は減少する。したがって、公債発行Bは子世代の第1期の消費を減少させることになるからマイナスの資産効果が生じることになる。**図5−9**右図で、子世代で次の2つの場合を考慮して、増税T_2がない場合の予算制約式が点線、ある場合を実線で示すこととすれば、効用最大化から均衡点Eの消費計画(c_{21}, c_{22})から均衡点E^*の消費計画$(c_{21}{}^*, c_{22}{}^*)$に減少することが分かる。以上のことをまとめると親世代である現在世代から子世代である将来世代に公債の負担が転嫁されたことになる。

‖5-4 中立性命題[14]‖

公債負担論では、リカードは公債を購入した家計の経済行動を明示的にモデルで考慮したが、利他的な家計を想定するバロー（J. Barro）の中立性命題に

---

[14]　関連する内容は、井堀［2001］、井堀［2013］、上村［2013］、小塩［2002］、栗林他編［2023］、竹内［2005］、土井［2021］等を参照のこと。

ついて考えてみることにしよう。

5-4-1　バローの中立性命題

　バローの中立性命題（Barrow's debt neutrality）は、公債発行時の現在世代である親世代が、将来の元利償還のために増税が実施されることを合理的に予測し、将来世代である子世代の負担に備えて貯蓄を増加させる遺産行動を考慮するならば、公債発行の将来世代への負担の転嫁が生じることはない。

　バローの議論は次のようになる。公債発行の将来世代への負担の転嫁は、政府による世代間の所得再分配政策が働いたためであると考える。そこで親世代から子世代への自発的な世代間の所得再分配として遺産行動を考慮するならば、公債発行を通じての政府の世代間再分配効果が無効となり、公債の実質的な効果も無効となると主張した。

5-4-2　利他的な家計モデル

　バローの中立性命題を考えるために以下のような利他的な家計を考慮した経済モデルを考えることにしよう。

　(1)　家計は親世代（第1世代）と子世代（第2世代）の2世代が生存する。

　(2)　2期間モデルを想定するが，単純化のために各世代は1期間のみ生存し、親世代の期間（第1期）の終わりに子世代（第2期）の期間が始まる。

　(3)　親世代は、期間の終わりに子世代に遺産Bを残す。

　(4)　親世代は遺産行動により、あたかも2期間存在するかのような行動をとる。すなわち、第1期の消費c_1と第2期の子世代の消費c_2から効用を得て、異時点間の消費から効用を最大化する。

　(5)　親世代は、生存する第1期に、所得Y_1を得て、消費c_1と貯蓄に振り分けるが、ここでは単純化のために、貯蓄分は全て公債Bの購入分に充てる。そして，公債Bを遺産Bとして残す。

　(6)　子世代は、生存する第2期に，所得Y_2を得て，消費c_2するが，親世代からの遺産Bの利回り（$r:0<r<1$）を含めた元利合計分が所得となる。

（7）政府は2期間通じて存在し、親世代（第1期）に公債を発行し、子世代（第2期）に元利償還する。また、各期に家計に対して課税し、それぞれ、T_1、T_2としておく。ただし、簡単化のために政府支出$G_i, i=1,2$は、公債発行と課税以外の政府支出は一切ないものとする。実質的には、親世代（第1期）の課税T_1は減税となる。また、子世代（第2期）の課税T_2は増税となる。

上述の（1）～（7）のモデル設定から利他的な家計モデルを考えよう。**図5−10**では家計と政府の関係が示されている。

[**図5−10　バローの中立性命題**]

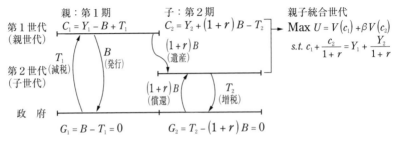

ただし、図中の矢印は資金の流れを示している。

まず利他的な家計として親世代の効用関数を考えることにしよう。そこで加算型の効用関数を仮定する。遺産動機を考慮すれば、第1期と第2期の異時点の消費から別々に効用を得る。親世代の効用関数として、親世代および子世の消費からの効用を効用関数 $(V(\cdot))$ で定義し、利他的な遺産動機の強さをとしておく。親世代の効用関数は、

$$U = V(c_1) + \beta V(c_2) \tag{5-60}$$

で定式化される。ここで、β は利他的な遺産動機を表しており、親世代が子世代をどれだけ考えているかを示すパラメーターである。$\beta=0$であれば、親世代は、子世代に全く遺産を残さないが、$\beta=1$であれば、遺産を全て残すことになる。親世代の予算制約式は、

$$c_1 = Y_1 - B + T_1 \tag{5-61}$$

で表される。次に子世代の予算制約式は、

$$c_2 = (1+r)s + (1+r)B - T_2 \tag{5-62}$$

で表される。一方、政府の各期の予算制約式は、

$$G_1 = B - T_1 = 0 \tag{5-63}$$

$$G_2 = T_2 - (1+r)B = 0 \tag{5-64}$$

となる。親世代は子世代を考慮して効用最大化するから、親世代と子世代の予算制約式を統合すれば、(5-61) および (5-62) から家計の予算制約式は、

$$c_1 + \frac{c_2}{1+r} = Y_1 + \frac{Y_2}{1+r} + \left(T_1 - \frac{T_2}{1+r} \right) \tag{5-65}$$

が得られる。また現在価値でみた政府の予算制約式は、

$$G_1 + \frac{G_2}{1+r} = \left(T_1 - \frac{T_2}{1+r} \right) = 0 \tag{5-66}$$

となるから、(5-66) を (5-65) に代入すれば、

$$c_1 + \frac{c_2}{1+r} = Y_1 + \frac{Y_2}{1+r} \tag{5-67}$$

が得られる。家計は (5-67) の制約下で (5-60) の効用を最大化するから、

$$\underset{c_1, c_2}{\text{Max}} \ U = V(c_1) + \beta V(c_2)$$

$$\text{subject to } c_1 + \frac{c_2}{1+r} = Y_1 + \frac{Y_2}{1+r} \tag{5-68}$$

で表される。

5-4-3　世代間の公債の中立性

　利他的な家計である遺産動機を考慮したモデルにおける公債負担の中立性について見てみよう。

　まず、(5-68) の効用最大化問題には、公債発行Bが全く表れていないから、公債は家計（親世代から子世代）の行動に何ら実質的な影響を与えないことになるから、公債発行は経済に実質的な変数としては中立的である。

　また親世代と子世代を統合した予算制約式下での効用最大化問題は、効用関数が原点に対して凸の無差別曲線で示されると仮定すれば、リカードの命題と同様に図5−6で示されているように均衡点Eでの消費計画$(c_1{}^*, c_2{}^*)$は不変である。さらに租税政策(T_1, T_2)の要因が家計の予算制約式には表われてこないから、消費行動(c_1, c_2)とは全く独立的であり、政府の所得再分配政策には全く依存しないことが分かる。

　つまり、政府が世代間を超えた公債発行を行い、元利償還のための増税を将来世代に課したとしても、家計の効用最大化行動に影響は与えず、公債発行の負担は全く将来世代に転嫁されないことになるから、公債発行の実質的な効果は存在しないというバローの中立性命題の主張が成立することになる。

●**参考文献**●

［和　文］

入谷純・岸本哲也編『財政学』八千代出版、1996年。

井堀利宏『現代経済学入門　財政』（第2版）岩波書店、2001年。

井堀利宏『財政学』（第4版）新世社、2013年。

井堀利宏『新版　要説：日本の財政・税制』税理経理協会、2022年。

上村敏之『はじめて学ぶ国と地方の財政学』日本評論社、2005年。

上村敏之『コンパクト財政学』（第2版）新世社、2013年。

内山昭編『現代の財政』財務経理協会、2006年。

大矢俊雄編『図説　日本の財政（平成27年度版）』東洋経済新報社、2015年。

栗林隆・江波戸順史・山田直夫・原田誠male『財政学』（第6版）創成社、2023年。

小塩隆士『コア・テキスト　財政学』新世社、2002年。

神野直彦『財政学』（改訂版）有斐閣、2007年。

竹内信二編『スタンダード財政学』中央経済社、2005年。

土井丈朗『入門　財政学』（第 2 版）精文堂、2021年。

橋本徹・山本榮一・林宣嗣・中井英雄『基本財政学』（第 3 版）有斐閣、1994年。

林宏昭『日本の税制と財政』（第 2 版）中央経済社、2023年。

柳下正和・于洋・青柳龍司編『はじめての財政学』（第 2 版）文眞堂、2022年。

［データ・資料］

財務省ウェブサイト（http://www.mof.go.jp/）

・予算・決算　よくあるご質問【政策分野から探す】予算・決算
（https://www.mof.go.jp/faq/budget/index.htm）
（2023年12月19日確認）

・国債　国債の出版物等　債務管理リポート　債務管理リポート2023　－国の債務管理と公的債務の現状－
（https://www.mof.go.jp/jgbs/publication/debt_management_report/2023/index.html）
（2023年12月19日確認）

・国債　国債の概要　国債管理政策とは
（https://www.mof.go.jp/jgbs/summary/policy.html）
（2023年12月20日確認）

E-GOV　法令検索（https://elaws.e-gov.go.jp/）

・財政運営に必要な財源の確保を図るための公債の発行の特例に関する法律（平成二十四年法律第百一号）施行日：令和三年四月一日（令和三年法律第十三号による改正）
（https://elaws.e-gov.go.jp/document?lawid=424AC0000000101）
（2023年12月19日確認）

第6章　社会保障

Key! Words

セーフティ・ネット　ナショナル・ミニマム　拠出制年金制度　賦課方式　積立方式　修正積立方式　ライフサイクル・モデル　2世代重複モデル　保険数理的公正　逆選択　モラルハザード

6-1 社会保障とは何か[1]

社会保障（social security）とは**最低限度の生活**を保障し、**セーフティ・ネット**（安全網）としての役割を果たす福祉国家における重要な制度である。日本国憲法第25条第1項では、「すべての国民は、健康で文化的な最低限度の生活を営む権利を有する」として国民の生存権を保障し、第2項では、「国は、すべての生活部面について、社会福祉、社会保障及び公衆衛生の向上及び増進に努めなければならない」として国が社会保障制度を構築する義務を持つことを規定している。

6-1-1　セーフティ・ネット

国民は失業、病気、高齢化そして交通事故等の様々なリスクにさらされており、リスクが現実になる可能性はすべての国民に存在する。したがって、こうした社会で発生する様々なリスクに対して社会全体で資金を出し合い保険機能

---

[1] 関連する内容は井堀［2001］、井堀［2013］、井堀［2022］、上村［2005］、上村［2013］、小塩［2002］、栗林他編［2023］、土井［2021］、林［2023］、柳下他編［2022］、山田他編［1992］等を参照のこと。

を備えておくための制度である。**社会保険**は、社会全体で保険料を徴収し、リスクが発生した人々に保険給付を行う制度である。現在は高齢になり所得稼得能力が低下するリスクに備える制度が公的年金制度であり、病気になるリスクや要介護状態に陥るリスクに備える制度が医療保険や介護保険などの公的な保険制度が確立している。このような社会全体でリスクに備えるセーフティ・ネットによってリスクがある程度カバーされ、リスク・プーリング機能があるために、人々は安心安全な生活が保障されているということができる。

6-1-2　ナショナル・ミニマム

国民が何らかの原因によって自力で最低限度の生活を確保することが困難になった場合に保障を与える制度である。つまり、**ナショナル・ミニマム**の達成のために必要最低限の所得を保障するもので、**生活保護制度**等を通じて行われる。社会に生活が困難な貧困層が多数存在することは、社会全体の安定性を欠くことにつながり、社会的厚生の低下となる可能性がある。したがって、これを是正するためには、政府が公的資金を通じて所得再分配を行う必要があるということができる。

6-1-3　公的年金の必要性

社会保障制度による公的年金制度として、政府の関与が必要となる理由について考えてみることにしよう。

1．所得再分配効果

世代内または世代間の所得再分配効果のために公的な年金制度は必要であるという考え方である。**世代内所得再分配**とは、早死の人々の納めた保険料が、長生きした人々の年金給付に回るということである。人々の生存期間が不確実で、かつリスク回避的であれば十分に正当化されるが、私的年金制度でも代替可能な特徴である。**世代間所得再分配**とは、世代間で助け合うという考え方であるが、どの程度の助け合いが望ましいかは基準があいまいである。また、現

在の日本では、高齢化と出生率の低下により、少子高齢化となっており、世代間ごとの人口の大きさが異なっており、世代ごとの負担の不公平性が問題となる側面を持つ。また、同世代間においても富裕層と貧困層は混在しており、世代という年齢による一律基準にも再分配効果の疑問の余地が残されるだろう。

２．私的年金制度の失敗

　私的年金制度ではインフレーション等の予期せぬ経済的な変化に対応できないというのが理由である。公的年金によってインフレ分を租税等で補填することで老後の備えるというものである。しかし、金融の自由化により、インフレ等の対策にも私的年金制度は対応可能となり、根拠としては弱いものである。

３．モラル・ハザードと温情主義（家父長主義）

　人々は十分には将来の事を正確に予測し、リスクの存在を認識しないから、リスクに対して十分な備えをしない傾向があるから、政府が強制的に個人のリスクに対して備えさせるという考え方である。人々はナショナル・ミニマムが確立し生活保護等の制度が完備され、介護保険等のセーフティ・ネットが確立されると、老後は最終的にはこれらの制度に頼ればよいと考え、老後の備えを怠るような**モラルハザード（道徳的危険）**の問題が生じる可能性がある。また、一般に人々は将来消費より現在消費に高い価値を置く**近視眼的**（myopic）行動をとるから、将来消費に対する備えを過少にする。若い人の近視眼的な行動に対して、やり直しが効かない選択に関して、政府が**温情主義**の立場から強制的に老後のために準備をさせるという**価値財**（merit goods）の公的な供給の側面を持つ。ただし、個人の価値判断は様々であり、政府の介入がどの程度正当化されるかは意見の分かれるところである。しかし、老後に生活が出来ない人を生み出さないためには、最低水準の貯蓄を公的に備えさせるという考え方は認められるであろう。

４．強制加入の効率性

　公的年金で国民全体をカバーする制度は、規模の経済性が働くことにより、効率的な年金運用が可能となるというのが理由である。ただし、規模の効率性が働いた制度であるならば、強制加入を義務づけることなく、私的年金制度の競合関係の中で公的年金は残るはずであるから、現状では根拠としては弱いかもしれない。

５．慈愛心の期待の限界

　人々の慈愛心に期待することには限界があるというのが理由である。社会的なリスクに直面した生活に困窮した人々に我々がどこまで助け合うことが出来るのか、もしくは自分が困窮したときにどこまで他人の善意に期待できるのかということである。公的年金は、相互扶助の社会的な契約として受け止めることで、保障を制度化することになる。しかし、相互扶助に関しての契約は私的保険であっても可能であり、やはり根拠としては弱いかもしれない。

６．近隣効果の存在

　生活困窮者に対して、寄付による救済を考慮した場合、我々は他人の行動を基準として行動する。例えば、他人が小額の寄付であれば、我々も小額の寄付にとどめ、結果として必要額が集まらなくなる。このような場合、公的な強制加入であれば問題は解決される。

‖6-2 社会保障制度の歴史[2]‖

次にわが国に公的年金制度が制定され、国民皆年金が実現し、その後、様々

2　関連する内容は井堀［2013］、井堀［2022］、大矢編［2015］、ローザ編［1983］、神野［2002］、土井［2021］、林［2011］、林［2023］、柳下他編［2022］、厚生労働省ウェブサイト［年金制度の仕組み］、財務総合政策研究所等を参照のこと。

な制度改革が実施され、今日の修正積立方式と呼ばれる日本の社会保障制度が
成立した過程について、簡単に触れることにしよう。

6-2-1　戦前戦後の社会保障制度

わが国の社会保障制度は1874年の恤救規則が見られるが、明治時代の1875年
に海軍退隠令、翌年に陸軍恩給令がそれぞれ公布され、軍人や官吏を対象とし
た**恩給制度**が始まりである。その後、1884年には文官を対象とする官吏恩給令
が公布され、教職員・警察官・地方公務員・官業労務者（国鉄・専売・逓信な
ど）に順次適用されていった。

しかし、組織的に社会保障が政策課題となったのは戦後であり、1925年10月
に社会保障制度審議会（内閣総理大臣の諮問機関）が示した勧告により、逐次
整備拡充されてゆく。一般の国民を対象とした制度としては、汽船や漁船の船
員を対象とした1940年に創設の船員保険が最初である。この制度は適用対象を
海上労働者に限定していたが、一般労働者を対象とした年金制度も引き続いて
導入され、1942年には、工場・鉱山等の10名以上の事務所に勤務する男子労働
者を対象とした労働者年金保険制度が発足し、1944年には、適用範囲を5人以
上の事務所に拡大され、一般事務職員・女子も被保険者となる適用範囲とした
厚生年金保険に衣替えした。ただし、民間労働者の年金制度は養老年金（老齢
年金）給付があったが、支給開始年齢が55歳（抗内夫は50歳）に決められてお
り、当時の平均寿命が男女ともに50歳には達していなかったことを考慮すれば、
老後所得の保障を厚生年金にゆだねることは難しかったといえる。財政方式は、
完全積立方式で運営され、保険料率は、1942年は6.4％、1944年は11％に設定さ
れ、国庫負担分も付与されて当初は給付費の10％であった[3]。

その後、1953年に土木建築、教育、医療等の従事者への適用拡大、1954年に
は私立学校教職員共済組合、1959年には農林漁業団体職員共済組合が設立され、
これらの職域を単位とするグループが厚生年金保険から離脱した。他方、国家

3　ローザ編［1983］を参照のこと。

公務員・地方公務員を対象とした年金制度は、1948年には国家公務員共済組合、1955年には地方公務員共済組合として改正され、新しく生まれ変わった。

6-2-2　国民皆年金体制の確立

　年金制度は徐々に充実してゆくが、農家、商工業の自営業者、従業員5人未満の零細事業者や無職の者は既存の年金制度には適用されなかった。しかし、医療面で国民皆保険が実現したことと対応して、年金でも国民皆年金の実現が強く要請されるようになった。そこで、1959年には無拠出制の**福祉年金制度**、1961年4月からはこれらの適用外であった者を強制加入者とする拠出制の**国民年金制度**が発足し、全ての国民がいずれかの制度に加入することになり**国民皆年金体制**は確立したことになる。

　国民皆年金は実現したが、各公的年金制度はほとんどが相互に関係なく創設されたことから分立しており、老齢年金の受給資格を得るためには、長期間に渡り同一制度に加入することが必要であった。途中で職場を移動することで1つの制度を離脱すると、脱退一時金を受け取ることになり、年金は受け取ることができなくなってしまうという不都合が生じていた。そこで移動した制度の加入期間を合計することで所定の年限（20年または25年）に達する人に対して同一制度に加入していたことと同水準の年金が支給されるという**通算年金制度**が1961年11月に導入されることになった。

6-2-3　1973年の大改定

　国民皆年金、加入期間の通算が実現したが、しばらくは給付改善は慎重であったが、「福祉元年」もしくは「年金の年」と呼ばれた1973年の制度大改定が契機となった。厚生年金における標準的な給付水準は、現役加入者（現役男子サラリーマン）の平均標準報酬の60%程度となるように設定された。これは標準的な年金額が月額で52,000円強となるものであった。次に国民年金では、標準的な老齢年金額が夫婦2人合わせて月額50,000円に大幅に引き上げられ、夫婦単位で見る限りでは厚生年金と釣り合うように整備された。さらに消費者物

価水準が5％を超えて変動する場合は、その変動比率を基準として年金給付を改定する自動物価スライド制も導入された。また、老齢福祉年金（無拠出年金）も引き上げられた。しかし、これらの大改定によって現在の公的年金制度の財政逼迫のきっかけとなったとも言えるであろう。

6-2-4　基礎年金の導入

　年金制度の拡充と整備により給付水準が大きく引き上げられたが、一方で人口の少子高齢化、年金制度の成熟化等に伴う給付増は年金財政を逼迫化していった。そして、分立化した制度間の給付水準の保険料の格差による不公平性も表面化し、公的年金制度の一元化が要請されるようになってきた。1986年4月には**基礎年金**の導入を柱とする制度改革が実施された。

　1986年の改正により全国民共通の基礎年金が導入され、厚生年金や共済組合は、その上乗せとして報酬比例年金を支給する制度に再編成され**2階建て方式**に再編された。民間サラリーマンのより豊かな老後を保障するものとして**厚生年金基金**があるが、自営業を対象とした国民年金を、民間サラリーマン、公務員等の被用者とその家族（被扶養配偶者）までに拡大し、全国民に共通する**基礎年金**とした。そして、民間サラリーマンや公務員等の被用者は基礎年金に加えて**報酬比例年金**を受給されるものとした。

　その後、1991年には自営業者のための基礎年金に上乗せ年金を支給する任意加入の制度として国民年金基金が創設された。

　自営業者の保険料は全額本人負担であるが、民間サラリーマン等の保険料は被用者と事業者が折半で納めることとした。この改正では基礎年金部分は、3分の1が国庫負担で賄われることとしたが、後に議論するように2004年度の改正および2012年度の社会保障・税一体改革で国庫負担の2分の1への引上げと恒久化が図られることとなった。

6-2-5　国民年金法・厚生年金保険法改正の経緯[4]

　公的年金制度が成熟化する中で、様々な課題が現れてきた。第1には、将来世代の負担が過重にならないようにするために、給付を受ける老齢世代と保険料を支払う現役世代の負担のバランスを確保する必要がる。第2には、年金制度の財政運営の安定性の確保である。このような観点から1994年度、そして2000年度には次のような制度改正がなされた。

　第1には、厚生年金や共済年金の満額支給開始年齢の引き上げである。2001年度から開始され、3年ごとに1歳づつ引き上げ、65歳とするものである。60歳から65歳までの期間を継続雇用もしくは再雇用によって賃金と年金を併用する期間と位置づけ、**部分年金**の支給とすることであった。第2には、厚生年金の報酬比例部分の給付水準を、現役世代の**名目賃金スライド**から**手取り賃金スライド**に変更することであった。第3には、厚生年金の支給開始年齢の引上げに伴う60歳代後半の在職老齢年金制度の導入などにより、最終保険料率が34.5%から27.8%（総報酬21.6%）程度に抑制するなどの改正がなされた。さらに、公的年金制度の一元化の完了を目的として、1997年4月から被用者年金における日本鉄道（JR）、日本たばこ産業（JT）、日本電信電話（NTT）の各共済、および2002年4月から農林共済を厚生年金に統合する改正がなされた。

　税や社会保障の国民負担率が増加すれば、現役世代の手取りは名目賃金ほどには上昇しないと予想されるから、年金給付水準が現役世代の生活水準以上に引き上げられることを防止するのが目的であった。これにより一応の将来の保険料の水準は抑えられるとした。しかし、後に述べるようにさらなる少子高齢化の進展とバブル以降の景気の低迷により、年金財政は悪化し、さらなる制度改革が余儀なくされてゆくことになり、2004年改正、そして2012年の社会保障・税一体改革が行われることとなり、2016年、2020年等の改正がなされた。

---

[4]　大矢編［2015］年金制度の歴史の中、そして、厚生労働省ウェブサイト［年金制度の仕組み］「年金制度のポイント」、［年金制度基礎資料集］、［年金制度の仕組みと考え方］第5公的年金制度の歴史では、これまでの改革について解説されている。関連する内容は土井［2021］等参照のこと。

6-2-6　2004年年金制度改正[5]

　1994年度および2000年度の年金制度の改正である程度の改革は実施されたが、急速な高齢化は年金財政を悪化させ、さらなる保険料の引上げなどの制度改革が必要となった。

　現在の制度は、詳細は後で述べるように修正積立方式と呼ばれる実質的には賦課方式の財政運営方式をとっており、現役世代の保険料で退職世代の給付を賄っている。しかし、人口構成比の変化と経済成長率の変化で年金制度は破綻の危機に陥っている。その要因は以下の通りである。

1．出生率の低下の程度の予測の誤り

　少子化により現役世代の人口が時間とともに想定よりも少なくなってきている。

2．平均余命の予測の誤り

　高齢化により退職世代の比重が想定よりも大きくなってきている。

3．経済成長率の想定の誤り

　高い経済成長が実現していれば、現役世代の所得負担は少ない割合ですみ、退職世代に一定額の給付も可能であったが、年金制度設定時の経済成長の予測よりも低い成長率が続いてきたことが原因である。

　これらの予測の誤りにより現役世代の保険料で退職世代の給付を十分に賄うことができなくなり、財政破綻の危機に陥ったのである。したがって、年金制

5　厚生労働省ウェブサイト［年金制度の仕組み］「年金制度のポイント」、［年金制度基礎資料集］、［年金制度の仕組みと考え方］第5　公的年金制度の歴史、そして、財務総合政策研究所 財務省広報誌「ファイナンス」「シリーズ日本経済を考える 91」において小林航・渡辺恵吾著『日本の公的年金制度における財政方式の変遷』では、日本の公的年金制度の歴史の中で制度改革の詳細が解説されている。

度の見直しは必須であり、改定としては以下の３つの方法が考えられる。

１．現役世代の保険料率の引上げ

現役世代の保険料を高くすることに加えて、支払い義務の範囲を広げるとか、退職世代も継続的に働く人からは徴収する。

２．退職世代の給付の引下げ

受給資格者全員の給付額の減額をはじめとして、受給開始年齢の引上げである。例えば、現在65歳に引上げ中であるが、70歳までにする等の措置も考えられる。

３．国庫負担率の引上げ

基礎年金の国庫負担割合を３分の１から２分の１へと引上げ、国庫負担の財源を、国債発行と消費税の増税などとした。

2004年には年金改正法が制定され、「**社会保障と税の一体改革**」から社会保障制度の充実と安定化を目標として消費税の増税によるすべての世代が安心と納得できる全世代型の改革が実施された。これらの問題意識を考慮して、保険料の上限固定やマクロ経済スライドによる給付水準の自動調整等の改正を行った。具体的な改正内容について厚生労働省ウェブサイトが、当時公表したものを**図6−1**で再掲しておく。

保険料水準は、厚生年金は、2004年10月から毎年0.354％の引き上げを行い、2017年度以降は18.30%で固定されて、国民年金は、2005年４月から毎年月額280円の引き上げを行い、2017年度以降は16,900円（2004年度価格）で固定された。

基礎年金の国庫負担割合は、2005年度から２分の１へと段階的に引上げが行われ、2009年度以降は国庫負担割合の２分の１の実現が図られた。その後、2013年度から国民年金法等改正法において「交付国債」から「消費税増税によ

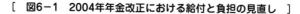

[　**図6−1　2004年年金改正における給付と負担の見直し**　]

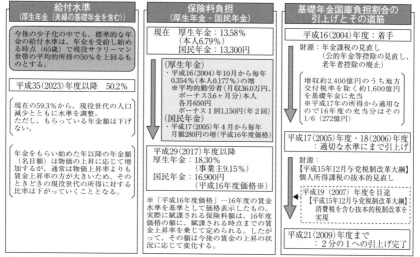

出所：厚生労働省ウェブサイト　政策について　分野別の政策一覧　年金　年金・日本年金機構関
　　　係　公的年金制度の概要平成16年の制度改正　平成16年の制度改正の内容　「国民年金法等
　　　の一部を改正する法律（平成16年法律第104号）参考資料PDF版」　平成16年年金制度改正に
　　　おける給付と負担の見直し
　　　（http://www.mhlw.go.jp/topics/bukyoku/nenkin/nenkin/pdf/tp0315-2a.pdf）

り得られる収入を償還財源とする年金特例公債（つなぎ国債）」に修正され、
2014年度から消費税率が８％に引上げられたことに伴い、基礎年金の国庫負担
割合は２分の１に恒久化された。

　給付に関しては、保険料負担の財源の範囲内で物価・賃金に加え人口動態を
踏まえて給付水準を自動的に調整する仕組み（**マクロ経済スライド**）[6]を導入し、
厚生年金の標準的な年金受給世帯の給付水準は、現役世代の平均収入の50％を
上回る水準を確保するものであった。これは、現役世代の人口減少とともに年
金の給付水準を調整する仕組みであり、今後の少子高齢化の中でも年金を受給

6　制度の仕組みと考え方については、後述の2016年改正法の年金額の改定ルールの見直しの
中で制度について解説する。

し始める時点で、現役サラリーマン世帯の平均所得の50％を上回るとされた。

6-2-7　社会保障と税の一体改革と年金制度改革[7]

2004年金制度改正を受け前述の経緯にしたがって、保険料水準は、厚生年金は2017年度以降は18.30％で固定されて、国民年金は2017年度以降は16,900円（2004年度価格）で固定された。基礎年金の国庫負担割合は、2009年度以降は国庫負担割合の２分の１が実現した。

しかし、1962年設立の社会保険庁は、様々な問題を生じさせたことから、2004年から社会保険庁改革が進められ、2007年成立の社会保険庁改革関連法案により社会保険庁は廃止され、非公務員型の公法人「**日本年金機構**」が2010年に設立された。特に、2007年には「**年金記録問題**」が明らかとなった。まず同年には「年金事項特例法」が制定され年金記録の訂正による年金額の増額分は時効消滅分まで含まれることとされた。さらに記録訂正にともなう年金記録の回復のために、2009年「遅延加算金法」が制定され、その間の物価上昇分の遅延加算金も支給された[8]。

2012年８月10日に可決・成立した「**社会保障・税一体改革大綱**」によって、「社会保障の充実・安定化」と「財政健全化」を同時に達成することを改革の趣旨として、2014年度から消費税率を８％（2019年10月から10％）に引上げることに伴い、基礎年金の国庫負担割合が２分の１に恒久化された[9]。

7　厚生労働省ウェブサイト［年金制度の仕組みと考え方］の中で過去の年金改正および社会保険庁改革や年金記録問題等が説明されている。関連する内容は、大矢編［2015］、井堀［2022］、土井［2021］、林［2023］、柳下他編［2022］、厚生労働省ウェブサイト「社会保障制度改革の全体像」、「2023年度版　年金制度のポイント―くらしの中に、年金がある安心。」、「年金制度基礎資料集」、財務省ウェブサイトでは、「消費税など（消費課税）に関する資料（平成28年６月末現在）」、「これからの日本のために財政を考えること」、財政総合政策研究所ウェブサイト内寄稿論文等を参照のこと。

8　厚生労働省ウェブサイト［年金制度の仕組みと考え方］の中で社会保険庁改革について説明されている。

9　財務省ウェブサイト　「消費税など（消費課税）に関する資料（平成28年６月末現在）」で

　特に消費税（国分）増収分の使途としては、改革前の高齢者3経費（基礎年金・老人医療・介護）から、改革後の社会保障の充実としては社会保障4経費（こども・子育て、医療・介護、年金）として、子育て支援の充実などを含む全世代を対象とする社会保障の幅広い改革をはかることとした。

　2015年度の社会保障の充実・安定化については、2012年8月22日成立の社会保障改革推進法にもとづき、2013年12月5日に成立した持続可能な社会保障制度の確立を図るための改革の推進に関する法律案に沿っていた。**図6-2**から『平成27年度社会保障の充実・安定化について』の資料の中で次のように説明されていた[10]。第1に子ども・子育て支援の充実、第2に医療・介護サービス提供（体制改革の着実な実施）、第3に国保への財政支援の拡充とされた。

[　**図6-2　2015年度における「社会保障の充実」の考え方**　]

○消費税率10％への引上げが平成29年4月に延期されたことに伴い、平成27年度の「社会保障の充実」に充てられる消費税増収分は、1.35兆円（※）となるため、施策の優先順位を付けることで対応する。

※　消費税増収分のほか、社会保障改革プログラム法等に基づく重点化・効率化による財政効果を活用し、平成27年度の「社会保障の充実」の規模は合計1.36兆円

優先的に取り組む施策

①子ども・子育て支援の充実

政府を挙げて取り組んでいる「すべての女性が輝く社会の実現」にとって重要な施策であり、平成27年4月から予定どおり新制度を実施する。

→市町村計画の実現に必要な「量的拡充」に加え、0.7兆円ベースの「質の改善」をすべて実施するため、約5,100億円を措置

②医療・介護サービス提供　体制改革の着実な実施

団塊の世代が75歳以上となり、医療・介護等の需要の急増が予想される2025年に向け、医療・介護サービス提供体制の改革を本格的に進める。

→地域医療介護総合確保基金について、医療分として前年度同額の約900億円に加え、新たに介護分として約720億円を措置
　介護職員について月額1万2千円相当の処遇改善に必要な約780億円を措置
　認知症施策等の推進のために約240億円を措置

③国保への財政支援の拡充

将来にわたり国民皆保険を堅持するため、喫緊の課題である国保制度の改革に必要不可欠な国保への財政支援を拡充し、財政基盤の強化を図る。

→低所得者対策の強化のための財政支援として約1,700億円を措置するとともに、財政安定化基金の創設のために約200億円を措置

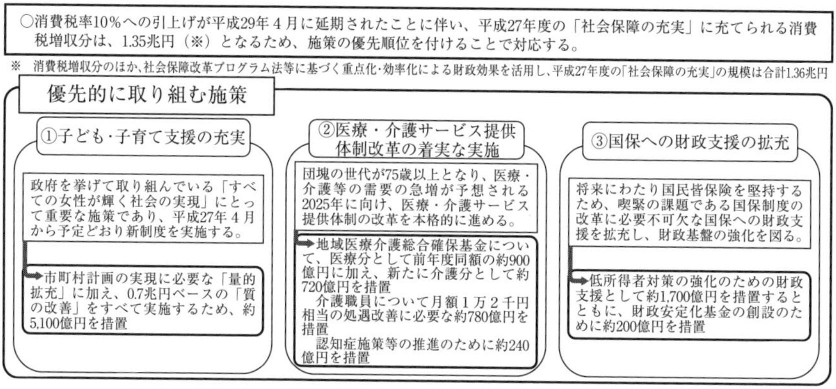

出所：厚生労働省ウェブサイト　政策について　分野別の政策の一覧　他分野の取り組み　社会保障全般　社会保障・税一体改革について　社会保障制度改革推進法成立以降の取組　「平成27年度社会保障の充実・安定化について」PDF版　平成27年度における「社会保障の充実」の考え方（http://www.mhlw.go.jp/file/06-Seisakujouhou-12600000-Seisakutoukatsukan/h27ss.pdf）

は、消費税増税に伴う社会保障財源化の方針が述べられている。

10　厚生労働省ウェブサイト内の社会保障制度改革推進法成立以降の取組として整理されている。また政府広報オンライン内には、社会保障の充実・安定化についての具体的な取組み・施策が述べられている。

2016年改正の持続可能性向上法[11]では、社会経済情勢の変化に対応した保障機能の強化、より安全で効率的な年金積立金の管理及び運用のための年金積立金管理運用独立行政法人の組織等の見直し等の所要の措置を講ずることを趣旨とした。

　この改定において年金額の改定ルールの見直しについて、**マクロ経済スライド**について、現在の高齢世代に配慮しつつ、できる限り早期に調整する観点から、第1に名目下限措置を維持し、賃金・物価上昇の範囲内で前年度までの未調整分を調整するとした。第2に**賃金・物価スライド**について、支え手である現役世代の負担能力に応じた給付とする観点から、賃金変動 が物価変動を下回る場合には賃金変動に合わせて改定する考え方を徹底した。

　厚生労働省が取り組む**社会保障制度改革**[12]としては、以下の通りであった。

１．全世代型社会保障構築会議（2021年11月〜）

　2021年11月に全世代対応型の持続可能な社会保障制度を構築する観点から、社会保障全般の総合的な検討を行うため、全世代型社会保障構築会議を設置した。

２．全世代型社会保障改革（2019年９月〜2021年１月）

　2021年９月に全世代型社会保障検討会議を設置し、人生100年時代の到来を見据えながら、年寄りだけでなく、子どもたち、子育て世代、現役世代までに広く安心を支えていくため、年金、労働、医療、介護、少子化対策など、社会保障全般にわたる持続可能な改革を検討してきた。

11　厚生労働省ウェブサイト［年金制度の仕組みと考え方］の中で「2023年度版　年金制度のポイント－くらしの中に、年金がある安心。」、「年金制度基礎資料集」において改正の詳細が説明されている。
12　厚生労働省ウェブサイト［社会保障制度改革］の中で、「厚生労働省が取り組む社会保障制度改革」が説明されている。

［　図6−3　マクロ経済スライド（2016年改正）　］

① マクロ経済スライドによる調整ルールの見直し（少子化、平均寿命の伸びなど長期的な構造変化に対応）
　景気回復局面においてキャリーオーバー分を早期に調整（高齢者の年金の名目下限は維持）

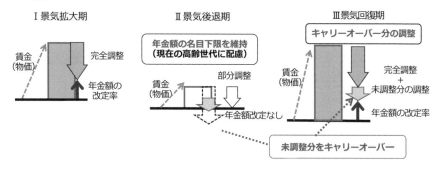

② 賃金・物価スライドの見直し（賃金・物価動向など短期的な経済動向の変化に対応）
　年金は世代間の仕送りであることから、現役世代の負担能力が低下しているときは、賃金変動に合わせて改定

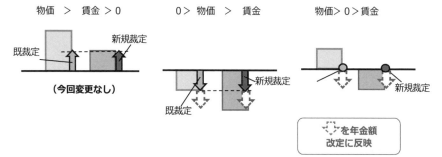

出所：厚生労働省ウェブサイト　政策について　分野別の政策一覧　年金　年金・日本年金機構関係　年金制度の仕組み　「年金制度のポイント」・「年金制度基礎資料集」
（https://www.mhlw.go.jp/stf/nenkin_shikumi.html）

3．2040年を展望した社会保障・働き方改革（2018年10月〜）

　社会保障・税一体改革の区切りを踏まえ、2018年10月に厚生労働省に「2040年を展望した社会保障・働き方改革本部」が設置され、団塊ジュニア世代が高齢化となる2040年を見据えた検討が進められてきた。

4．社会保障・税一体改革（2012年2月〜2018年10月）

　団塊の世代が後期高齢者となる2025年を念頭に、社会保障改革の全体像や必要な財源を確保するための消費税を含む税制抜本的改革の基本方針が示されるとともに、その具体化のための検討が進められてきた。

6-2-8　現在の年金制度[13]

　現在の日本の公的年金制度は、日本国内に住む20歳以上60歳未満の国民は、**国民年金（基礎年金）**の加入が法律で義務付けられている**国民皆年金制度**である。原則として保険料を拠出し、それに応じた年金を受給する**社会保険方式**であるが、「**世代間扶養**」という考えのもと、現役世代が両親世代の生活を支えるために保険料の納付義務を果たし、将来は子ども世代に支えてもらい、自分が老後に受給される年金の額は、加入期間や支払った保険料に応じて決まることになる。

　日本の年金制度は、**図6−4**から分かるように「3階建て」の構造である。

　まず1階と2階部分が**公的年金**として国民の老後生活の基本を支えている。1階部分は、20歳以上のすべての国民が共通で加入する「**国民年金（基礎年金）**」であり、2階部分は、会社員・公務員等が加入する「**厚生年金保険**」である。3階部分は、企業年金・個人年金と合わせた**私的年金**として老後生活の多様なニーズに対応する仕組みの部分である。

13　厚生労働省・日本年金機構ウェブサイト、政府広報オンラインでは日本の年金制度の説明がなされている。井堀「2022」、土井［2021］、林［2023］、柳下他編［2022］、栗林他編［2023］参照。

[　**図6−4　年金制度の体系**　]

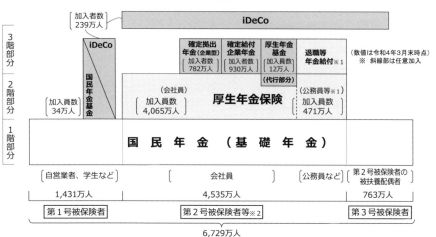

※1　被用者年金制度の一元化に伴い、平成27年10月１日から公務員および私学教職員も厚生年金に加入。また、共済年金の職域加算部分は廃止され、新たに退職等年金給付が創設。ただし、平成27年９月30日までの共済年金に加入していた期間分については、平成27年10月以後においても、加入期間に応じた職域加算部分を支給。
※2　第２号被保険者等とは、厚生年金被保険者のことをいう（第２号被保険者のほか、65歳以上で老齢、または、退職を支給事由とする年金給付の受給権を有する者を含む）。
出所：厚生労働省ウェブサイト　政策について　分野別の政策一覧　年金　年金・日本年金機構関係　年金制度の仕組み　「年金制度のポイント 2023年度版」、「年金制度基礎資料 2023年10月」
（https://www.mhlw.go.jp/stf/nenkin_shikumi.html）

　図6−4と**表6−1**から分かるように国民年金被保険者には、職業などによって３つの種別があり、それぞれ加入手続きや保険料の納付方法が異なっている。**第１号被保険者**は、20歳以上60歳未満の学生、自営業者および農林漁業者等が該当する。当該被保険者は、任意で付加保険料を納付することとか国民年金基金への加入が可能となる。**第２号被保険者**は、会社員・公務員等が該当する。企業等により企業型確定拠出年金や確定給付型年金の制度が存在する。当該被保険者は任意でiDeCoへの加入も可能である。**第３号被保険者**は、第２号被保険者である会社員・公務員等に扶養される配偶者が該当する。当該被保険者は保険料を負担することはなく、第２号被保険者である配偶者の加入する厚生年金制度が負担することになる。第３号被保険者が一定の年収を超えることによ

[**表6-1　国民年金被保険者の種別**]

種別	第1号被保険者	第2号被保険者	第3号被保険者
加入する制度	国民年金	国民年金と厚生年金保険	国民年金
対象者	・学生 ・自営業者 ・農林漁業者　等	・会社員 ・公務員　等	国内に居住し、第2号被保険者に扶養されている配偶者 ※
届出方法	お住まいの市(区)役所または町村役場へ届出	お勤め先を通じて事業主が届出	第2号被保険者のお勤め先経由で届出
保険料の納付方法	各自が納付	お勤め先を通じて納付(給料から天引き)	自己負担なし (第2号被保険者の加入制度が負担)

＊一時的な海外渡航者等については、特例的に第3号被保険者になる場合がある。
出所：日本年金機構ウェブサイト　年金の制度や仕組みに関するパンフレット「国民年金・厚生年金保険被保険者のしおり（2023年4月1日　PDF版）」
（https://www.nenkin.go.jp/service/pamphlet/seido-shikumi.html）

り配偶者の扶養から外れる場合について追記しておく。当該被保険者が年収130万円以上となる場合の国民年金・国民健康保険の保険料支払いにより手取り収入が減ってしまう「**130万円の壁**」などについての2023年10月からの「**年収の壁・支援パッケージ**」の取り組みは、厚生労働省ウェブサイト・政府オンラインなどで施策について説明されている[14]。

---

[14]　「103万円の壁」については第2章所得税　2-2-4　累進所得税で解説している。「**106万円の壁**」は、従業員101人以上の企業（2024年10月からは従業員51人以上の企業）などに週20時間以上勤務している場合、年収106万円を超えると配偶者の扶養から外れ厚生年金・健康保険の適用対象となり社会保険料が発生することから、1. **手当等支給メニュー**：時限的に一人当たり最大50万円の助成金の支給（助成額は中小企業の場合。大企業の場合は4分の3の額）、最大2年間にわたり「社会保険適用促進手当」の支給、2. **労働時間延長メニュー**：労働者1人当たり6か月で30万円（大企業は22.5万円）の助成金を支給、3. **併用メニュー**などが講じられる。「130万円の壁」は、従業員100人以下の企業などに勤務している場合、年収130万円を超えると配偶者の扶養から外れ厚生年金・健康保険の適用対象となり社会保険料が発生することから、事業主の証明の提出により第3号被保険者として引き続き認定され

　国民年金の老齢基礎年金と厚生年金の老齢厚生年金には、受給資格を得るために納めなければならない**受給資格期間**[15]が設けられており、納付する保険料には、第 1 〜 3 号被保険者で各々納付額が定められている[16]。**支給開始年齢**は、65歳から受給されることが基本であるが、両制度ともに60歳からの「**繰上げ受給**」や66歳以降の「**繰下げ受給**」を可能とする。

　国民年金の老齢基礎年金は満額の年金額は、参考までに挙げておくと2023年度では795,000円[17]となっている。老齢厚生年金（報酬比例部分）の年金額は、平均標準報酬月額、平均標準報酬額を基準に計算される。加給年金、特別支給の老齢厚生年金などにも年金額の基準が設けられている[18]。

　国民年金制度では失業して所得がない人など経済的な理由で一時的に保険料を納められない人のための**保険料免除制度**[19]が設けられている。学生や若年者で就職が困難であったり、失業中などの理由で所得が低い人について「**学生納**

る施策をとる。

[15]　老齢基礎年金は、保険料を納めた期間と保険料を免除された期間（1966年 3 月31日以前に、強制加入期間とされていなかった期間などいわゆる「合算対象期間」を含む。）が合わせて10年以上あること、老齢厚生年金は、老齢基礎年金の受給資格を満たした上で厚生年金の加入期間が 1 か月以上あること（ただし、特別支給の老齢厚生年金は、厚生年金の加入期間が 1 年以上であることが必要）と定められている。厚生労働省ウェブサイト「年金制度のポイント 2023年度版」を参照のこと。

[16]　厚生労働省ウェブサイト「年金制度のポイント 2023年度版」2．保険料を納める　によれば、2023年 8 月時点では、第 1 号被保険者で自営業者、学生などは16,520円（月額）負担する。第 2 号被保険者で厚生年金被保険者（会社員など、国家・地方公務員（70歳未満）は月収の18.3％（労使折半。本人負担は9.15％）、私立学校教職員（70歳未満）は月収の16.035％（労使折半。本人負担は8.0175％）負担する。第 3 号被保険者で被用者の扶養されている配偶者は保険料負担はない（配偶者が加入する厚生年金が負担）。

[17]　480月（40年×12月）保険料を納めた場合の2023年度の満額の年金額である。詳細は厚生労働省ウェブサイト「年金制度のポイント 2023年度版」3．年金を受け取る　を参照のこと。

[18]　年金額の計算については、厚生労働省ウェブサイト「年金制度のポイント 2023年度版」3．年金を受け取る　を参照のこと。

[19]　保険料の免除は将来受け取る老齢基礎年金が減額されるが、免除分の保険料は、10年以内であれば追納することが可能で、追納した場合は納めた期間として計算される。

付特例制度」[20]や「納付猶予制度（2030年6月まで）」[21]が設けられている。その他、出産・子育てをする人を支援するために、① 産休期間中、産前産後期間中の特例、② 育休期間中の特例なども設けられている[22]。

▎6-3 拠出制年金制度[23]▎

　拠出制年金制度の財源調達方式としては、積立方式と賦課方式の2つに分けることができる。積立方式（funding scheme）は、加入者が若い間に保険料を積立てて、老後に取り崩して年金として給付される方式である。方式としては、現役として賃金を稼得する勤労世代の保険料の積立金を運用し、その運用収入をプラスした額を退職して退職世代となった際に年金として受給されることになるから「貯蓄型」と考えられる。これは同一世代の勤労時期に蓄えた貯蓄を退職後に取り崩すわけだが、早死の人から長寿の人への世代内所得再分配効果が働く。一方、賦課方式（pay-as-you-go scheme）は、勤労世代の保険料の拠出金で、退職世代の年金給付を賄う方式である。これは「課税型」と考えることができる。また、高齢世代と若年世代との世代間の助け合いという役割を果たすから世代間所得再分配効果が働くことになる。現在の日本の財源調達方式は、後述するように、現在の制度は賦課方式の側面と積立方式の両面を持つハイブリッド的な修正積立方式と考えられる。

20　学生（大学・大学院、短期大学、高等学校、高等専門学校、専修学校などに在学する人）で、本人の所得が一定額以下の場合に在学中の保険料の納付が猶予される。

21　50歳未満の第1号被保険者で、同居している世帯主の所得にかかわらず、本人と配偶者の所得が一定額以下の場合に保険料の納付が猶予される。

22　厚生労働省ウェブサイト「年金制度のポイント 2023年度版」を参照のこと。

23　関連する内容は井堀 [2013]、加藤他編 [1996]、土井 [2021]、栁下他編 [2022] 等を参照のこと。

6-3-1　公的年金制度の財政的問題

公的年金制度の果たすべき役割を世代間の所得再分配であると考えるならば、賦課方式は正当化される。ただし、所得再分配は、所得水準の高低差であり、世代間もしくは年齢差に注目する理由は存在しない。また、少子高齢化により勤労世代が不利に働くが、それを正当化する根拠もないであろう。さらに、賦課方式は、現在の勤労世代が退職して退職世代となった時、将来の若年世代が自分たちを支えるという「期待」を基盤としているが、賦課方式の公的年金制度が、その期待を必ずしも保障するものではないという問題も含んでいる。

積立方式は、年金給付が貯蓄による運用収入に依存しているから、経済成長の低下や最近までのゼロ金利政策が継続されていた経済状況では、財源不足に陥ってしまう。また、反対にインフレーションが生じても財源不足の危機に陥る可能性がある。そして、現在のような急速な少子高齢化の進展によっても財源不足は生じることになる。このような問題点を抱える中で積立方式を維持するためには、勤労世代の保険料の引き上げと、退職世代の年金給付額の削減が必要と考えられる。

現在の日本の公的年金制度は、賦課方式と積立方式の両方式の側面をあわせ持つハイブリッド的な方式であると考えることができる。1959年に創設の国民年金な完全な積立方式でスタートしたにも関わらず、1961年から国民皆年金体制となり、1966年改正においては十分な保険料引き上げの伴わない給付水準の引き上げから早くも賦課方式を基礎とする**修正積立方式**へ移行することとなった。1970年代の高度成長期には給付水準の引き上げと積立金の運用金利などを考慮した物価スライド制の導入により保険料との乖離は拡大傾向となった。1986年からの基礎年金の導入以降は給付水準は引き下げられてゆくものの、2004年改正では保険料上限固定やマクロ経済スライドの導入、そして「社会保障と税の一体改革」の政策が施行される中で、消費税の増税による全世代型の財源確保から国庫負担率の引き上げがなされた。そして、2017年などの改定を経て、現在の制度は人口構成の影響下にある賦課方式の側面と金利水準の影響下にある積立方式の両面を持つハイブリッド的な修正積立方式と考えることが

できる。今後の経済事情、特に少子高齢化の影響により完全賦課方式に移行してゆく可能性も考慮すべきである。

次節では公的年金の財政方式の違いによって、労働供給、貯蓄もしくは資本蓄積等に影響を及ぼすことになる。そこで、これらの経済的な影響について、様々な財源調達方式を単純な理論モデルによって比較し、考察することにしよう。

6-3-2　賦課方式の財政方式

賦課方式の財源方式を考察する際、家計を2世代として考慮する必要がある。そこで、t期に生まれたt世代と$t+1$期に生まれた$t+1$世代が存在するとし、両世代ともに第1期（勤労期）と第2期（退職期）の2期間生存するとしよう。そして、現在を$t+1$期とすると、保険料を拠出する$t+1$世代が勤労期、年金が給付されるt世代が退職期と考えることができる。簡単化のために人口成長は考えない[24]。保険料率をp_{PS}、勤労世代の平均所得をY_{t+1}、勤労世代数をL_{t+1}、平均年金給付額をg_{PS}、退職世代数をL_tとし、保険料を$b_{PS} \equiv p_{PS} Y_{t+1}$としておこう。**図6−5**は賦課方式の財政方式が示されている。

[　**図6−5　賦課方式の財政方式**　]

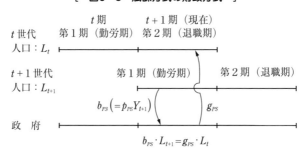

ただし、図中の矢印は資金の流れを示している。

---

[24]　6-4-3「賦課方式の経済効果」で人口成長率を考慮した分析も考察する。

　勤労世代の保険料で退職世代の年金給付を賄う賦課方式は各期で次のように表すことができる。

$$p_{PS} Y_{t+1} L_{t+1} = g_{PS} L_t \tag{6-1}$$

　ただし、左辺は年金の保険料による収入、右辺は年金給付による支出であるから、両辺を均衡させることが収支均衡を意味する。各期で政府は（6-1）の年金財政収支均衡式を満たしていなければならない。したがって、政府は年金財政の政策パラメーターとして、p_{PS}、b_{PS}、そしてg_{PS}を選択することができるから、これらを操作して財政収支を均衡させる。各世代の人口L_tやL_{t+1}は、出生率や平均余命等によって影響を受けるが、それ以外にも、就業率や退職年齢等にも大きく影響される。したがって、政府はこれらの諸条件を人口動態調査等の統計データを基にして、保険料率p_{PS}の引き上げや、年金給付水準g_{PS}の削減などを検討することになる。そこで（6-1）を政策パラメーターで表すならば、

$$p_{PS} = \left(\frac{g_{PS}}{Y_{t+1}} \right) \left(\frac{L_t}{L_{t+1}} \right) \equiv R_{PS} \cdot L_{PS} \tag{6-2}$$

$$g_{PS} = \frac{p_{PS} Y_{t+1}}{\left(L_t / L_{t+1} \right)} \equiv \frac{b_{PS}}{L_{PS}} \tag{6-3}$$

となる。ただし、$R_{PS}(=g_{PS}/Y_{t+1})$が**年金給付率**（replacement ratio）、L_{PS} $(=L_t/L_{t+1})$が受給者率（または高齢者率）、$b_{PS}(=p_{PS} Y_{t+1})$が一人当たりの保険料である。したがって（6-2）、（6-3）では、現在の急速に進展する少子高齢化の場合では、受給者率が急速に増加していると考えられるから、年金給付率を据え置きながら収支均衡を保つためには、保険料率の引き上げもしくは年金給付の削減が迫られていることになるのがわかるであろう。もちろん、前述したように退職年齢が伸びたり、就業率が増加することで、受給者率は少子高齢化の進展ほど増加しないかもしれない。もしくは、経済が好況を維持できれば、賃金率は増加するから、年金給付率が減少したり、保険料率を引き上げなくても保険料収入は増加することも考えられる。

6-3-3　積立方式の財政方式

　積立方式の財源方式を考察する際、平均的な一人の個人を想定する必要がある。そこで、ある個人の第1期は保険料を拠出する勤労年数、第2期は年金が給付される退職後年数と考えることにする。簡単化のために退職後の所得は年金のみとし、人口成長率は考えないとする。保険料率をp_{FS}、平均所得をY_1、勤労年数をN_1、退職後年数をN_2、平均年金給付額をg_{FS}とし、保険料を$b_{FS} \equiv p_{FS}Y_1$とする。積立方式では貯蓄分に利子が付くから、利子率をrとしておく。さらに給付分を現在価値で示す必要があるから時間割引率iを考慮しておく。**図6－6**は積立方式の財政方式が示されている。

[**図6－6　積立方式の財政方式**]

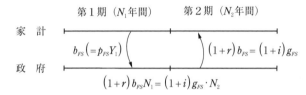

ただし、図中の矢印は資金の流れを示している。

　勤労年数分の保険料の積立分プラス利回りの元利合計分が、退職後の年金給付となるから現在価値での積立方式は次のように表すことができる。

$$\frac{p_{FS}Y_1N_1(1+r)}{(1+i)} = g_{FS}N_2 \tag{6-4}$$

　ただし、左辺は積立金の元利合計、右辺は年金給付額である。ここで、簡単化のために利子率と時間割引率は等しいものとしておけば、$r=i$であるから、$b_{FS}=p_{FS}Y_1$を考慮すれば、(6-4) は次のようになる。

$$b_{FS}N_1 = g_{FS}N_2 \tag{6-5}$$

　したがって、政府は年金財政の政策パラメーターとしてp_{FS}、b_{FS}、そしてg_{FS}を

操作して財政収支を均衡させる。そこで（6-5）を政策パラメーターで表すならば、

$$p_{FS} = \left(\frac{g_{FS}}{Y_1}\right)\left(\frac{N_2}{N_1}\right) \equiv R_{FS} \cdot N_{FS} \tag{6-6}$$

$$g_{FS} = \frac{p_{FS} Y_1}{\left(N_2 / N_1\right)} \equiv \frac{b_{FS}}{N_{FS}} \tag{6-7}$$

となる。ただし、$R_{FS}(=g_{FS}/Y_2)$、$N_{FS}(=N_2/N_1)$とする。したがって（6-6）、（6-7）から分かるように、利子率＝時間割引率かつ人口成長率一定の想定下では、積立方式も賦課方式も負担率は同じ形式で考慮することが出来る。

6-3-4　修正積立方式[25]

　現在の日本の公的年金制度は、現在の制度は人口構成の影響下にある賦課方式の側面と金利水準の影響下にある積立方式の両面を持つハイブリッド的な修正積立方式と考えられる。公的年金制度の変遷は、時系列で前半・後半部分の2つに分けて考察する。

　まず、前半部分は、1961年から国民皆年金体制となり、1970年代の高度成長期を経て、1986年からの基礎年金の導入、保険料の積立金の運用金利などを考慮した物価スライド制の導入、1991年のバブル崩壊、1994年改正、2000年改正などが実施された保険料による世代間所得移転の要素を持つ部分である。

　後半部分は、少子高齢化という人口構成の大きな変化に対応するための2004年改正としての「社会保障と税の一体改革」から目指す将来像が示され、2017年改正と社会保障の安定財源確保と財政健全化の同時達成として消費税の増税財源による国庫負担率の引き上げとマクロ経済スライド導入とする全世代型の改革が実施された部分に分けて考察する。

25　小林他［2019］財務省広報誌「ファイナンス」『日本の公的年金制度における財政方式の変遷』参照。

図6－7は修正積立方式の財政方式が示されている。

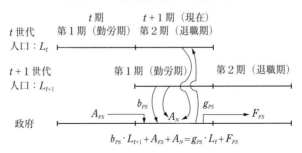

[**図6－7　修正積立方式の財政方式**]

$$b_{PS} \cdot L_{t+1} + A_{FS} + A_N = g_{PS} \cdot L_t + F_{FS}$$

ただし、図中の矢印は資金の流れを示している。

　まず前半部分は、基本モデルとして賦課方式のモデルを採用する一方で、積立金の運用収入と財政余剰分を考慮した収支均衡式として、

$$b_{PS} L_{t+1} + A_{FS} = g_{PS} L_t + F_{FS} \tag{6-8}$$

となる。ただし、$b_{PS} \equiv p_{PS} Y_{t+1}$を賦課方式の保険料、$A_{FS}$を運用収入、$F_{FS}$を財政余剰とする。(6-8) では保険料と年金給付が賦課方式に相当し、積立金と剰余金が積立方式に相当する混在の制度とみなせる。もし積立金の運用金利が限りなく低くなれば運用収入と財政余剰が等しくなり、(6-8) は (6-1) と等しくなり賦課方式と同じ方式と考えることが出来る。

　次に後半部分の基本モデルは、2004年改正以後の全世代型の制度として位置付け、消費税の増税の財源から国庫負担率を2分の1に引き上げて固定した制度として考慮する。国庫負担分を収支均衡式に考慮すれば、

$$b_{PS} L_{t+1} + A_{FS} + A_N = g_{PS} L_t + F_{FS} \tag{6-9}$$

となる。ただし、A_Nを国庫負担とする。そして、(6-9) からも分かるように、

2016年1月に導入された「マイナス金利付き量的・質的金融緩和」政策[26]以降は、年金方式は修正積立方式と呼ばれているが、実態は完全な賦課方式に限りなく近いと考えられる。

‖6-4 公的年金の経済効果[27]‖

本節では公的年金制度の経済効果について、家計への影響について考えていうことにしよう。年金制度としては、前節で考慮した積立方式と賦課方式の2つの方式について考慮し、経済効果を比較することにしよう。

6-4-1　積立方式の経済効果

積立方式の家計への経済効果を考察するために公債の章のリカードの等価定理の議論の中で用いたライフサイクル・モデル（2期間モデル）を再度用いて考察することにしよう。考慮する経済は以下の通りである。

（1）まず家計は第1期（勤労期）と第2期（退職期）の2期間生存し、その期間を通じて消費を最適化するように効用最大化行動をとる。ある家計は、勤労期に働いて所得を稼得し、退職し退職期に入り、年金および貯蓄のみで生活し、他の所得はないものとする。親からの遺産を相続したり、子供に遺産を残すような遺産行動も一切考えないことにする。

（2）積立方式による1人あたりの保険料および給付額は、各々、b_{FS}、g_{FS}とする。

（3）家計の第1期の消費c_1、第2期の消費c_2とすれば、第1期には所得Y_1を得て、貯蓄sし、保険料b_{FS}を拠出する。第2期には所得はなく、第1期の貯蓄を取り崩し、かつ年金給付で生活するから、貯蓄sと積み立てた保険料b_{FS}の利回りを含めた元利合計分を所得として第2期の消費にあてるものとする。積立

26　日本銀行ウェブサイト参照のこと。

27　関連する内容は井堀［2001］、井堀［2013］、小塩［2002］等を参照のこと。

方式の場合、家計から拠出された保険料は、政府が金融市場で運用するが、その収益率は市場利子率rと等しいと考えることにする。

上述の（1）〜（3）のモデル設定からライフサイクル・モデルによって積立方式の家計への経済効果について考えることにしよう。

家計は第1期と第2期の消費から効用を得るとすれば効用関数は、

$$U = U\left(c_1, c_2\right) \tag{6-10}$$

で表される。家計の各期の予算制約式は、

$$c_1 = Y_1 - s - b_{FS} \tag{6-11}$$

$$c_2 = \left(1 + r\right)s + \left(1 + r\right)b_{FS} \tag{6-12}$$

で表される。そこで（6-11）および（6-12）から家計の生涯の予算制約式は、

$$c_1 + \frac{c_2}{1+r} = Y_1 \tag{6-13}$$

が得られる。家計は（6-13）の制約下で（6-10）の効用を最大化するから、

$$\begin{aligned}&\underset{c_1, c_2}{\text{Max}}\ U = U\left(c_1, c_2\right)\\ &\text{subject to}\ \ c_1 + \frac{c_2}{1+r} = Y_1\end{aligned} \tag{6-14}$$

で表される。

したがって、（6-14）の効用最大化問題は、**図6－8**で示されているように効用関数が原点に対して凸の無差別曲線で示されると仮定すれば、最適点での消費計画$\left(c_1{}^*, c_2{}^*\right)$は、積立方式の公的年金は家計の行動に何ら実質的な影響を与えないことが分かる。

[**図6-8　積立方式－ライフサイクル・モデル－**]

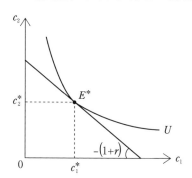

6-4-2　積立方式の公的年金と家計の行動

　積立方式の公的年金の家計の行動への影響について考えてみることにしよう。第1には、家計の生涯の予算制約式（6-13）から、保険料b_{FS}が式に表れておらず、公的年金が予算制約に全く影響を及ぼさないことが分かる。家計の予算制約に変化がなければ、家計の各期の消費選択も変更がなく、（6-14）で示される家計の効用最大化行動にも中立的であることが見て取れる。

　第2には、家計の各期の予算制約式から積立方式の家計行動への中立性について見てみる事にする。家計の第1期の予算制約式（6-11）に着目してみよう。第1の議論から、所与の所得Y_1および消費c_1には変更がないから、公的年金によって家計は、貯蓄Sを減らし、保険料b_{FS}に振り分けたと考えることができる。次に家計の第2期の予算制約式（6-12）に着目しよう。家計が第1期に積立てた保険料は、第2期になると公的年金の給付という形で運用利回り分を含めた年金$(1+r)b_{FS}$が給付されることが分かる。つまり積立方式の年金制度では、政府が家計の変わりに貯蓄している制度であることが分かるであろう。言い換えれば、積立方式では、家計の個人貯蓄を減らして、保険料という公的貯蓄を増やすことになるから、家計への影響は中立的であることになる。

6-4-3　賦課方式の経済効果

　賦課方式の各世代の家計への経済効果を考察するために第5章「公債」の5
－4節「バローの中立性命題」の議論の中で用いた2世代重複モデルを応用し
て考察することにしよう。考慮する経済は以下の通りである。

　(1) 家計は親世代と子世代の2つの世代が重複的に生存する。親世代はt期
に生まれたt世代、子世代は$t+1$期に生まれた$t+1$世代とする。

　(2) 親世代、子世代ともに第1期（勤労期）と第2期（退職期）の2期間生
存し、親世代の退職期に子世代の勤労期が生存するような重複関係を想定する。
そして、各世代伴に2期間を通じての消費を最適化するように効用最大化行動
をとる。

　(3) 世代間で人口成長率$n\left(0<n<1\right)$で成長する。また、t世代、$t+1$世代の
人口を、各々、L_t、L_t+1とする。

　(4) 賦課方式による1人あたりの保険料および給付額は、各々、b_{PS}、g_{PS}と
する。

　(5) 各世代の第1期の消費c_1、第2期の消費c_2とすれば、第1期には所得Y_1
を得て、貯蓄sし、保険料b_{PS}を拠出する。第2期には所得はなく、第1期の貯
蓄を取り崩し、かつ年金給付で生活するから、貯蓄sの利回りrを含めた元利
合計分と年金給付額g_{PS}を所得として第2期の消費にあてるものとする。

　上述の (1)～(5) のモデル設定から2世代重複モデルによって賦課方式の
家計への経済効果について考えることにしよう。**図6－9**では賦課方式の資金
の流れが示されている。

　まず、賦課方式による年金財政方式を定式化しよう。まず、$t+1$期に第2期
（退職期）の親世代（t世代）の総年金受給額は、$g_{PS}L_t$であり、同期に第1期
（勤労期）の子世代（$t+1$世代）の総保険料拠出額は、$b_{PS}L_{t+1}$であるから、賦課
方式の財政収支均衡式は次のように表される。

$$b_{PS}L_{t+1}=g_{PS}L_t \tag{6-15}$$

　次に世代間の人口成長率を考慮すれば、

[**図6-9　賦課方式―2世代重複モデル**]

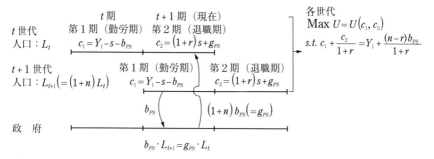

ただし、図中の矢印は資金の流れを示している。

$$L_{t+1} = (1+n)L_t \tag{6-16}$$

となる。したがって、(6-15)、(6-16) から次式を得る。

$$g_{PS} = (1+n)b_{PS} \tag{6-17}$$

　(6-17) は世代間の人口成長率を加味した場合の賦課方式の財政収支均衡式である。したがって、各世代での年金の収益率は人口成長率 n であることが分かる。そこで各世代の効用関数は積立方式の場合と同様であるとすれば、

$$U = U(c_1, c_2) \tag{6-18}$$

で表される。家計の各期の予算制約式は、(6-17) を考慮すれば次のようになる。

$$c_1 = Y_1 - s - b_{PS} \tag{6-19}$$

$$c_2 = (1+r)s + g_{PS} = (1+r)s + (1+n)b_{PS} \tag{6-20}$$

そこで (6-19) および (6-20) から家計の生涯の予算制約式は、

$$c_1 + \frac{c_2}{1+r} = Y_1 + \frac{(n-r)b_{PS}}{1+r} \qquad (6\text{-}21)$$

が得られる。家計は（6-21）の制約下で（6-18）の効用を最大化するから、

$$\underset{c_1,c_2}{\mathrm{Max}}\, U = U\left(c_1, c_2\right)$$
$$\text{subject to } c_1 + \frac{c_2}{1+r} = Y_1 + \frac{(n-r)b_{PS}}{1+r} \qquad (6\text{-}22)$$

で表される。したがって、（6-22）の効用最大化問題は、**図6−10**で示されているように効用関数が原点に対して凸の無差別曲線で示されると仮定すれば、賦課方式の家計の各世代への影響は市場利子率 r、人口成長率 n に依存して決まってくることになる。

[**図6−10 賦課方式−2世代重複モデル−**]

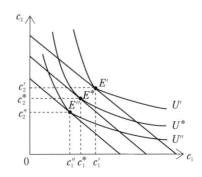

6-4-4 賦課方式の公的年金と家計の行動

賦課方式の家計の各世代への影響は、次の３つのケース、１．$n=r$ の場合、２．$n>r$ の場合、そして３．$n<r$ の場合に分けて考察することにしよう。

1．$n=r$の場合

　市場利子率rと人口成長率nが等しい場合、年金の収益率が私的な貯蓄の収益率が等しいことになる。(6-22) の効用最大化行動では、予算制約式からb_{PS}の項が消えるから、最適点E^*での消費計画$(c_1{}^*, c_2{}^*)$は、賦課方式の公的年金は家計の各世代の行動に何ら実質的な影響を与えないことが分かる。各世代の予算制約式を見てみると、第1期の予算制約式 (6-19) から、各世代は第1期（勤労期）に消費を減少させることなく、保険料拠出分だけ貯蓄を減少させることになる。これは第2期の予算制約式 (6-20) から、私的な貯蓄sと年金の公的な貯蓄b_{PS}の収益率が等しいこと（$n=r$）から、b_{PS}の増加はsの減少という完全な代替関係が成立していることから分かる。これは、

$$c_2 = (1+r)s + g_{PS} = (1+r)s + (1+r)b_{PS} = (1+r)(s + b_{PS}) \tag{6-23}$$

と、(6-20) の式を変形することからも確認できる。

2．$n>r$の場合

　人口成長率nが市場利子率rより大きい場合、年金の収益率が私的な貯蓄の収益率より高いことになる。(6-22) の効用最大化行動では、予算制約式から$(n-r)b_{PS}$の項が正符号であるから、各世代の生涯所得が増加する。最適点E'での消費計画(c_1', c_2')は、賦課方式の公的年金は家計の各世代の行動に実質的な影響を与えて上方になっている。各世代の予算制約式を見てみると、第1期の予算制約式 (6-19) から、各世代は第1期（勤労期）に消費c_1を増加させ、その結果、保険料拠出分b_{PS}以上に貯蓄sを減少させることになる。しかし、第2期の予算制約式 (6-20) から、私的な貯蓄の収益率以上に年金の公的な貯蓄の収益率が高いから、第1期でのb_{PS}の増加以上のsの減少分は、第2期での消費c_2の減少にはならないことが分かる。

3．$n<r$の場合

　人口成長率nが市場利子率rより小さい場合、年金の収益率が私的な貯蓄の

収益率より小さいことになる。(6-22) の効用最大化行動では、予算制約式から $(n-r)b_{PS}$ の項が負符号であるから、各世代の生涯所得が減少する。最適点 E'' での消費計画 (c_1'', c_2'') は、賦課方式の公的年金は家計の各世代の行動に実質的な影響を与えて下方になっている。各世代の予算制約式を見てみると、第1期の予算制約式 (6-19) から、各世代は第1期（勤労期）に消費 c_1 を減少させる。そして、第2期の予算制約式 (6-20) から、私的な貯蓄の収益率よりも年金の公的な貯蓄の収益率が低いから、第2期での消費 c_2 の減少にもつながることが分かる。

‖6-5 医療[28]‖

本節では社会保障における医療保険の供給について考えていくことにしよう。人口の高齢化の急速な進展と医療技術の高度化による発展は、医療の重要性を高め、医療費の拡大をもたらしている。そこでは医療保険のサービス供給の形態、そして問題点などについて考えてみることにする。

6-5-1　医療保健サービスの供給形態[29]

医療は、イギリスやスウェーデンのように公共サービスとして供給している国もあれば、アメリカのように高齢者を除いて民間供給でサービスを行っている国もある。日本では、1961年に国民健康保険を設立し、厚生労働省ウェブサイトの「我が国の医療保険について」では、国民皆保険制度の意義として、世界最高レベルの平均寿命と保健医療水準を実現し、今後とも現行の社会保険方式による国民皆保険を堅持し、国民の安心・安全な暮らしを保障してゆくこと

---

[28]　関連する内容は入谷 [1992]、上村 [2013]、小西 [2016]、竹内 [2005]、土井 [2021]、林他 [2015]、林 [2011]、林 [2023]、柳下他編 [2022] 等を参照のこと。
[29]　厚生労働省ウェブサイト　我が国の医療保険についてでは、医療制度の詳細な説明がなされている。

が必要としている[30]。

[**図6-11　医療制度の体系**]

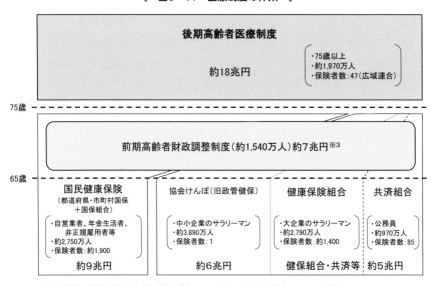

※1　加入者数・保険者数・金額（給付費）は、令和5年度予算案ベースの数値。
※2　上記のほか、法第3条第2項被保険者（対象者約2万人）、船員保険（対象者約11万人）、経過措置として退職者医療がある。
※3　前期高齢者数（約1,540万人）の内訳は、国保約1,100万人、協会けんぽ約320万人、健保組合約90万人、共済組合約20万人。
出所：厚生労働省ウェブサイト　政策について　分野別の政策一覧　健康・医療　医療保険　我が国の医療保険について　医療保険制度の体系
　　　（https://www.mhlw.go.jp/stf/seisakunitsuite/bunya/kenkou_iryou/iryouhoken/iryouhoken01/index.html）

　原稿の医療保険制度は、**図6-11**で概要を示すように1.国民健康保険、2.協会けんぽ（旧政管健保）、3.健康保険組合、4.共済組合、そして、各保険

30　1.国民全員を医療保険で保障し、2.医療機関を自由に選べる（フリーアクセス）、3.安い医療費で高度な医療、4.社会保険方式を基本としつつ、皆保険を維持するため、公費を投入すると特徴を説明している。

者を横断的に75歳以上高齢者を対象とする５.**後期高齢者医療制度**の体系である。

医療費の一部負担（自己負担）の割合については、厚生労働省ウェブサイト〔我が国の医療保険について〕2023年度においての説明では、75歳以上の者は、１割（現役並み所得者は３割、現役並み所得者以外の一定所得以上の者は２割）、70歳から74歳までの者は、２割（現役並み所得者は３割）、70歳未満の者は３割、６歳（義務教育就学前）未満の者は２割となる。

高額療養費制度は、家計に対する医療費の自己負担が過重とならないように医療機関の窓口および外来において医療費を自己負担後、月ごとの自己負担限度額超分を現物給付化する仕組みとされている。

高齢者医療制度の財政については、75歳以上について現役世代からの支援金と公費で約９割を賄うとともに、65歳〜74歳について保険者間の財政調整を行う仕組み、および75歳以上を対象とする制度を設け世代間の負担の明確化等を図っている。

6-5-2　介護保険[31]

介護保険制度については、厚生労働省ウェブサイト「介護保険制度の概要」（令和３年５月厚生労働省老健局）には、まず、介護保険制度の導入の基本的な考え方として背景および基本的な考え方ついて説明され、仕組み、財源構成と規模、被保険者（加入者）についての詳細な説明がある。まず、背景として「高齢化の進展に伴い、要介護高齢者の増加、介護期間の長期化など、介護ニーズはますます増大。一方、核家族化の進行、介護する家族の高齢化など、要介護高齢者を支えてきた家族をめぐる状況も変化。従来の老人福祉・老人医療制度による対応には限界。」と説明されている。そこで、1997年には介護保険法を成立させ、2000年には介護保険法を施行し、高齢者の介護を社会全体で支

31　厚生労働省ウェブサイト　１.介護保険とは　介護保険制度の概要（令和３年５月厚生労働省老健局）を参照のこと。

え合う仕組み（**介護保険**）を創設した。さらに、基本的な考え方は、自立支援
として、単に介護を要する高齢者の身の回りの世話をするということを超えて、
高齢者の自立を支援することを理念とする。利用者本位に立ち、利用者の選択
により、多様な主体から保健医療サービス、福祉サービスを総合的に受けられ
る制度を設立し、社会保険方式によって、給付と負担の関係が明確な社会保険
方式を採用することとしたと説明されている。

　介護保険制度の被保険者（加入者）は、1．65歳以上の者（第1号被保険者）、
2．40〜64歳の医療保険加入者（第2号被保険者）として、介護保険サービス
は、65歳以上の者は原因を問わず要支援・要介護状態となったときに、40〜64
歳の者は末期がんや関節リウマチ等の老化による病気が原因で要支援・要介護
状態になった場合に受けることができることとなっている。

6-5-3　医療保険の財政問題

　医療保険は、前節で見たように公共サービスとして供給されているが、医療
は財政収支を考える場合、医療の倫理と財政的なコストとは相容れないと考え
る意見も存在する。医療は生命にかかわるものであり、収支とコストを同じ次
元で考えるのは難しい。また、最先端の高度な医療技術と財政の問題を同じ次
元で考えるのはかなり難しいといえる。しかし、わが国では、医療は公的に供
給されてきており、他の諸外国と比べて、どちらかといえば医療の倫理と財政
コストは補完的であると考えられてきている。日本は平均寿命が世界的にみて
も長いことを考えれば、日本の医療サービスは高く評価されるべきだろう。し
かし、それが国の財政における社会保障費の中の医療費の割合を増加させてい
ることにもなっている。

　そこで、医療費の財政問題を考察するために、一つの費用負担の方法として
私的医療保険について考えてみることにしよう。人は様々な疾病を引き起こす
可能性を持っている。例えば、ガン、生活習慣病、メタボリックシンドローム
（内臓脂肪症候群）などは、今や健康長寿の最大の阻害要因となるだけでなく、
国民医療費にも大きな影響を与えている。国が医療費の自己負担率の引き上げ

などを検討している中、個人としては生命保険会社などが提供している私的保険であるガン保険や医療保険などの金融商品について加入することも検討することは必要となってくるであろう。

　そこで、例としてある個人が「ガン保険」に加入することを検討してみよう。ある個人のガンにかかる確率をπ_{PC}としておく。保険会社は保険料総収入と保険金総支出の収支を均衡させるようにすると考える。そこで、保険収支均衡は、保険金1円を受け取るのに必要な保険料率p_{CI}とガンにかかる確率π_{GC}が等しくなることを要請する。ここで注意しておくべきことは、保険加入者が多くなることで、保険金給付の対象となるガンの発病確率は一定値π_{GC}に収束するという**大数の法則**（law of large number）が当てはまり、統計数値に基づいた確率計算が可能となると想定することが出来る。したがって、ある個人がガン保険に保険料率p_{CI}で加入した時、ガンが発生したときに保険金g_{CI}を受取ることが出来るとすれば、

$$p_{CI}g_{CI} = \pi_{GC}g_{CI} \tag{6-24}$$

が保険会社で成立していなければならない。ここでガン発病率は個人値π_{PC}ではなく一定値π_{GC}で計算されている。(6-24) で左辺が加入者1人あたりの保険会社の収入、右辺が保険会社が平均して加入者に支払うであろう保険金額とされる。このように「保険料率p_{CI}＝ガン発病確率π_{GC}」で収支が均衡する場合の保険料率を**保険数理的公正**（actuarially fair）と呼んでいる。

6-5-4　逆選択

　前項で見たようなガン保険のような医療保険は、健康者よりは病弱者が利用をするようになると予想されるが、病弱者の加入増加は保険会社にとっての保険金支払いの増加を招くことになり、結果として保険料は上昇し健康者にとってはあまり魅力のないものとなり、加入しなくなる。そして、病弱者の加入割合の増加は保険料の引き上げとなり、私的な保険市場の調整は望ましい方向には働かなくなり、最終的には私的保険は成立しなくなる。このような保険市場

に見られる現象を**逆選択**（adverse selection）という。

　ここで例としてタバコを吸う人と吸わない人のガン保険への加入について考えてみることにしよう。

　(1)　タバコを吸いガンにかかりやすい人を H_c 族、タバコを吸わずガンにかかりにくい人を L_c 族とし、各々、ガンにかかる確率は π_H、π_L としておく。ただし、$\pi_H > \pi_L > 0$ である。

　(2)　保険会社は私的にガン保険を提供する際、(6-24) で示されている保険数理的に公正な保険料率を計算し、大数の法則によるガン発病確率の一定値 $p_{CI} = \pi_{GC}$ と考えられるから、$p_1 = \pi_1$ を設定しているものとする。ここで文字の簡略化で (6-24) の下付は省略する。

　しかし、ここで問題なのは、保険会社は、ガン保険に加入する保険者の個別の情報を得ることは難しく、正確な個別のガンにかかる確率を知ることは出来ない。一方で加入者は、自分の健康状態を把握しており、特にタバコを吸うか、吸わないかは明らかである。したがって、加入者は、自分がガンにかかる確率が平均的な一定値 π_1 より高いか、低いかは知っているから、H_c 族に属するか、L_c 族に属するかは知っているものとする。次に順を追って加入状況を考えてゆこう。

ステップ 1

　保険会社が $p_1 = \pi_1$ で保険料率を設定するとき、保険数理的収支均衡式は、

$$p_1 g_{CI} = \pi_1 g_{CI} \tag{6-25}$$

となる。ただし、$\pi_H > \pi_1 > \pi_L > 0$ とする。ここで (6-25) で提供されたガン保険は、H_c 族にとってみれば割安であり、L_c 族にとってみれば割高である。したがって、H_c 族が L_c 族よりも多く加入する誘引となり、加入者中でのガンにかかる確率は上昇することになる。

ステップ2

　次に、保険会社は、加入者中でのガンにかかる確率が最初に設定した平均的な一定値$p_{CI}=\pi_{GC}$よりも高くなっていることに気がつき、収支を均衡させるために保険料率を引き上げるから、$p_2=\pi_2$で保険料率を設定するとき、保険数理的収支均衡式は、

$$p_2 g_{CI}=\pi_2 g_{CI} \tag{6-26}$$

となる。ただし、$\pi_H>\pi_2>\pi_1>\pi_L>0$とする。したがって、(6-26)で提供されたガン保険では、ますますH_C族がL_C族よりも多く加入する誘引となり、大半の加入者がH_C族となり、加入者中のガンにかかる確率はさらに上昇することになる。

ステップ3

　ステップ2が反復され、最終的には保険会社が設定する保険料率はH_C族のガンにかかる確率π_Hと等しいところで設定されることになるから、$p_3=\pi_3$で保険料率を設定する。したがって、保険数理的の収支均衡式は、

$$p_3 g_{CI}=\pi_3 g_{CI}=\pi_H g_{CI} \tag{6-27}$$

となる。ただし、$\pi_H=\pi_3>\pi_2>\pi_1>\pi_L>0$とする。この結果として、(6-27)で提供されるガン保険に加入するものは全てH_C族のみとなり、全てのL_C族は脱会することになる。したがって、L_C族の保険への排除が発生したことになり逆選択が起こったと言える。この結果が保険会社としては、保険市場では望ましくない現象であることは明らかであろう。

6-5-5　モラルハザード

　医療保険に関しては、公的な医療保険も含めてモラルハザードの問題が生じる可能性がある。これは、公的な医療保険制度や私的な医療保険の加入を通じて医療費の医療保険制度の加入者の支払いは、直接的な医療負担の形として大

幅に低下することになる。したがって、加入者の自発的な医療需要を誘引し、増加させることで医療費の増大をもたらすという供給が需要を生むことにもつながり、過剰医療が誘発されるおそれもある。また、ガン保険のような私的保険にも加入すれば、公的な医療保険とあわせて発病時にも十分な備えがあると安心するようになる。つまり、病気に備えると、病気を予防する努力が減少するということである。これを**道徳的危険**あるいは**モラルハザード**（moral hazard）という。ガン保険の例で言えば、加入したことによって、最初はL_c族であったものが、H_c族になってしまうというような現象である。

●**参考文献**●
［和　文］
井堀利宏『現代経済学入門　財政』（第2版）岩波書店、2001年。
井堀利宏『財政学』（第4版）新世社、2013年。
井堀利宏『要説：日本の財政・税制』（新版）税務経理協会、2022年。
入谷純『財政学入門』日本経済新聞社、1992年。
上村敏之『はじめて学ぶ国と地方の財政学』日本評論社、2005年。
上村敏之『コンパクト財政学』（第2版）新世社、2013年。
大矢俊雄編『図説　日本の財政（平成27年度版）』東洋経済新報社、2015年。
加藤寛・浜田文雄編『公共経済学の基礎』有斐閣、1996年。
栗林隆・江波戸順史・山田直夫・原田誠『財政学』（第六版）創成社、2023年。
小塩隆士『コア・テキスト　財政学』新世社、2002年。
小西砂千夫『社会保障の財政学』日本経済評論社、2016年。
J.J.ローザ編『年金・崩壊の危機21世紀の先進国社会』高山憲之訳、東洋経済新報社、1983年
神野直彦『財政学』（改訂版）有斐閣、2007年。
竹内信二編『スタンダード財政学』中央経済社、2005年。
土井丈朗『入門　財政学』（第2版）精文堂、2021年。
山田雅俊・中井英雄・岩根徹・林宏明『財政学』有斐閣、1992年。
林宏明・玉岡雅之・桑原美香『入門財政学』（第2版）中央経済社、2015年。
林宣嗣『基礎コース　財政学』（第3版）新世社、2011年。
林宏昭『日本の税制と財政』（第2版）中央経済社、2023年。
柳下正和・于洋・青柳龍司編『はじめての財政学』（第2版）文眞堂、2022年。

［データ・資料］
厚生労働省ウェブサイト
・政策について　分野別の政策一覧　年金　年金・日本年金機構関係　公的年金制度の概要　平成16年の制度改正　平成16年の制度改正の内容　「国民年金法等の一部を改正する法律（平成16年法律第104号）参考資料PDF版」　平成16年年金制度改正における給付と負担の見直し
　（http://www.mhlw.go.jp/topics/bukyoku/nenkin/nenkin/pdf/tp0315-2a.pdf）
　（2016年7月7日確認）
・政策について　分野別の政策の一覧　他分野の取り組み　社会保障全般　社会保障・税一体改革について　社会保障制度改革推進法成立以降の取組　「平成27年度社会保障の充実・安定化について」PDF版　平成27年度における「社会保障の充実」の考え方
　（http://www.mhlw.go.jp/file/06-Seisakujouhou-12600000-Seisakutoukatsukan/h27ss.pdf）
　（2016年7月7日確認）
・政策について　分野別の政策一覧　年金　年金・日本年金機構関係　年金制度の仕組み［年金制度の仕組みと考え方］　第4　公的年金制度の歴史
　（http://www.mhlw.go.jp/stf/seisakunitsuite/bunya/kenkou_iryou/iryouhoken/iryouhoken01/index.html）
　（2023年12月21日確認）
・政策について　分野別の政策一覧　年金　年金・日本年金機構関係　年金制度の仕組み「年金制度のポイント　2023年度版」、「年金制度基礎資料　2023年10月」、「年金制度の仕組みと考え方　第1章〜第16章」
　（https://www.mhlw.go.jp/stf/nenkin_shikumi.html）
　（2023年12月26日確認）
・政策について　分野別の政策一覧　他分野の取り組み　年収の壁・支援強化パッケージ
　（https://www.mhlw.go.jp/stf/taiou_001_00002.html）
　（2023年12月27日確認）
・政策について　分野別の政策一覧　健康・医療　医療保険　我が国の医療保険について
　（https://www.mhlw.go.jp/stf/seisakunitsuite/bunya/kenkou_iryou/iryouhoken/iryouhoken01/index.html）
　（2024年1月2日確認）
・政策について　分野別の政策一覧　福祉・介護　介護・高齢者福祉　1．介護保険とは　介護保険制度の概要（令和3年5月厚生労働省老健局）PDF版
　（https://www.mhlw.go.jp/stf/seisakunitsuite/bunya/hukushi_kaigo/kaigo_koureisha/gaiyo/index.html）
　（2024年1月3日確認）
・政策について　分野別の政策一覧　他分野の取り組み　社会保障全般　社会保障制度改

革　社会保障制度改革

（https://www.mhlw.go.jp/stf/newpage_21438.html）

（2024年 1 月16日確認）

財務省ウェブサイト

・税制　我が国の税制の概要　消費税など（消費課税）　消費税など（消費課税）に関す
　る資料（平成28年 6 月末現在）　消費税の使途に関する資料　消費税の社会保障財源化

（http://www.mof.go.jp/tax_policy/summary/consumption/121.htm）

（2016年 7 月 7 日確認）

財務省　財務総合政策研究所（POLICY RESEARCH INSTITUTE, Ministry Of Finance）
ウェブサイト

・報告書・論文　財務省広報誌「ファイナンス」への財務総合政策研究所職員等からの寄
　稿文、小林航・渡辺恵吾著「シリーズ日本経済を考える　91」『日本の公的年金制度に
　おける財政方式の変遷』2019年 8 月

（https://www.mof.go.jp/pri/research/special_report/f01_2019_08.pdf）

（2023年12月21日確認）

日本年金機構ウェブサイト

・年金の制度・手続き　パンフレット　年金の制度や仕組みに関するパンフレット「国民年
　金・厚生年金保険被保険者のしおり（2023年 4 月 1 日　PDF版）」

（https://www.nenkin.go.jp/service/pamphlet/seido-shikumi.html）

（2023年12月21日確認）

政府広報オンライン

・経済・労働・税　経済「年収の壁」対策がスタート！パートやアルバイトはどうなる？

（https://www.gov-online.go.jp/article/202312/entry-5288.html）

（2023年12月28日確認）

日本銀行ウェブサイト

・「マイナス金利付き量的・質的金融緩和」の導入 2016年 1 月26日　日本銀行

（https://www.boj.or.jp/mopo/mpmdeci/mpr_2016/k160129a.pdf）

（2023年12月29日確認）

第7章　外部性と環境政策

‖7-1 環境政策[1]‖

　生産や消費に伴う**環境汚染**（environmental pollution）の問題は、最近特に注目を集めている。本節では理論的な外部性の分析を行う前に、京都議定書の意義と環境税の導入について概観する。

7-1-1　京都議定書の意義について[2]

　まず**京都議定書**（Kyoto Protocol）の特色と内容および取り組みについて説明する。1997年12月、京都で国連気候変動枠組み条約第三回締約国会議（京都会議：COP3）が開催され温暖化に対する国際的な取り組みのための国際条約

---

[1]　外務省ウェブサイト　外交政策 > 地球環境　COP3、WWFジャパンウェブサイト「京都議定書とは？合意内容とその後について」参照。

[2]　経済セミナー2005年5月号特集「環境に経済ができること」には，佐和隆光、西條辰義、岡田章などの研究者が，環境問題と京都議定書の関連などについて経済学的な切り口から明らかにしている。また、岩本他編『現代経済学の潮流2006』には、2005年9月17日中央大学にて開催された日本経済学会2005年度秋季大会での「環境税導入は必要か—パネル・ディスカッション—」が掲載されており、経済学者の環境税に関する理論的展開が理解できる。京都メカニズムおよび排出量取引については、前田［2009］、増田［2008］、細田他［2007］、諸富他［2007］に詳細な解説がある。

として京都議定書が採択された。

　第1の特色は、第1約束期間として2008年から2012年の間に1990年比で**温室効果ガス**（greehouse effect gas）の平均排出量を、先進国全体では5.2%削減することとした。削減率は各国で異なり、日本6％減、アメリカ7％減、EU諸国8％減、カナダ8％減で約束した一方で、ロシア、ウクライナ、ニュージーランドなど0％、オーストラリア8％増、ノルウェー－1％増などとした。これは**地球温暖化**（global warming）は防ぐために温室効果ガスの排出量に上限を設定したことに特色がある。

　第2の特色は、京都議定書の意義については、排出削減目標を達成するための「**京都メカニズム**（Kyoto Mechanisms）」と呼ばれる**排出量取引**（Emissions Trading）を導入したことである。

[　**図7-1　京都メカニズムについて**　]

他国での排出削減プロジェクトの実施による排出削減量等をクレジットとして取得し、自国の議定書上の約束達成に用いることができる制度。

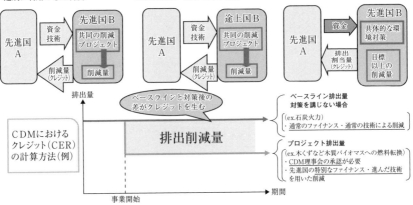

出所：環境省ウェブサイト　地球環境・国際環境協力　地球温暖化対策　排出量取引制度　京都メカニズム情報コーナー　「京都メカニズムクレジット取得事業の概要について（平成28年1月　環境省　地球環境局　市場メカニズム室）PDF版」　京都メカニズムとは何か（http://www.env.go.jp/earth/ondanka/mechanism/credit/mat160118.pdf）

　図7-1で示されているように**共同実施**（Joint Implementation：JI）、**クリーン開発メカニズム**（Clean Development Mechanism：CDM）、そして**グリーン投資スキーム**（GIS）の制度である。

　京都メカニズムにおける排出量取引制度はキャップ・アンド・トレード（cap and trade）方式を基本としており、参加国における**第1約束期間**の先進国全体での1990年比5.2％のCO_2排出量削減を設定し、各国における**初期割当量**（assigned amount unit：AAU）を配分（日本6％削減等）し、森林や植林などの**吸収源**（sinks）から生み出された**吸収単位**（Removal unit：RMU）を算定し、削減義務を設けた上で**排出量**（emissions）取引市場で取引可能とするものであった。共同実施は先進国内での排出削減プロジェクトの実施に対して、実施された国の**排出削減量**（emission reduction unit：ERU）をクレジットとして発行し、実施国にこれを移転する制度である。クリーン開発メカニズムは、先進国が発展途上国に対して排出削減プロジェクトを実施し、削減量のクレジットを**認定排出削減量**（certified emission reduction：CER）として発行し、実施先進国に配分するというものであった[3]。**図7-2**では国内排出量取引制度について排出枠の設定と取引のイメージが図解されている。京都メカニズムの基本である排出量取引を国内の各企業（企業Aおよび企業B）に排出枠（キャップ）を設定し割り当て、排出枠の余剰分のある企業（企業B）から不足分のある企業（企業A）へ取引（トレード）を認めた制度である。

---

[3]　日本では**二国間クレジット制度**（Joint Crediting Mechanism（JCM））を活用して、東南アジア等に対して技術と支援の取り組みがなされることとなった。環境省ウェブサイト「日本の約束草案（地球温暖化対策推進本部決定　PDF版）」を参照のこと。

[**図7-2　国内排出量取引制度**]

■**公平で透明なルールの下、排出量に限度（キャップ）を設定し、削減の取組を確実に担保する。**
・個々の企業に排出枠（温室効果ガス排出量の限度：キャップ）を設定し、排出削減の確実な実施を担保する。
・中長期的な排出削減に向け、努力した者が報われる公平で透明なルールを構築。

■**排出枠の取引（トレード）等を認め、柔軟性ある義務履行を可能とする。**
・事業者に対し、義務の履行手段として、自分に適した削減手法を選んで自ら削減する方法だけでなく、排出枠の取引等により履行する方法も選べることとし、履行手段の多様性、柔軟性を高めている。
・排出枠の取引により、景気動向等に応じた活動量の変化にも対応可能。

■**炭素への価格付けを通じて経済効率的に排出削減を促進する。**
・費用の少ない排出削減の取組が効率的に選択され、社会全体として効率的な排出削減が行われる。
・より効率的な排出削減技術、低炭素型製品の需要も高まり、低炭素型の技術・製品の開発が促される。

●排出枠の設定と取引のイメージ

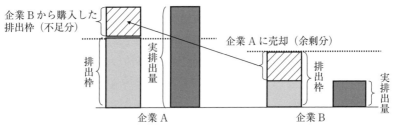

出所：環境省ウェブサイト　政策分野・行政活動　政策分野一覧　地球環境・国際環境協力　地球温暖化対策　排出量取引制度　国内排出量取引制度　制度設計　「国内排出量取引制度について（平成25年7月　環境省地球温暖化対策課　市場メカニズム室）PDF版」　国内排出量取引制度とは
（http://www.env.go.jp/earth/ondanka/det/capandtrade/about1003.pdf）

7-1-2　京都議定書の発効と国際的な地球温暖化対策[4]

　アメリカは2001年3月には京都議定書体制からの離脱を宣言し、発展途上国は削減義務を負わなかったものの、「共通だが差異のある責任」原則に従った世界で初めて国際社会が協力して温暖化に取り組みに合意した大切な一歩となった。2001年開催のCOP7で「**マラケシュ合意**」では、京都議定書実施のルールを決定した。2004年秋にロシアが京都議定書を批准したことで、2005年2月

4　京都議定書発効から「パリ協定」合意までの経緯については、三橋[2013]、環境省ウェブサイト、WWFジャパンウェブサイト等には、時系列的に説明がされている。

京都議定書が発効した。しかし、京都議定書の批准国におけるCO_2排出量は世界全体の約 3 割でしかなく、世界一のCO_2排出国であるアメリカが離脱し、京都議定書が採択後CO_2排出量を増加させた中国やインドなどの途上国が参加していないという先進国主導のCO_2排出削減が難しい状況に置かれた。

　京都議定書では定められなかった「2013年以降」の国際社会による温暖化防止の取り組みについては、2007年のインドネシア・バリ開催のCOP13では、2050年までに世界の温室効果ガスを半減させることが検討され「バリロードマップ」を採択し、2013年以降の新たな枠組みである「ポスト京都議定書」について交渉が開始されたが、2009年にデンマークのコペンハーゲンで開催されたCOP15等でも新しい合意は得られなかった。その後、2011年に南アフリカのダーバンで開催されたCOP17では「ダーバン・プラットホーム」が形成され、各国間の合意形成のための枠組みとなる「ダーバン合意」により新しい交渉プロセスが立ち上げられた。2012年のカタール・ドーハで開催のCOP18では、京都議定書の第 2 約束期間を2020年まで継続し、「2015年までに、2020年からの新しい国際枠組みに合意する」ことが決定された。

　一方、日本国内では、2009年 9 月に民主党政権が成立し、環境省から温室効果ガス排出量の削減に向けて「地球温暖化対策に係る中長期ロードマップ」が提案された。内容は、中期的には、温室効果ガス排出量2020年までに1990年比25％削減、長期的には、2050年までに1990年比80％削減するという目標を掲げたものであった。しかし、2011年 3 月11日に発生した東日本大震災と福島第一原子力発電所の事故は、日本国内の情勢の転換期となり、エネルギー政策に大きな影響を与えた。カタール・ドーハのCOP18の会議では、新たな目標を提示することを控え、京都議定書の第 2 約束期間の2020年までの延長には不参加とし、温室効果ガス削減の数値目標を持たず、独自で取り組むこととした。ただ、2013年11月ポーランド開催のCOP19では、京都議定書の第 1 約束期間の削減実績は8.7％（確定値、2016年 1 月公表[5]。）、6 ％削減目標は達成したこと、

5　環境省ウェブサイト　「京都メカニズムクレジット取得事業の概要について」（PDF版）

2020年の削減目標を2005年比3.8％減とすることを表明した。

2015年11月30日～12月13日までフランス・パリにおいてCOP21が開催され、「パリ協定（Paris Agreement）」が採択され、2016年に発行した。

7-1-3 「パリ協定」の採択と地球温暖化対策[6]

2015年12月にフランス・パリで開催のCOP21では、「京都議定書」に代わる2020年以降の温室効果ガス排出削減等のための新たな国際枠組みとして「パリ協定」を世界約200か国が合意して成立した[7]。パリ協定の内容は、世界の平均気温上昇を産業革命前と比較して2℃より充分低く抑え、1.5℃に抑える努力を追求することを目的とし、21世紀末のなるべく早期に世界全体の**温室効果ガス（GHG）**排出量を実質的にゼロとする「脱炭素化」を長期目標とした世界全体の温暖化対策を継続的に行うことを明確に示した画期的な国際合意である[8]。

「パリ協定」の概要は以下の通りである[9]。

（1）世界共通の長期目標として平均気温の上昇を2℃より十分下方に抑えること（2℃目標）を設定した。更に1.5℃までに抑えるよう努力することに言及した。世界共通の長期目標として2℃目標を設定し、1.5℃に抑える努力を

環境省地球環境局市場メカニズム室、2016年1月発表を参照のこと。

6　パリ協定などについては外務省・環境省・経済産業省資源エネルギー庁ウェブサイト、WWFジャパンウェブサイトを参照のこと。

7　この合意には、持続可能な開発目標（SDGs）のゴール13「気候変動及びその影響を軽減するための緊急対策を講じる。」が含まれている。外務省ウェブサイト「2020年以降の枠組み：パリ協定」を参照のこと。

8　環境省ウェブサイト「COP21の成果と今後（パワーポイント説明資料）　環境省地球環境局　国際地球温暖化対策室　PDF版」（参考）各国の約束草案の提出状況（2015年12月12日時点）には、主要国の約束草案の一覧が示された。

9　外務省ウェブサイト　2020年以降の枠組み：パリ協定、WWFウェブサイト　パリ協定とは？　脱炭素社会へ向けた世界の取り組みを参照のこと。

追求することとした。

　(2)　主要排出国を含む全ての国が削減目標を作成、提出、維持し、その目的を達成するため国内措置を遂行することを規定した。また、削減目標を5年ごとに深掘りし、提出・更新することとした。

　(3)　全ての国が共通かつ柔軟な方法で実施状況を報告し、レビューを受けることとした。

　(4)　適応の長期目標の設定、各国の適応計画プロセスや行動の実施し、適応報告書の提出と定期的更新をすることとした。

　(5)　イノベーションの重要性の位置付けを示した。

　(6)　5年ごとに世界全体として1.5℃目標に沿った削減ができているか等についての実施状況を検討し、レビューすることとした（グローバル・ストックテイク）。

　(7)　先進国が資金の提供を継続することとし、先進国以外の締約国の途上国も自主的に資金を提供することとした。

　(8)　二国間クレジット制度（JCM）も含めた市場メカニズムの活用の位置づけを定めた。

　(9)　発効要件を国数のみならず排出量の二重の基準へとした。

図7-3で示したように**二国間クレジット制度（Joint Crediting Mechanism: JCM）**[10]は、COP26で「パリ協定」全体のルールブックが完成したことにより、クレジットを国際的に移転し、取引する統一ルールが設定された。具体的には、「京都議定書」で制度化されたクレジット発行の「クリーン開発メカニズム（CDM）」より簡易で、効率的で、かつ柔軟な制度であり、パリ協定の第6条に基づく「市場メカニズム」の実施指針である。JCMは途上国と協力して温

10　経済産業省資源エネルギー庁　「あらためて振り返る、「COP26」（前編）～「COP」ってそもそもどんな会議？」、「「COP28」開催直前！知っておくと理解が進む、「COP27」をおさらいしよう」の中で、「パリ協定」ルールブック完成と二国間クレジットの設定について解説されている。

[　図7-3　二国間クレジット制度（Joint Crediting Mechanism：JCM）　]

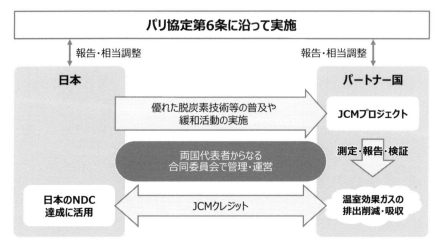

出所：外務省ウェブサイト　外交政策　ODAと地球規模の課題　気候変動　二国間クレジット制度
（JCM）
（https://www.mofa.go.jp/mofaj/ic/ch/page1w_000122.html）

室効果ガスの削減に取り組み、削減の成果を両国で分け合う制度である。「二
国間クレジット制度（JCM）」を促進する「パリ協定6条実施パートナーシッ
プ」立ち上げ、JCMパートナー国（モンゴル・バングラデシュ・エチオピア
等で2023年現在では27か国）への優れた脱炭素技術、製品、システム、サービ
ス、インフラ等の普及や対策実施を通じ、パートナー国での温室効果ガス排出
削減・吸収や持続可能な発展に貢献し、その貢献分を定量的に評価し、相当の
クレジットをわが国が獲得することで、双方の国が決定する貢献（NDC：パ
リ協定において、全ての締約国が5年毎に提出・更新する義務を負う温室効果
ガスの排出削減目標。）の達成に貢献する仕組みである[11]。

11　外務省ウェブサイト　2020年以降の枠組み：パリ協定、経済産業省資源エネルギー庁ウェ
ブサイト　『「COP28」開催直前！知っておくと理解が進む、「COP27」をおさらいしよう』、『「二
国間クレジット制度」は日本にも途上国にも地球にもうれしい温暖化対策』、『温暖化への関
心の高まりで、ますます期待が高まる「二国間クレジット制度」』等を参照のこと。

7-1-4　「パリ協定」発効以降の地球温暖化対策[12]

　2015年の「COP21」で採択された「パリ協定」の1.5℃目標達成のため、できるかぎり早く世界の温室効果ガス排出量をピークアウトし、21世紀後半には、GHG排出量と（森林などによる）吸収量のバランスをとる」ことを世界共通の長期目標として掲げ、途上国を含む全ての参加国に、排出削減の努力を求め、締約国は自国のGHG削減目標である「国が決定する貢献」（Nationally Determined Contribution：NDC）を定める取り組みを進めることとなった。

　2018年12月のポーランド開催の「COP24」では、「パリ協定」を実施するためのルールが決定された。GHG排出削減量を「クレジット」として国際的に移転する「市場メカニズム」に関するルールは、2021年10月31日から11月13日に英国のグラスゴーで開催の「COP26」では、「パリ協定」の実施指針として**ルールブック**が完成した。「パリ協定」の「1.5℃目標」達成に向け、締約国に対し、今世紀半ばの「カーボンニュートラル」と、その経過点である2030年に向けた野心的な気候変動対策を求めるという内容である。

　また、すべての国に対し、排出削減対策が行われていない石炭火力発電のフェーズ・ダウンや非効率な化石燃料補助金からのフェーズ・アウトを含む努力を加速することなども決定文書に盛り込まれた。

　経済産業省資源エネルギー庁ウェブサイト[13]には「**カーボンニュートラル**」について解説されている。2020年10月の菅総理の所信表明演説を引用し、「わが国は、2050年までに、温室効果ガスの排出を全体としてゼロにする、すなわち2050年カーボンニュートラル、脱炭素社会の実現を目指すことを、ここに宣

---

[12]　経済産業省資源エネルギー庁ウェブサイト　『「COP28」開催直前！知っておくと理解が進む、「COP27」をおさらいしよう』、『温暖化対策の国際会議「COP24」で、「パリ協定」を実施するためのルールが決定』、『あらためて振り返る、「COP26」（前編）〜「COP」ってそもそもどんな会議？』、『「カーボンニュートラル」って何ですか？（前編）〜いつ、誰が実現するの？』等を参照のこと。

[13]　経済産業省資源エネルギー庁ウェブサイト　『「カーボンニュートラル」って何ですか？（前編）〜いつ、誰が実現するの？』を参照のこと。

言いたします」と説明されている。また、日本が目指す「カーボンニュートラル」は、「CO_2だけに限らず、メタン、N2O（一酸化二窒素）、フロンガスを含む「温室効果ガス（GHG）」を対象にする」と注記されている。

さらに温室効果ガスについての「排出を全体としてゼロにする」とは、「排出量から吸収量と除去量を差し引いた合計をゼロにする」ことを意味し、排出を完全にゼロに抑えることは現実的に難しいため、排出せざるを得なかった分については同じ量を「吸収」または「除去」することで、差し引きゼロ、正味ゼロ（ネットゼロ）を目指すと説明されている。

近年のCOPでは、「ルール交渉」、「カバー決定交渉」、そして「イベント／イニシアティブ」が議論されてきている。

2022年11月にエジプト・アラブ共和国（シャルム・エル・シェイク）でCOP27が開催された。COP27では「実施のCOP」として、気候変動対策の「実施」にフォーカスがあてられた。理解のポイントは、**「緩和」**と**「適応・ロス＆ダメージ」**という考え方で、「緩和」は、気候変動緩和のためGHG排出を抑えること、「適応」は、すでに起きている気候変動の影響を防止し軽減する備えと、新しい気候条件を利用するための対策をすることである。「ロス＆ダメージ」は、温暖化にともなって発生する損害や損失のことを意味する。

全体の成果として「シャルム・エル・シェイク実施計画」が採択され、１．「1.5℃目標」の重要性を再確認する、２．各国の2030年目標について、「1.5℃目標」に整合的になるよう強化する、そして、３．気候変動がおよぼす悪影響にともなう、「ロス＆ダメージ」に関する基金設置を決定する、以上３点が概要である。

2023年12月にドバイでCOP28が開催された[14]。COPとしては初めて「化石燃料からの脱却」に向けたロードマップを承認した。長く求められてきた石油、

---

[14] 国際連合広報センターウェブサイト 『COP28、化石燃料からの「脱却」を呼びかけて閉幕：「段階的廃止は不可避」とグテーレス事務総長（UN News記事・日本語訳）』、WWFジャパンウェブサイト COP28結果報告、国立環境研究所社会システム領域ウェブサイト『COP28閉幕：化石燃料時代のその先へ』を参照のこと。

石炭、ガスの「段階的廃止」については、「段階的削減」（phase down）でも「段階的廃止」（phase out）でもなく**「脱却」（transition away）**で表現され、2050年ネットゼロを達成するべくエネルギーシステムにおいて化石燃料から転換していくことで合意された。

　パリ協定6条は国際的なカーボンマーケットのルールを決める条項だが、6条2項は、二国間などの分散型のカーボン取引、そして6条4項は、京都議定書時代のクリーン開発メカニズム（CDM）の跡を継ぐもので、国連主導型のカーボンメカニズム、さらに6条8項は、非市場型のメカニズムのルールを決めるものだが、結論は先送りされた。

　エネルギーに関する合意については、**「グローバル・ストックテイクの成果文書」**が提出された。成果文書では、1.5℃目標達成のための緊急行動の必要性を改めて確認し、全ての温室効果ガスおよび産業・運輸・家庭などの全てのセクターを対象とした排出削減、分野別の貢献（2030年までに再生可能エネルギー発電容量を3倍にすること、省エネ改善率を2倍にすること等）が盛り込まれた。各国は2025年までに次期目標（2035年目標）を立てることになり、目標設定のガイドとなるものである。

　CO_2排出削減などの「緩和」対策に対して、世界的な目標を設定し、その中で各国が協働して取り組み体制を改めて整備するという「適応のグローバル目標に関する枠組み」の合意で、水資源・水災害、食料・農業、健康、生態系・生物多様性、インフラ、貧困、遺産保護などの分野別の2030年までの目標を設定し、適応対策の段階ごと（脆弱性の評価から始まって、計画・実行・モニタリングまで）の2030年目標も設定し、そして、今後2年間でこれらの目標をどのように計測していくかを検討する作業計画の発足が決まった。

　COP28の結果概要は以下の7点である。

　（1）気候変動に対して脆弱な開発途上国を支援するための**「損失と損害」**基金がCOP初日に発足。各国は同基金に対し、これまでに数億ドルの拠出を誓約。
　（2）緑の気候基金の資金を補充するために、35億ドル相当をコミット。

（3）後発開発途上国基金（LDC）および特別気候変動基金（SCCF）に対し、新たに総額 1 億5,000万ドル超の拠出を発表。

（4）世界銀行による気候関連プロジェクトへの融資を、年間90億ドル増額（2024年・2025年）。

（5）およそ120カ国が、深刻化する気候変動による影響から人々の健康を守るための行動を加速させるため、「気候および保健に関するCOP28　UAE宣言」を支持。

（6）130カ国超が、気候変動と闘いながら食料安全保障を支援するため、「農業、食料および気候に関するCOP28　UAE宣言」に署名。

（7）66カ国が、冷房関連の排出量を現在よりも68%削減する「世界冷房誓約」に賛同。

　今後の動向としては、国別の気候行動計画である「**自国が決定する貢献（NDC）**」の次回の提出期限は2025年で、各国は自国の行動とコミットメントを十分に引き上げることが期待されている点である。

7-1-5　日本の地球温暖化対策[15]

　環境省ウェブサイト「地球温暖化対策計画（令和 3 年10月22日閣議決定）」では、2016年 5 月以来の 5 年ぶりに改定した地球温暖化対策推進法に基づく政府の総合計画である「地球温暖化対策計画」について説明されている。

　2021年10月22日閣議決定し条約事務局に提出した日本のNDC（国が決定する貢献）等において、地球温暖化対策計画における温室効果ガス排出量・吸収量の目標について、『2050年カーボンニュートラルと整合的で、野心的な目標として、わが国は、2030年度において、温室効果ガスを2013年度から46%削減

15　環境省ウェブサイト「地球温暖化対策計画（令和 3 年10月22日閣議決定）」では、昨今の日本の政策決定の概要、また、環境省・国立環境研究所・全国地球温暖化防止活動推進センターなどのウェブサイトでは、「2021年度（令和 3 年度）の温室効果ガス排出・吸収量（確報値）について」とともに現状および削減計画などについて説明されている。

することを目指す。さらに、50%の高みに向け、挑戦を続けていく。』と掲げた。

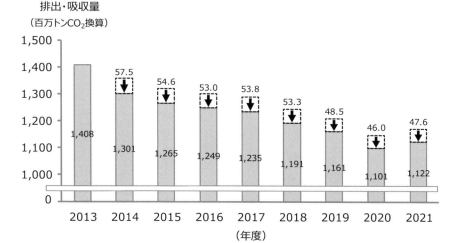

[　**図7－4　温室効果ガス排出・吸収量の推移（確報値**[注1]**）**]

排出・吸収量
（百万トンCO$_2$換算）

注1 「確報値」とは、我が国の温室効果ガスの排出・吸収目録（以下「インベントリ」という。）として気候変動に関する国際連合枠組条約（以下「条約」という。）事務局に正式に提出する値という意味である。今後、各種統計データの年報値の修正、算定方法の見直し等により、今回取りまとめた確報値が再計算される場合がある。なお、2021年度温室効果ガス排出・吸収量の公表より速報値と確報値の公表を一本化した。
出所：環境省ウェブサイト 報道・広報 報道発表一覧 2021年度（令和3年度）の温室効果ガス排出・吸収量（確報値）について
（https://www.env.go.jp/press/press_01477.html）

図7－4で示しているように環境省と国立環境研究所から、2021年度のわが国の温室効果ガス排出・吸収量（確報値）として報告されている。2021年度の温室効果ガスの排出・吸収量は11億2,200万トン（二酸化炭素（CO$_2$）換算）で、前年度比2.0%（2,150万トン）の増加（新型コロナウイルス感染症に起因する経済停滞からの回復により、エネルギー消費量が増加したこと等が主な要因。）となり、2013年度比では20.3%（2億8,530万トン）の減少（エネルギー消費量の減少（省エネの進展等）及び電力の低炭素化（再エネ拡大及び原発再稼働）に伴う電力由来のCO$_2$排出量の減少等が主な要因。）となった。一方で、2021

年度の吸収量そのものは4,760万トンで、わが国の吸収量は４年ぶりに増加（森林整備の着実な実施や木材利用の推進等が主な要因。）に転じたとしている。しかし、冷媒におけるオゾン層破壊物質からの代替に伴うハイドロフルオロカーボン類（HFCs）の排出量は年々増加していることにも言及されている。わが国としては初めて国連への報告についてブルーカーボン生態系のうちマングローブ林による吸収量を算定したとしている。

[　図7－5　我が国の温室効果ガス排出量の推移と目標　]

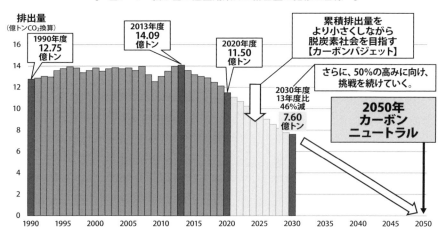

出所：環境省ウェブサイト　政策　政策分野一覧　地球環境・国際環境協力　地球温暖化対策　地球温暖化対策計画（令和３年10月22日閣議決定）
（https://www.env.go.jp/earth/ondanka/keikaku/211022.html）

　図7－5では環境省がわが国の温室効果ガス排出量の推移と目標について、「日本の温室効果ガス排出量データ（1990～2020年度確報値）」、「地球温暖化対策計画」などに作成した資料を示しておく。角野『失業と環境政策の租税分析』［2014］、角野［2011］、角野［2012］は環境税制改革の理論分析を試み、二重配当効果などの分析を行っている。

‖7-2 外部性の理論[16]‖

　外部性（externality）とは、ある経済主体の行動が市場メカニズムを通じずに他の経済主体に影響を及ぼすことである。教育とか、予防接種などのように周りにも良い影響を与える場合を**正の外部性**もしくは**外部経済**（external economy）といい、工場による河川の汚染や大気汚染という公害などの人々に悪い影響を与える場合を**負の外部性**もしくは**外部不経済**（external diseconomy）と呼んでいる。本節では、これらの外部性について眺めてみることにする。

7-2-1　金銭的外部性と技術的外部性

　外部性を議論する場合、経済的な影響の与え方に関して、大きく2つに分けて考えることとし、次のように定義されている。外部効果が市場の価格メカニズムを経由してもたらされる場合を**金銭的外部性**（pecuniary external effects）、そして外部効果が市場の価格メカニズムを経由しない場合を**技術的外部性**（technological external effects）と呼んでいる。高速道路の開通を例にとって考えてみることにしよう。A市とB市間は、一般国道を経由して移動する場合、片道2時間程の所要時間を必要としていたとする。しかし、A市とB市間に新たに高速道路が開通し、所要時間が片道1時間に短縮されたとする。このような高速道路の開通という直接的な影響の他に、物流が活発化し、新たな企業が誘致され、生産規模が拡大する。そして、人々の交流も活発化し、新たに宅地造成が行われたり、マンションの建設というような影響があるだろう。そして、A市とB市の立地条件の向上から地価が高騰し、その結果、マンションの価格もしくは賃貸料なども高くなるかもしれない。このように土地の市場から住宅の市場に波及効果をもたらすような場合が金銭的外部性である。しか

---

[16] 関連する内容は、植田［1996］、大路［1993］、岸本［1998］、岸本他編［1998］、コルスタッド［2001］、ジーベルト［2005］、柴田［2002］、Rosen［2005］、吉田［1996］等を参照のこと。

し、一方では、多くの新たな工場が誘致されたことで、新たな問題も派生する可能性がある。工場の生産活動による河川の汚染や大気汚染のような公害の問題である。これは技術的外部性である。このように現実的には、多くの外部性が同時に発生するであろうから、金銭的外部性を考察する意義は大きい。しかし、経済学で理論的な分析を行う場合、外部性もしくは外部効果をさす時、技術的外部効果を意味することが通常である。そこで、本節のこれからの議論では、技術的外部性を単に外部性として考えることにする。

7-2-2　負の外部性

　ここでは、負の外部性を考察するために、生産に外部不経済がある場合を例に取ることにしよう。ある企業の生産活動によって河川の汚染や大気汚染のような公害を発生させる状況を考える。ある川の上流には鉄鋼もしくは製紙工場という加害企業（企業１）が存在し、その生産に伴って公害を発生させるとする。生産活動に伴う汚水は浄化されずに川に排出される場合、川下には住民あるいは他の企業である被害企業（企業２）が存在し、河川の汚水という損失を被ることを想定する。

[　図7－6　負の外部性　]

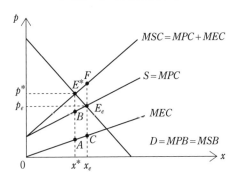

図7－6では例で取り上げた負の外部性の状況が示されている。横軸には企

業1の生産量x、縦軸には価格pをそれぞれとることにする。企業2は企業1の生産物であるxを需要することで便益を得るから、図中ではxの生産1単位あたりから得る便益を**社会的限界便益**（marginal social benefit）**曲線MSB**とし、MSBは逓減することを仮定する。ここで、正の外部性は存在しないとするから、**私的限界便益**（marginal private benefit）**曲線MPB**は社会的限界便益曲線と等しく需要曲線を表すものとする。

$$D = MSB = MPB \tag{7-1}$$

企業1のxの生産1単位当たりにかかる費用を**私的限界費用**（marginal private cost）**曲線MPC**とし、私的限界費用は逓増すると仮定する。さらにの生産1単位あたりから排出される汚水を**限界外部費用**（marginal external cost）**曲線MEC**とし、限界外部費用は逓増するとする。したがって、企業2は追加的な企業1の生産に伴って負の外部性の影響を受けて、さらに損失は大きくなると想定される。

まず企業1が、河川の汚水の浄化の義務を負っていない場合の利潤最大化行動を考える。この場合、企業1は限界外部費用MECを考慮せずに生産するから私的限界費用MPCが供給曲線Sとなる。したがって、（7-1）を考慮すれば、社会的限界便益MSBと私的限界費用MPCの交点E_eで市場は均衡し、x_eが生産され、価格はp_eとなる。

次に社会的な効率性の観点から考察するならば、企業1は河川の汚水の浄化の義務を負うことになるから、私的限界費用MPCに限界外部費用MECを加えたものが**社会的限界費用**（marginal social cost）**曲線MSC**となり、

$$MSC = MPC + MEC \tag{7-2}$$

が成立する。この場合（7-1）、（7-2）を考慮すれば、社会的限界便益MSBと社会的限界費用MSCの交点E^*で市場は均衡し、x^*が生産され、価格はp^*となる。

この分析では、**図7−6**から以下のような特徴が見てとることができる。第1には、負の外部性が存在すると、限界外部費用MECを考慮しない生産量は

x_eとなり、MECを考慮する生産量x^*と比べて過剰生産であることが分かる。

第2には、効率性は生産量をx_eからx^*に減らすべきことを示唆する。これは次のことから理解される。もし生産量をx_eからx^*に減らすと、企業1はMSBとMPCの差であるE^*BE_e分だけ利潤の損失を被る。

一方、企業2は企業1の生産量の減少により便益を受ける。生産量のx_eからx^*の減少分に関連するMECのx^*ACx_e分だけ外部費用が減少したことで便益を受ける。ただし、図中では、x^*ACx_eはBE^*FE_eは等しい。

したがって、生産量x_eからx^*への減少は、企業1の損失がE^*BE_e分、企業2の便益がBE^*FE_e分であるから、BE^*FE_eとE^*FE_eの差E^*FE_e（$=BE^*FE_e-E^*BE_e$）分だけ社会的余剰は増加することになる。

言い換えれば、生産量x_eからx^*への減少による社会的総便益の減少分は$E^*E_ex_ex^*$である。一方、社会的総費用の減少分は$E^*Fx_ex^*$である。したがって、社会的余剰はE^*FE_e（$=BE^*FE_e-E^*BE_e$）分だけ増加する。

第3には、分析から汚染がゼロであることが社会的に必ずしも望ましいとは言えないことである。これは費用と便益のトレード・オフであり、最適性とは汚染の正の水準を認めることである。逆に言えば、汚染を一切認めないとすれば、全ての生産活動を停止させることになり、これは明らかに非効率的である。

7-2-3　正の外部性

ここでは、正の外部性を考察するために、消費に外部経済がある場合を例に取ることにしよう。中学・高校教育が市場で供給された場合を例にとり考える。最近は、少子化にも係らず中学校受験が累増しているが、私立学校では中・高一貫教育という教育サービスが受けられる。これは中学・高校教育は、生徒たちに豊かな思考能力、情操教育を養うことになり、学校生活の経験から社会的意識を身に付けることが出来るからである。これは中学・高校教育を受けた本人だけでなく親を含めた周囲の人々に対しても文化的にも、経済的にも良い影響を及ぼすことになり社会的に豊かなものとなる。ここで中学・高校教育を受ける生徒と、周囲の人々として生徒の親を想定する。

[**図7-7 正の外部性**]

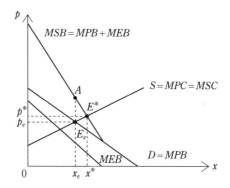

図7-7では例で取り上げた正の外部性の状況が示されている。横軸には中学・高校教育の時間x、縦軸には価格pをそれぞれとることにする。生徒の中学・高校教育xの教育時間1単位あたりから得る便益を私的限界便益（marginal private benefit）曲線MPBとし、需要曲線Dである。生徒の中学・高校教育xの教育時間1単位あたりにかかる費用を私的限界費用（marginal private cost）曲線MPCとし、逓増すると仮定し、負の外部性は存在しないとするから、社会的限界費用（marginal social cost）曲線MSCと等しくなる。

$$S = MPC = MSC \qquad (7\text{-}3)$$

中学・高校教育xの教育時間1単位あたりから周囲に影響を与える分を**限界外部便益**（marginal external benefit）**曲線**MEBとし、逓増すると仮定する。したがって、**社会的限界便益**（marginal social benefit）**曲線**MSBは、私的限界便益MPBと限界外部便益MEBを加えたものであり、次のようになる。

$$MSB = MPB + MEB \qquad (7\text{-}4)$$

この場合（7-3）、（7-4）を考慮すれば、社会的限界便益MSBと社会的限界費用MSBの交点E^*で市場は均衡し、x^*が教育サービス、価格はp^*となる。

この分析では**図7-7**から以下のような特徴が分かる。第1には、正の外部

性が存在すると、限界外部便益MEBを考慮しない教育サービスはx_eとなり、MEBを考慮する教育サービスx^*と比べて過少供給であることが分かる。

第2には、教育サービスがx_eからx^*へ増加したことによる社会的総便益の増加分は$AE^*x^*x_e$である。一方、社会的総費用の増加分は$E_eE^*x^*x_e$だから、社会的余剰はAE^*E_e（$=AE^*x^*x_e-E_eE^*x^*x_e$）分だけ増加する[17]。

▌7-3 自発的交渉による外部性の内部化[18]▌

　外部効果が存在し、市場での資源配分の効率性が損なわれる場合、この状況を改善する必要がある。外部性を解決するためには、外部効果の発生原因を理解し、解決策を考察する必要がある。そこで改善には、パレート基準を用いて、パレート的に現状よりも優位な資源配分の状況にパレート改善することを検討することになる。そのためには、外部性を発生させる加害者と被害を受ける被害者との当事者間の自発的な直接交渉により問題を解決させる誘引を与えることであり、これを**外部性の内部化**（internalization of externalities）と呼ぶ。前節の例で取り上げた川上の河川の汚水を排出する加害企業に対して、川下の被害企業に河川の汚水が与える便益の減少という外部費用を考慮させて、私的な費用に算入させるというような内部化の種々の方法を検討することである。

　政府のような第3者の介入の必要性を検討するのではなく、当事者間の自発的交渉にパレート改善による最適解の達成の可能性を示したのは、1991年にノーベル賞を受賞したロナルド・コース（Ronald Coase）である[19]。コースは、外部性の原因を**財産権**（property right）の所在が設定されていない点と考え

---

17 2020年初頭からのコロナ禍でのマスク着用は、正の外部性の例である。マスク着用により、自分の感染を防ぐとともに、周囲への感染を防ぎかつ周囲への不安を抑制することができる（正の外部性）と考えることができるだろう。

18 関連する内容は、植田［1996］、大路［1993］、岸本他編［1998］、コルスタッド［2001］、ジーベルト［2005］、柴田［2002］、篠原他［1999］、矢野［2001］等を参照のこと。

19 Coase［1960］の論文に理論的な分析がある。

た。そこで、財産権が確定すれば、自発的交渉の場が創出され、外部性が解決されるとした。そこで本節ではコースの定理を取り上げて、自発的交渉による外部性の内部化について考察することにしよう。

7-3-1　コースの定理

　コースの定理（Coase's theorem）を考える上で前提となるのが当事者間の交渉に伴う取引費用がゼロであり、財産権の社会的な合意が存在することである。この場合には当事者間の直接交渉で外部性に伴う非効率性が解決されるというものである。コースの定理は次の通りである。

【コースの定理】

　当事者間の交渉による取引費用がゼロであり、財産権が当事者間のどちらにあるかが社会的に確立しているならば、財産権がどちらにあったとしても、当事者間の自発的交渉によって社会的に望ましいパレート効率的な資源配分が実現可能である。

　前節で取り上げた川上に加害企業そして川下に被害企業の例を考えよう。ここでは、川下の被害企業に河川が汚染されない環境を享受する権利（環境権）もしくは河川の汚水を供する権利（拒否権）が存在するのか、逆に、川上の加害企業に河川を自由に汚染させることの出来る権利（発生権）があるのかが社会制度的に確立していなければ、外部効果が生じるというのがコースの主張である。このように発生権を認めるのか、拒否権を認めるかという財産権の設定の問題が重要となってくる。そこで各場合に分けて考察することにしよう。

7-3-2　外部性に拒否権（環境権）が存在する場合

　まず、川下に隣接する住民や企業には汚染されていない河川を享受する権利（環境権）が制度的に確立しており、加害企業による河川の汚水に対して拒否権を行使して、損害賠償を請求できる場合を考えてみよう。この場合、川上の

加害企業は生産活動を行うためには、川下の被害企業に対して補償金を支払うことで河川への汚水が許可されることになる。したがって、加害企業と被害企業の間で補償金をいくらにするかを直接交渉することで外部性の問題が解決されることになる。

[　図7-8　自発的交渉による外部性の内部化　]

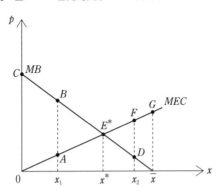

図7-8において自発的交渉による外部性の内部化について示している。川上の加害企業が河川の汚水の浄化処理を行わない場合の生産による限界利益をMBとし、川下の被害企業が河川の汚染による損失を被る場合の限界外部費用がMECで示されているとする。

川下の被害企業に外部性の拒否権（環境権）が存在する場合、河川は汚染されていないことが前提となるから、交渉は加害企業の生産量がゼロからはじまることになる。まず加害企業は被害企業に対して、生産量x_1の生産の許可に対して、河川汚水の補償金を出す交渉を行う。この場合、加害企業は被害企業に図中の$0Ax_1$分の外部効果による損失を補償金で支払うと提案する。この場合、加害企業は生産量がゼロ比較して、x_1の生産量であれば、粗利益として$0CBx_1$分が得られる。そして、補償金を$0Ax_1$分支払ったとしても、純利益として$0CBA$分を得ることができるからである。社会的余剰の観点からすれば、生産活動により当事者間に分配可能な原資として、$0CBA$分が余剰として出ること

になる。したがって、この余剰分を当事者に分配することで自発的な直接交渉の可能性が生じることになる。

　そこで、加害企業は分配可能原資を用いて「生産量x_1に対する補償金を$0Ax_1$よりわずかに上回る額」を提示する。加害企業は、補償金を$0CBx_1$よりわずかにでも下回っていれば利益を得ることができるから自発的に交渉を提案する一方で、被害企業は拒否権を発動するよりも、この提案を受け入れて分配原資を受け取ったほうが利益を得ることになる。したがって、提案は受け入れられて交渉は成立することになる。ただし注意しておくべきことは、分配原資の分配割合は、当事者間の相対的な交渉能力などによって左右される。

　さらに同様な交渉が当事者間で行われ、追加的な分配原資がなくなるまで続くことになる。そして、x^*の生産水準では、加害企業の限界利益と被害企業の限界外部費用が一致するから、分配原資がゼロとなり、交渉の余地がなくなり、この生産水準が最終的な交渉結果による河川汚水水準となる。

7-3-3　外部性に発生権が存在する場合

　次に川上の生産活動を行う企業に河川に汚水を排出する権利（発生権）が制度的に確立しており、自由に河川に汚水を流すことができる場合を考えてみよう。この場合、川下の被害企業は河川の汚水の排出を抑えるために川上の加害企業に対して補償金を支払うことになる。したがって、外部性に環境権が存在する場合と同様な当事者間の補償金の直接交渉で外部性の問題が解決されることになる。

　図7-8では川上の加害企業に外部性の発生権が存在する場合、河川に自由に汚水を排出できるから、限界利益が最大になるまで生産量を拡大するから、交渉は加害企業の生産量が$\bar{x}$からはじまることになる。

　まず被害企業は加害企業に対して、生産量$\bar{x}$からx_2への削減による限界利益の減少分の補償金を出す交渉を行う。この場合、被害企業は加害企業に図中の$\bar{x}Dx_2$分の限界利益の減少分を補償金で支払うと提案する。この場合、加害企業は生産量減少による限界利益の減少分が補償金で補填されるならば、損失はな

く、交渉のインセンティブが生じる。一方、被害企業は生産量$\bar{x}$からx_2への削減により限界外部費用は$\bar{x}GFx_2$分だけ削減されるから、$\bar{x}Dx_2$分の補償金を提示しても、さらに分配原資として$\bar{x}GFD$が余剰として出る。したがって、この余剰分を当事者に分配することで自発的な直接交渉の可能性が生じることになる。そこで、被害企業は分配可能原資を用いて「生産量$\bar{x}$からx_2への削減による限界利益の減少分の補償金を$\bar{x}Dx_2$よりわずかに上回る額」を提示する。この提案は、当事者間の双方に利益があり交渉は成立する。分配原資の分配割合は、当事者間の相対的な交渉力に依存する。

さらに同様な交渉が当事者間で行われ、追加的な分配原資がなくなる生産量x^*の水準まで続く。この生産水準が最終的な交渉結果による河川汚水水準となる。

7-3-4 コースの定理と財産権の確立

2つの例で見てきたように財産権が加害企業にあって発生権があったとしても、被害企業に拒否権（環境権）があったとしても、当事者間の直接的な自発的交渉によって、最終的に合意される河川の汚染水準は等しくなることが分かった。コースの定理によれば、付帯条件が整い自発的に直接交渉が行われるのであれば、資源配分の効率性の観点からすれば、第3者として政府などによる公的介入は必要がないことになる。

しかし、財産権を社会的に確立させるためには、政府の役割は重要である。取り上げた例では、加害企業に発生権を付与するのか、被害企業に拒否権（環境権）を付与するのかは大切な問題である。ここで加害企業が大企業であり、被害企業が零細企業であるとしよう。これは鉄鋼業や製紙工業が大企業であり、漁業を営むものは家内工業的であることからすれば、現実的な想定である。この場合、被害企業が社会的弱者であり、所得分配上で有利な立場を確保するためには拒否権（環境権）を与えるべきだという社会正義的な主張がコースの定理から示唆される。このことから政府の被害企業への環境権の付与が正当化されることになる。ただし、無条件で社会的弱者に財産権を付与することが正し

いとは限らないから、政府の介入が重要な役割を担うこととなる。

‖7-4　公的介入による外部性の内部化[20]‖

　コースの定理が示唆するのは、交渉費用などがゼロであり、そして財産権が社会的に確立している場合に、自発的な交渉によりパレート効率的な配分が達成されるというものであった。しかし、現実にはこのような状況が存在することはなく、財産権を誰に付与するのかなどの制度的な要因の整備が必要であり、資源配分を効率的に行い、そして、分配を公平にするためには、第3者としての政府の役割が重要となり、そして、公的介入が必要となってくる。また、交渉費用が莫大であり、当事者間の直接交渉は現実的に難しい場合、政府が租税政策もしくは規制などを施行する必要性も出てくる。そこで本節では、租税制度としてピグー的租税・補助金政策およびボーモル・オーツ税を考察する。

7-4-1　負の外部性とピグー税

　市場に外部性が存在し、資源配分の効率性が歪められている経済状況で、自発的な交渉手段で外部性が内部化されない場合、政府が外部性を内部化する政策手段を最初に提案したのがピグー（A. C. Pigou）である。これは外部不経済から被害者が被る限界外部費用と同額分の税を外部不経済の発生要因に課税することで資源配分の効率性を回復させることを提唱した**ピグー税**（Pigovian tax）と呼ばれている租税政策手段である。

　ここで前節で用いた鉄鋼もしくは製紙工場が河川の汚水を排出するという外部不経済の例を再度取り上げることにする。**図7−9**ではピグー税の課税が示されている。ピグー税は、最適生産量 x^* における私的限界費用 MPC と社会的限界費用 MSC の差 AE^* に相当する限界外部費用 MEC を税額 t として鉄鋼もし

20　関連する内容は、井堀［2001］、植田［1996］、大路［1993］、岸本他編［1998］、コルスタッド［2001］、ジーベルト［2005］、柴田［2002］、矢野［2001］等を参照のこと。

−225−

[図7-9 負の外部性とピグー税]

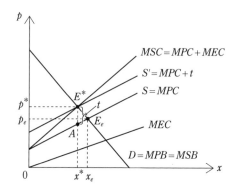

くは製紙の単位当たりの生産に税を課すことである。ピグー税の課税手法は、外部不経済を伴う鉄鋼もしくは製紙の生産の私的限界費用に税額tを付与することで社会的限界費用と一致させ、税込みの市場価格をp_eからp^*に引き上げ、生産量をx_eから最適な生産量x^*に削減させることにある。ピグー税によって、加害企業は最適な生産量x^*での限界外部費用AE^*分を私的限界費用の一部としてみなすことが要請されることにより、外部不経済が内部化されることになる。

　ここで、$t×0x^*$の面積がピグー税の課税による政府の税収となる。そして、例えば他の財市場に価格変化の歪みをもたらさないためには、個別な財への補助金として支出するのではなく、所得分配に影響しない一括補助金として支出されることなどが想定される。

　しかし、ピグー税は現実的な実行可能性の面からすれば、困難であることが最大の問題点である。例えば、政府がピグー税の税率を決定するためには、外部性を発生させる生産に関する限界外部費用の形状を知っている必要がある。しかし、このための情報を政府が収集し、政府が税率を決定し、実行するのは極めて困難な作業であると言わざるをえない。

　そこで次節からは、必要情報量が比較的小さく、実際に政府が環境税として導入することができると言われる直接規制に関して考えてみることにしよう。

7-4-2　負の外部性とボーモル・オーツ税

　ピグー税により最適な生産水準を決定し、最適汚染水準を達成させることは現実的に困難であるから、直接規制として排出量の規制という削減目標を設定し、実現可能な環境税を導入することが検討される。ボーモル（W. J. Baumol）とオーツ（W. E. Oates）によって考案されたボーモル・オーツ税を取り上げることにしよう。**ボーモル・オーツ税**は、自然科学的な知見に基づいた科学的根拠により決定された汚染の排出水準（環境水準）を規制目標排出量もしくは排出削減目標量として定め、目標水準が達成されるような税率を試行錯誤的に変動させて、目標値を達成させる政策手段である。ピグー税は、政府が情報を獲得し、最初に最適な生産水準と汚染水準を決定するのに対して、ボーモル・オーツ税は、試行錯誤の結果、最終的に排出水準（環境水準）が達成される税率が決まることになるから、より現実的に実行可能な政策手段であると考えられている。しかし、税率の試行錯誤的な変更が容易であるとは言いがたく、やはり実行可能性の困難さは生じてくる。

7-4-3　負の外部性とピグー的補助金

　7-4-1で議論した外部不経済がある場合を再度考える。負の外部性の発生源である鉄鋼もしくは製紙工場の加害企業に最適生産水準x^*における限界外部費用分のピグー税tを課税する代わりに、ピグー的補助金sを与える政策である。**図7-9**ではピグー税で政府税収となった$t \times 0x^*$分が、加害企業の補助金$s \times 0x^*$と読みかえることになる。これは加害企業がもし生産を最適なx^*以上に拡大すれば、獲得できたはずの補助金を失うことになる。これは加害企業の機会費用として認識され、補助金は私的限界費用の一部として組み込まれる。したがって、加害企業はピグー税と同様に私的限界費用＋補助金の下で、最適なx^*の水準で生産を行うことになる。

　負の外部性が存在する場合、ピグー税でもピグー的補助金でも資源配分の観点からすれば最適な生産x^*が達成される。ただし、ピグー税は加害企業の費用となり、ピグー的補助金は加害企業の利益となる。汚染源となる加害企業が

課税の負担が難しく、自発的な汚染削減が出来ない場合、政府による補助金政策は有効な手段であるかもしれない。しかし、どちらの政策手段を用いるかは、ピグー的補助金の問題点を考慮した上で検討されるべきである。

　第1に、外部不経済の存在する特定の産業に補助金を与えることは、他の産業と比べて有利となり、新規参入が生じ、汚染は広がる可能性がある。

　第2に、補助金の財源として他の租税、例えば所得税の増税などに求めた場合、新たな所得分配上の歪みをもたらすことになり、労働インセンティブの減少などの問題が生じる可能性がある。

7-4-4　正の外部性とピグー的補助金

　次に7-2-3で考えた中・高校教育のような正の外部性がある場合の例を再度取り上げる。教育に対する補助金とは、教育サービスを受ける側への奨学金制度や教育費減税などが考えられる。

[　図7-10　ピグー的補助金　]

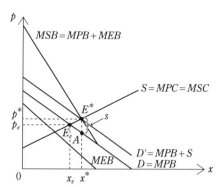

　図7-10ではピグー的補助金が示されている。ピグー的補助金は、パレート効率的な教育サービスx^*における教育を受ける側の私的限界便益MPBと社会的限界便益MSEの差AE^*に相当する限界外部便益MEBを補助金sとして教育サービス単位当たりに補助金を与えることである。ピグー的補助金sで私的限

界便益を社会的限界費用と一致させることは、補助金込みの市場価格をp_eからp^*に引き上げとなるが、教育サービスはx_eから最適なx^*に増加する。しかし、補助金により実質的な教育サービスの価格はp^*からsを差し引いた分である。ピグー的補助金によって、最適な教育サービスx^*での限界外部便益AE^*分を私的限界費用の一部としてみなされるから、外部経済が内部化される。ここで、$s×0x^*$分がピグー的補助金による政府の支出となる。

‖7-5 政府による直接規制[21]‖

　政府が汚染物質の排出を規制し、最適な汚染水準を達成させること政策である。例えば、自動車から排出されるNOx及びPMの総量を削減する**自動車NOx・PM法**、**排出ガス規制**、騒音などに対しては自動車交通騒音・振動対策、そして、汚濁負荷量を全体的に削減しようとする水質総量規制である**水質汚濁防止法**、工場及び事業場における事業活動並びに建築物等の解体等に伴うばい煙、揮発性有機化合物及び粉じんの排出等を規制し、有害大気汚染物質対策の実施を推進し、並びに自動車排出ガスに係る許容限度を定める大気汚染防止法などの政府規制が行われている。まず、**図7−6**のピグー税の場合と同様に、1企業に対しての直接的な数量規制を考える。次に、産業内に複数企業が存在する場合の規制を検討する。

7-5-1　数量規制−1企業の場合−

　7-4-1のピグー税の場合と同様な産業内には汚染を排出する加害企業が1企業である場合の直接的な数量規制を考える。政府の排出量の直接規制は、政府が最適な汚染水準を知っていて、汚染の規制値を定め、最適生産量x^*に生産

21　環境省ウェブサイトには様々な政府規制が記載されている。また関連する内容は、植田[1996]、大路[1993]、岸本他編[1998]、コルスタッド[2001]、ジーベルト[2005]、柴田[2002]等を参照のこと。

量を減少させることになる。この場合の、価格はピグー税と同様にp^*となる。しかし、ピグー税とは違い、$t \times 0x^*$分の税収分が企業には利益となり、たとえ政府が最適な汚染排出量を知らなくとも、同量の規制値であれば、ピグー税よりも排出量規制の方が企業としては有利となる。また、政府の直接規制であれば、ピグー税のような企業の私的限界費用曲線、限界外部費用曲線などの正確な情報を必要とせず、規制値までは確実に汚染量排出は削減できるというメリットもある。

7-5-2　数量規制－２企業の場合－

　次に鉄鋼または製紙産業内に汚染を排出する加害企業が２企業（Ａ企業、Ｂ企業）である場合の直接的な数量規制を考える。この場合２企業では限界利益曲線の形状が違う場合を想定する。

[　**図7－11　数量規制－限界削減費用均一方式－**　]

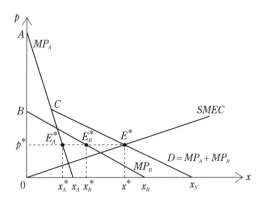

　図7－11では、横軸に生産量、縦軸に金額とる。生産に伴う河川の汚水量は生産量に比例すると想定する。ここでＡ企業、Ｂ企業のそれぞれの生産から排出される追加的な河川の汚水量に伴う利益を限界利益曲線MP_A、MP_Aとして、図中ではAx_A、Bx_Bで示す。政府からの規制が存在しないとき、両企業は排出

からの限界利益がゼロになるまで生産を続けるから、図中ではA企業、B企業、それぞれx_A、x_Bである。社会全体の排出限界利益曲線は、両企業の曲線の水平和で求められ、社会的な汚染需要曲線D（$=MP_A+MP_B$）で示され、図中ではACx_Sであり、社会的総生産量はx_Sで示されている。一方、河川の汚水排出による社会的限界外部費用曲線$SMCE$で示されるとする。この場合、社会的な最適生産量（最適汚染量）水準は、社会的な汚染需要曲線Dと社会的限界外部費用曲線$SMCE$の交点E^*におけるx^*となる。したがって、社会的な生産水準をx_Sからx^*に削減することが要請される。削減方法として限界削減費用均一方式と削減量均一方式が考えられる。

【限界削減費用均一方式】

　これは各企業が汚染量を追加的に削減するときに損失する利益を均一化する方式である。**図7−11**では、社会的な最適生産量（最適汚染量）水準x^*での限界削減費用はp^*で、各企業が均一化し、A企業が削減量$x_A x_A^*$、B企業が削減量$x_B x_B^*$と配分される。

【削減量均一方式】

　これは社会全体で削減が必要な量$x_S x^*$を両企業に均一に配分する方式である。**図7−12**ではA企業が削減量$\bar{x}_A x_A^*$、B企業が削減量$\bar{x}_B x_B^*$で均一に配分され、$x_S x^*=\bar{x}_A x_A^*+\bar{x}_B x_B$となる。この場合に限界削減費用均一方式で削減する場合と比較すれば、A企業は、図中斜線部分の$x_A^* E_A^* \bar{E}_A \bar{x}_A$分の利益を余分に失い、B企業が図中斜線部分の$\bar{x}_B \bar{E}_B E_B^* x_B^*$分の利益を失わずに利益を得る。したがって、限界削減費用均一方式と比較すれば削減量均一方式では、A企業の損失分はB企業が利益を得た分より大きいから、$x_A^* E_A^* \bar{E}_A \bar{x}_A - \bar{x}_B \bar{F}_B E_B^* x_B^*$分の社会的な利益損失となる。

　政府が直接的な数量規制を行う場合、削減量均一方式より限界削減費用均一方式のほうが優れていることが分かる。しかし、最大の問題点は、政府が社会的に最適な生産量および汚水排出量を規制により実現するためには、加害企業

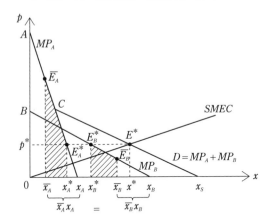

[　**図7-12　数量規制-削減量均一方式-**　]

の個別の限界利潤曲線および社会的限界外部費用曲線の情報を知っている必要がある。

‖7-6 排出権市場の創設[22]‖

　二酸化炭素の排出による大気汚染、産業廃棄物などの河川への排出による河川の汚染のような汚染物の排出量削減を最小費用で効率的に実現手段として汚染権市場を創設する方法である。

　地球温暖化や環境破壊の防止策として京都議定書が締結されたが、その中で「京都メカニズム」と呼ばれている「排出権」を認め、各国間で排出権が売買できる制度である[23]。売買可能な排出権の発想はデイルズ（J. H. Dales）によて最初に提唱された[24]。本節では、排出権市場の創設について、簡単なモデルを

---

[22] 関連する内容は植田［1996］、大路［1993］、岸本他編［1998］、コルスタッド［2001］、ジーベルト［2005］、柴田［2002］等を参照のこと。

[23] 京都メカニズムによる排出権市場については、7-1節で詳しく述べられている。

[24] Dales［1968］を参照のこと。

用いて理論的に説明することにしよう。

7-6-1 排出量取引制度

7-5-2で考察した鉄鋼もしくは製紙産業において加害企業が2企業の場合を再度考えることにする。前節では数量規制によって最適生産量（最適汚染排出量）を決めたが、本節では河川への汚水排出量に対して「排出権」を定めて、排出権市場を創設する排出量取引制度を考えてみよう。

[**図7−13　排出量取引制度**]

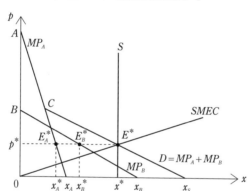

　図7−13は**図7−11**が再掲示されている。図中では、数量規制の場合と同様に社会全体の限界排出利益曲線は、A企業とB企業の両企業の限界排出利益曲線の水平和で求められ、社会的な汚染需要曲線D（$=MP_A+MP_B$）で示され、河川の汚水排出による社会的限界外部費用曲線$SMEC$で示されている。この場合、社会的に最適生産量（最適汚染量）水準は、社会的な汚染需要曲線と社会的限界外部費用曲線$SMEC$の交点E^*におけるx^*となる。そこで、政府はこの情報を知っているとすれば、社会全体の汚水排出量の上限をx^*と設定する。政府は排出量上限x^*を排出権として決め、排出権市場で供給するという排出量取引制度を定める。図中では排出量の供給曲線が垂直のSで示されている。排

出権の価格は、社会的な汚染需要曲線Dと排出量供給曲線Sの交点E^*におけるp^*になる。

p^*の下で、A企業はx_A^*、B企業はx_B^*の生産を行い、それに伴う排出権を購入する。結果として、ピグー税、数量規制と同様に各企業の限界利潤が均等化するように各企業の生産量および汚染排出量が決まることになる。

7-6-2　京都メカニズムと排出量取引[25]

　京都メカニズムにおける排出権の設定と排出権市場における各国間での排出量取引の状況について考えてみることにしよう。京都メカニズムでは、先進40カ国全体として、2008年から2012年の間に、1990年比で温室効果ガスの平均排出量を5.2%削減することである。削減率は、各国で異なっており、例えば、日本6%減、ロシア、ウクライナ、ニュージーランドなど0%であった。ここでは7-6-1で考察した2企業の排出量取引制度を、例えば京都メカニズムにおける日本とニュージーランド間の排出量取引として考えてみることにしよう。

　図7-14では京都メカニズムにおける排出量取引の状況が示されている。これは**図7-13**で示したA企業とB企業を図Aをニュージーランドの企業、図Bを日本の企業と想定して図示したものである[26]。京都議定書では、温室効果ガスの削減目標値を削減率で設定しているので、排出量で図式化することは厳密には同一ではないが、仮に平均排出量の5.2%削減が排出量x^*の目標値になると考えることにしよう。この時、日本の6%減がx_B^*に相当し、ニュージーランドの0%減はx_A^*に相当すると考えることにする。ここで用いるx^*、x_B^*およびx_A^*は、前節までの数量規制もしくは排出権市場での議論から導かれた最適な生産量（汚染排出量）として定められたものであり、これらと京都議定書で定められた削減目標率が仮に一致しているとして議論をすすめることにする。

25　7-1節の環境政策を参照のこと。また、環境省ウェブサイト（http://www.env.go.jp/）「地球温暖化対策のための税制のグリーン化について」の中で「京都議定書目標達成計画」が詳しく記載されている。

26　実際に日本とニュージーランド間で排出量取引が行われたわけではない。

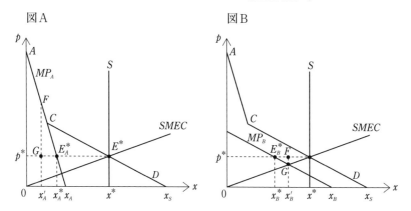

[**図7-14 京都メカニズムと排出量取引**]

さて京都議定書による第 1 約束期間において、日本は1990年比で排出削減率6 ％であったが、2004年当時では8.3%増となっており、合計14.3の排出量削減が必要であったが、一方、ニュージーランドは排出削減率 0 ％であり、1997年時点では1990年比30%のCO_2削減が達成されており、削減枠に余剰が存在していた。これを**図7-14**で考えるならば、ニュージーランドはx_A^*の水準を大きく下回るx_A'の水準が達成されており、日本はx_B^*の水準を大きく上回るx_B'の水準しか達成されていないとしよう。

ここで、京都メカニズムによる温室効果ガスの「排出権」が設定され、その市場価格が、最適生産量（最適汚染排出量）水準x^*でp^*とする。この時、ニュージーランドは削減余剰枠$x_A'x_A^*$分を排出権として販売し、日本は削減超過枠$x_B'x_B^*$分を排出権市場で購入する。ニュージーランドが販売する排出権$x_A'x_A^*$分が日本の購入する$x_B^*x_B'$分が等しいから、結果として平均削減率の目標値として設定されるx^*が達成される。

さて両国の限界利益もしくは限界排出削減費用を見てみよう。ニュージーランドは、x_A'からx_A^*に生産量を拡大すれば、利益追加分は$x_A'FE_A^*x_A^*$であり、排出権の販売では利益追加分は$p^* \times x_A'x_A^*$であるから、生産量拡大が有利である。しかし、ニュージーランドが生産量拡大の設備投資が整っていないとすれば、排

出権の販売が利益を得る選択肢としては有力となる。

　一方、日本は自力で排出量を削減すれば、$x_B^* E_B^* G x_B'$分の追加的削減費用で済むが、ニュージーランドから排出権を購入した場合、$p^* \times x_B^* x_B'$分の追加的費用となるから、$E_B^* FG$分余計に追加的費用がかかり、明らかに自力で排出量を削減したほうが有利である。

　しかし、2004年当時の環境省は「京都議定書目標達成計画」では、自力での14.3％のCO_2排出削減率は無理であり、「京都メカニズム」に1.4％頼るとしており、削減費用としては不利としても排出権市場に頼らなければいけない情勢を示していた。そして、このことが、ニュージーランドのような基準年である1990年以降に経済活動水準が低下し、排出量削減に余剰が生じ、排出権を売却し資金を獲得できる**ホット・エアー**と呼ばれる存在が現れた。しかし、一方では京都議定書による第1約束期間内の目標削減率達成には、「京都メカニズム」は不可欠な制度であったことを証明したものであった。したがって、排出権市場が設計した効率的な費用最小化による最適生産量の達成のメカニズムからは乖離するが、目標削減率達成が第1次的目的であり、削減費用最小化が第2次的目的であるならば、このような排出権市場は成立する可能性は存在していたことになる。2015年12月のフランス・パリで開催されたCOP21において「パリ協定」が合意され、日本は「京都メカニズム」による国内排出量取引制度として、**図7-14**の例のような日本とニュージーランドの関係を、実際の国内企業A（排出枠余剰企業）と国内企業B（排出枠超過企業）に置き換えた制度として促進とされている。

●**参考文献**●

［和　文］

井堀利宏『現代経済学入門　財政』（第2版）岩波書店、2001年。

植田和弘『環境経済学』岩波書店、1996年。

大路雄司『ミクロ経済学』有斐閣、1993年。

岸本哲也『公共経済学』（新版）、有斐閣、1998年。

岸本哲也・入谷純編『公共経済学』八千代出版社、1998年。

コルスタッド，C.D.『環境経済学入門』細江守紀・藤田敏之監訳、有斐閣、2001年。

ジーベルト，H.『環境経済学』大沼あゆみ監訳、シュプリンガー・フェアラーク東京、
　　2005年。

柴田弘文『環境経済学』東洋経済新報社、2002年。

篠原総一・野間敏克・入谷純『初歩から学ぶ経済入門　経済学の考え方』有斐閣、1999年。

角野浩「環境税制改革と二重配当」『生駒経済論叢』Vol.9　No.2、pp.53（169）〜pp.67（183）、
　　2011年。

角野浩「Sandmoの環境フィードバックと二重配当仮説」『生駒経済論叢』Vol.9　No.3、
　　pp.15（253）〜pp.35（273）、2012年。

角野浩『失業と環境政策の租税分析』同友館、2014年。

細田衛士・横山彰『環境経済学』有斐閣、2007年。

前田章『排出権制度の経済理論』岩波書店、2009年。

増田正人『排出権取引と低炭素社会－国際排出権市場取引の理論と実践』千倉書房、2008年。

三橋規宏『環境経済入門（第4版）』日本経済新聞出版社、2013年。

諸富徹・鮎川ゆりか編『脱炭素社会と排出量取引』日本評論社、2007年。

矢野誠『ミクロ経済学の応用』岩波書店、2001年。

吉田達雄『トピックス財政学』中央経済社、1996年。

［欧　文］

Coase, R., "The Problem of Social Cost," Journal of Law and Economics, vol. 3, 1960.

Dales, J. H., Pollution, Property and Prices, University of Toronto Press, 1968.

Rosen, H. S., Public Finance, McGraw-Hill 7th ed., 2005.

［データ・資料］

J Power　電源開発ウェブサイト

・事業・サービス　石炭火力発電事業　もっと知ってほしい石炭火力発電　石炭火力発電
　所の高効率化等でCO_2削減

（http://www.jpower.co.jp/bs/karyoku/sekitan/sekitan_q03.html）

　（2016年7月8日確認）

外務省ウェブサイト

・外交政策 ODAと地球規模の課題 気候変動 気候変動に関する国際枠組 2020年以降の
　枠組み：パリ協定

　（https://www.mofa.go.jp/mofaj/ic/ch/page1w_000119.html）

　（2024年1月6日確認）

・外交政策 ODAと地球規模の課題 気候変動 二国間クレジット制度（JCM）
（https://www.mofa.go.jp/mofaj/ic/ch/page1w_000122.html）
（2024年1月6日確認）

環境省ウェブサイト
・政策分野・行政活動 政策分野一覧 地球環境・国際環境協力 地球温暖化対策 排出量取引制度 京都メカニズム情報コーナー 「京都メカニズムクレジット取得事業の概要について（平成28年1月 環境省 地球環境局 市場メカニズム室）PDF版」
（http://www.env.go.jp/earth/ondanka/mechanism/credit/mat160118.pdf）
（2016年7月8日確認）
・政策分野・行政活動 政策分野一覧 地球環境・国際環境協力 地球温暖化対策 気候変動枠組条約・京都議定書 関連資料 COP・CMPの結果一覧 国連気候変動枠組条約第21回締約国会議（COP21）及び京都議定書第11回締約国会合（COP/MOP11）の結果について 「COP21の成果と今後（パワーポイント説明資料） 環境省地球環境局 国際地球温暖化対策室 PDF版」（参考）各国の約束草案の提出状況（2015年12月12日時点）
（http://www.env.go.jp/earth/ondanka/cop21_paris/paris_conv-c.pdf）
（2016年7月8日確認）
・政策分野・行政活動 政策分野一覧 地球環境・国際環境協力 地球温暖化対策 地球温暖化対策とこれに関する取組 「日本の約束草案（平成27年7月17日 地球温暖化対策推進本部決定）PDF版 1．温室効果ガス排出量の削減
（http://www.env.go.jp/earth/ondanka/ghg/mat01_indc.pdf）
（2016年7月8日確認）
・政策分野・行政活動 政策分野一覧 地球環境・国際環境協力 地球温暖化対策 排出量取引制度 国内排出量取引制度 制度設計 「国内排出量取引制度について（平成25年7月 環境省地球温暖化対策課 市場メカニズム室）PDF版」 国内排出量取引制度とは
（http://www.env.go.jp/earth/ondanka/det/capandtrade/about1003.pdf）
（2016年7月8日確認）
・政策 政策分野一覧 地球環境・国際環境協力 地球温暖化対策 地球温暖化対策計画（令和3年10月22日閣議決定）
（https://www.env.go.jp/earth/ondanka/keikaku/211022.html）
（2024年1月8日確認）
・報道・広報 報道発表一覧 2021年度（令和3年度）の温室効果ガス排出・吸収量（確報値）について
（https://www.env.go.jp/press/press_01477.html）
（2024年1月8日確認）

経済産業省資源エネルギー庁ウェブサイト

・スペシャルコンテンツ　記事一覧　気候変動対策、どこまで進んでる？初の評価を実施した「COP28」の結果は

　（https://www.enecho.meti.go.jp/about/special/johoteikyo/cop28_01.html）

　（2024年1月4日確認）

・スペシャルコンテンツ　記事一覧「COP28」開催直前！知っておくと理解が進む、「COP27」をおさらいしよう

　（https://www.enecho.meti.go.jp/about/special/johoteikyo/cop27.html）

　（2024年1月6日確認）

・スペシャルコンテンツ　記事一覧「二国間クレジット制度」は日本にも途上国にも地球にもうれしい温暖化対策

　（https://www.enecho.meti.go.jp/about/special/johoteikyo/jcm.html）

　（2024年1月6日確認）

・スペシャルコンテンツ　記事一覧　温暖化への関心の高まりで、ますます期待が高まる「二国間クレジット制度」

　（https://www.enecho.meti.go.jp/about/special/johoteikyo/jcm2021.html）

　（2024年1月6日確認）

・スペシャルコンテンツ　記事一覧　温暖化対策の国際会議「COP24」で、「パリ協定」を実施するためのルールが決定

　（https://www.enecho.meti.go.jp/about/special/johoteikyo/cop24.html）

　（2024年1月6日確認）

・スペシャルコンテンツ　記事一覧　あらためて振り返る、「COP26」（前編）〜「COP」ってそもそもどんな会議？

　（https://www.enecho.meti.go.jp/about/special/johoteikyo/cop26_01.html）

　（2024年1月6日確認）

・スペシャルコンテンツ　記事一覧「カーボンニュートラル」って何ですか？（前編）〜いつ、誰が実現するの？

　（https://www.enecho.meti.go.jp/about/special/johoteikyo/carbon_neutral_01.html）

　（2024年1月6日確認）

国際連合広報センターウェブサイト

・ニュース・プレス　特集／背景資料　COP28, 化石燃料からの「脱却」を呼びかけて閉幕：｜段階的廃止は不可避」とグテーレス事務総長（UN News　記事・日本語訳）

　（https://www.unic.or.jp/news_press/features_backgrounders/49291/）

　（2023年1月7日確認）

国立環境研究所ウェブサイト
・読み物 コラム COP28閉幕：化石燃料時代のその先へ
（https://www.nies.go.jp/social/navi/colum/cop28.html）
（2023年1月5日確認）
・広報活動 新着情報 2023年度 2021年度（令和3年度）の温室効果ガス排出・吸収量（確報値）について
（https://www.nies.go.jp/whatsnew/2023/20230421/20230421.html）
（2023年1月9日確認）

全国地球温暖化防止活動推進センターウェブサイト
・温暖化関連ニュース 国内 2021年度（令和3年度）の温室効果ガス排出量（確報値）
（https://www.jccca.org/news/102659）
（2023年1月9日確認）

内閣官房ウェブサイト
・各種本部・会議等の活動情報 GX実行会議 GX実行会議（第9回）COP28について（伊藤環境大臣提出資料）PDF版
（https://www.cas.go.jp/jp/seisaku/gx_jikkou_kaigi/dai9/siryou2.pdf）
（2024年1月4日確認）

WWFジャパンウェブサイト
・WWFの活動 WWF活動トピック COP21で「パリ協定」が成立！国際的な気候変動対策にとっての歴史的な合意
（http://www.wwf.or.jp/activities/2015/12/1298413.html）
（2016年7月8日確認）
・WWFの活動 活動報告 地球温暖化を防ぐ 国連気候変動会議 COP28 結果報告ニュース COP28結果報告
（https://www.wwf.or.jp/activities/activity/5497.html）
（2024年1月4日確認）
・WWFの活動 活動報告 地球温暖化を防ぐ 国連気候変動会議 気候変動に関するCOP28会議について
（https://www.wwf.or.jp/activities/activity/5461.html）
（2024年1月4日確認）
・WWFの活動 基礎情報 地球温暖化を防ぐ 国際的な地球温暖化防止 パリ協定とは？脱炭素社会へ向けた世界の取り組み
（https://www.wwf.or.jp/activities/basicinfo/4348.html）
（2024年1月4日確認）

・WWFの活動　基礎情報　地球温暖化を防ぐ　国連気候変動会議　京都議定書とは？合意内容とその後について

（https://www.wwf.or.jp/activities/basicinfo/3536.html）

（2024年 1 月 5 日確認）

第8章　財政政策の諸政策

GIS（Gepgraphical Information Sydtem：地理情報システム）　ハザードマップ　新型コロナウイルス感染症（COVID-19）　救急告知病院　租税優遇措置　節税・脱税　租税改革　パレート改善　負の所得税　市場の失敗　ピグー税　環境税　二重配当仮説

‖8-1　GISと経済政策への活用[1]‖

2022年3月18日に内閣府は「地理空間情報活用推進基本計画」（第4期）を閣議決定し、誰もがいつでもどこでも自分らしい生き方を享受できる社会の実現に向けて、**地理空間情報（G空間情報）**の活用の推進に関する施策についての基本的な方針が記されている。この計画は、GIS（Gepgraphical Information Sydtem：地理情報システム）のポテンシャルを最大限に活用し、激甚化・頻発化している自然災害や地球規模の温暖化などの環境問題の対応、デジタルトランスホーメーション（DX）による生産性向上、多様なサービスの創出・提供を目指す「地理空間情報高度活用社会（G空間社会）」の実現を明記したものである。

1995年1月17日の阪神大震災をきっかけにGISや地理空間情報の重要性と活用が認識され、今後の災害・防災対策として国家計画として整備が進められ、

---

[1]　内閣官房・国土交通省国土地理院ウェブサイト、青木［2023］、河端編［2022］、半井［2022］、角野［2020］、角野［2021］、橋本［2017］、橋本［2022］等を参照のこと。

国や地方の政府の行政機関による防災関連などの災害時の支援のための情報収集と集約に貢献してきた。地理空間情報の活用の取組みは、まず2008年の「地理空間情報活用推進基本計画」（第1期）では、地理空間情報、GIS、衛星測位の各項目の施策についての説明による基盤整備がなされた。2012年の「地理空間情報活用推進基本計画」（第2期）では、災害対応の項目が追加されたことで利活用の推進がなされた。そして、2017年の「地理空間情報活用推進基本計画」（第3期）では、IoT（Internet of Things）、人工知能（AI）の活用などから社会実装の取り組みが実現されることとなった。そして前後して、2016年12月には「官民データ活用推進基本法」が成立・公布されたことで、オープンデータの活用が推進され、経済政策の分析にも活用されることとなった。

8-1-1　GISと防災のためのハザードマップ作成

　阪神大震災をきっかけに自然災害などの防災に利活用するために整備された地理空間情報は、現在例えば、国土交通省国土地理院[2]ではオープンデータを提供している。これらのデータは、政府や地方の防災関連機関が経済政策の分析手段の一つとして**ハザードマップ**の作成と提供のベースとなるものとして寄与している。国土地理院が提供している主な「地理空間データ」には、ハザードマップを作成する際に必要な『**基盤地図情報**』、『**地理院タイル**』一覧等がある。また、自然災害対応として地図化するために必要なベースマップとしては、2011年（平成23年）東北地方太平洋沖地震（東日本大震災）[3]、2016年（平成28年）熊本地震、2016年（平成28年）鳥取県中部の地震、2016年（平成28年）茨城県北部の地震、2018年（平成30年）北海道胆振東部地震、2024年（令和6年）能登半島地震などの画像データが入手できる。

---

[2]　国土交通省国土地理院ウェブサイトでは、「地理院地図」、「基盤地図情報」等の・GIS・国土に関する様々な情報が提供されている。

[3]　浅子他［2015］、金森他［2016］、三橋［2013］、齋藤［2015］、齋藤編［2015］等には、東日本大震災と福島第一原発事故対応と震災復興政策などについて、また、環境政策に係る原子力発電とエネルギー政策などについて、各々、専門的な立場から詳細な議論がなされている。

　次にGISを用いた経済政策の分析として、近畿地方（2府4県）と大阪中心部の防災のためのハザードマップ作成についての具体例を解説する[4]。GISを利用して地理空間情報を地図上に可視化するためには、GISソフトウェアが必要となる。本節で作成するハザードマップは、地理空間情報に関するフリーオープンソースソフトウェア群（FOSS4G：Free Open Source Software for Geospatial）の中で代表的な**QGIS**[5]、そしてESRI社の**ArcGIS Pro**[6]を利用する。オープンデータは、ベースマップ作成のために国土交通省国土地理院[7]『地理院タイル』一覧から「標準地図」、「淡色地図」、「白地図」さらには標高・土地の凹凸などを地図化する「陰影起伏図」を利用することができる。次に具体的な自然災害の空間データを国土数値情報ダウンロードサイト[8]から「洪水浸水想定区域」、「津波浸水想定」、「高潮浸水想定区域」、「土砂災害警戒区域」を利用する。また、行政区の「境界データ」等の詳細データは、**政府統計の総合窓口(e-Stat)**『統計でみる日本』の「**地図で見る統計（jSTAT MAP）**」[9]に登録されている小地域又は地域メッシュ統計などの統計データ及び境界データから近畿（2府4県）[10]の国勢調査（小地域）の空間データを利用しベースマップとして利用する。

　ただし、GISを扱う上で**座標参照系（CRS：Coordinate Reference System）**

4　GISを用いたハザードマップ作成の具体的な手段については、青木［2023］、河端編［2022］、半井［2022］、橋本［2017］、橋本［2022］等を参照のこと。

5　QGISウェブサイトでは、GISアプリケーションソフトがダウンロード可能である。

6　ESRI社ウェブサイトのArcGIS Proの概要参照のこと。

7　国土交通省国土地理院ウェブサイト　GIS・国土の情報から空間データをダウンロードする。

8　国土数値情報ダウンロードサイトから空間データをダウンロードする。

9　政府統計の総合窓口（e-Stat）　統計でみる日本　統計地理情報システムに登録されている「地図で見る統計（jSTAT MAP」から小地域又は地域メッシュ統計などの統計データ及び境界データをダウンロードする。

10　三重県ウェブサイトでは、「近畿圏」及び「中部圏」の両方に含まれるという見解を示しているが、政府統計の総合窓口（e-Stat）「境界データ」では、三重県は「東海」に分類されており、「近畿」として含まないものとする。

[図8−1 近畿（2府4県）のハザードマップ]

洪水浸水想定区域（河川単位）	津波浸水想定区域	高潮浸水想定区域	土砂災害警戒区域
0m以上0.5m未満	0.3m未満	0.3m未満	急傾斜地の崩壊
0.5m以上3.0m未満	0.3m以上 〜 1m未満	0.3m以上0.5m未満	土石流
3.0m以上5.0m未満	1m以上 〜 2m未満	0.5m以上1m未満	地滑り
5.0m以上10.0m未満	2m以上 〜 3m未満	1m以上3m未満	
10.0m以上20.0m未満	3m以上 〜 4m未満	3m以上5m未満	
20.0m以上	4m以上 〜 5m未満	5m以上10m未満	
	5m以上	10m以上20m未満	

出所：国土交通省国土地理院『地理院タイル』ベースマップ「淡色地図」「白地図」（https://maps.
gsi.go.jp/development/ichiran.html）、国土交通省国土数値情報ダウンロードサービスから「洪
水浸水想定区域」「津波浸水想定」、「高潮浸水想定区域」、「土砂災害警戒区域」、政府統計の総
合窓口（e-Stat）の「地図で見る統計（統計GIS）」から近畿（2府4県）の国勢調査（小地域）
「境界データ」を利用し、QGIS、ESRI社 ArcGIS Proを用いて筆者作成。

が重要であるが、日本で多く使われる座標系は**地理座標系**と**平面直角座標系**で
ある。そこで、QGISやArcGISを利用する場合、地理座標系の参照IDは、測地
成果2000に基づく座標系を**日本測地系2000（JDG2000）**、測地成果2011に基づ
く座標系を**日本測地系2011（JDG2011）**としてEPSGコードを用いる。平面

直角座標は**Japan Plane Rectangular CS I 〜 XIX**で分類される。近畿の場合は、兵庫県以外（京都府、大阪府、滋賀県、奈良県、和歌山県）は、Japan Plane Rectangular CS VI、参照系ID：JDG2000はEPSG:6674、JDG2011はEPSG:2448を用いる[11]。

　図8−1からは、津波浸水想定区域、高潮浸水想定区域は、播磨沿岸、淡路東・西浦、但馬沿岸、大阪湾などの想定区域が見られる。また、洪水浸水想定区域では、河川別に見ると揖保川、加古川、由良川、猪名川、淀川、大和川、瀬田川、柘植川、木津川、名張川、宇田川、紀の川などの流域が想定区域となっている。土砂災害警戒区域は、生駒山地、金剛山地、笠木山地などの地域が警戒区域となっていることが分かる。

8-1-2　新型コロナウイルス感染症（COVID-19）対応とGISによる救急医療分析[12]

　中華人民共和国湖北省武漢市において2019年12月以降「**新型コロナウイルス感染症（COVID-19）**」の患者が報告されて以来、全世界で感染者が確認されるパンデミックと呼ばれる広がりとなり、日本では「新型インフルエンザ等感染症（いわゆる２類相当）」として対策を講じていたものが、2023年５月８日から「５類感染症」になり、法律に基づき行政が様々な要請・関与をしていく仕組みから、個人の選択を尊重し、国民の皆様の自主的な取組をベースとした対応に変わった[13]。しかし、2020年初頭からの約４年間には、高齢者が重篤となるケースが多くみられ、特に65歳以上人口を対象とした緊急時の感染者対策が必要不可欠であった。この状況は、緊急時の介助が必要な高齢者、身体障害者等が緊急に医療を受ける必要のある場合、救急車を呼び、救急搬送を受け入

11　座標参照系（CRS）については、青木［2023］、河端編［2022］、半井［2022］、橋本［2017］、橋本［2022］等を参照のこと。

12　角野［2020］、角野［2021］を参照のこと。

13　厚生労働省ウェブサイト「新型コロナウイルス感染症の５類感染症移行後の対応について」等を参照のこと。

れてくれる患者等搬送認定事業者、つまり救急告知病院に迅速に搬送し、受診が可能となることを意味していた。

　角野［2020］、角野［2021］に基づいてGISによる名古屋市内における**救急告知病院・消防署**の立地状況、65歳以上高齢者人口を分析する。そして、「救急告知病院と消防署の救急搬送の共有到達圏（以下、共有到達圏）内」を推計し、到達圏内の65歳以上高齢者人口のカバー状況を検証する。到達圏内の想定は角野［2020］に基づくが、救急搬送の所要時間は、「消防署」から現場到着を10分圏内、現場から「救急告知病院」を10分圏内と想定する。したがって到達圏内を時速15キロ（15km/h）で2.5km圏内と仮定し、**政府統計の総合窓口（e-Stat）**の「**地図で見る統計（jSTAT MAP)**」[14]に登録されている小地域又は地域メッシュ統計などの統計データ及び境界データから近畿（2府4県）[15]の国勢調査（小地域）の空間データを利用しベースマップとして利用する。jSTAT MAPの「エリア作成」機能を用いて「消防署・救急告知病院」の共有到達圏内を分析する。

　名古屋市内の16区で登録されている「救急告知病院」は、「あいち救急医療ガイド―愛知県　救急医療情報システム―」、「保健センター」は、名古屋市ウェブサイト「名古屋市16区保健センターの食品衛生や動物愛護の担当窓口一覧」から住所等の情報を入手しデータベースを作成する。また、救急車の発動に関連する名古屋市16区内の消防署の情報は，国土数値情報ダウンロードサービス「3．地域　施設　消防署（ポリゴン・ポイント）」から名古屋市16区内分をデータベース化する。

　政府統計の総合窓口（e-Stat）の「地図で見る統計（jSTAT MAP)」から「ジオコーディング」機能を用いてポイントデータを作成し、「エリア作成」機能から実際の道路ネットワーク上の到達圏を「エリアファイル」として作成す

14　政府統計の総合窓口（e-Stat）『統計でみる日本』統計地理情報システム参照。

15　三重県ウェブサイトでは、「近畿圏」及び「中部圏」の両方に含まれるという見解を示しているが、政府統計の総合窓口（e-Stat）「境界データ」では、三重県は「東海」に分類されており、「近畿」として含まないものとする。

［　図8-2　名古屋市内の共有到達圏（消防署・救急告知病院）内の
高齢者65歳以上人口のカバー状況　］

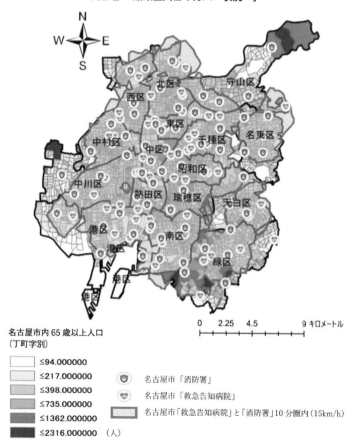

名古屋市内65歳以上人口
（丁町字別）

	≤94.000000
	≤217.000000
	≤398.000000
	≤735.000000
	≤1362.000000
	≤2316.000000　（人）

名古屋市「消防署」

名古屋市「救急告知病院」

名古屋市「救急告知病院」と「消防署」10分圏内（15km/h）

資料：あいち救急医療ガイド―愛知県　救急医療情報システム―ウェブサイト、名古屋市ウェブサイ
　　　ト「名古屋市16区保健センター感染症対策等担当一覧」、国土数値情報ダウンロードサービス
　　　「3．地域　施設　消防署（ポリゴン・ポイント）」。
注：政府統計の総合窓口（e-Stat）の「地図で見る統計（統計GIS）」『jSTAT MAP』から「ジオコー
　　ディング」機能からポイントデータを作成し、「エリア作成」機能から実際の道路ネットワーク
　　上の到達圏を「エリアファイル」として筆者作成。政府統計の総合窓口（e-Stat）内の2015年国
　　勢調査（小地域）の［年齢（5歳階級、4区分）別、男女別人口］から人口および65歳以上人口
　　等の統計データと統合し、ESRI社 ArcGIS Proにより筆者作成。
出所：角野［2020］『名古屋市における新型コロナウイルス感染症（COVID-19）対策のための救急告
　　　知病院消防署および保健センターの設置状況―GISとjSTAT MAPを用いた65歳以上人口のカ
　　　バー状況の検証と地理空間情報分析―』［図8　名古屋市「救急告知病院」と「消防署」管内
　　　消防車共有到達圏と65歳以上人口のカバー状況］所収。

る。政府統計の総合窓口（e-Stat）内の2015年国勢調査（小地域）の［年齢（５歳階級、４区分）別，男女別人口］から人口および65歳以上人口等の統計データと統合し，ESRI社 ArcGIS Proにより名古屋市内の新型コロナウイルス感染症（COVID-19）対応とGISによる救急医療分析結果を描写する。愛知県名古屋市の場合に扱う座標参照系（CRS）は、平面直角座標系はJapan Plane Rectangular CS Ⅶを用いて、参照系ID：JDG2000はEPSG:6675、JDG2011はEPSG:2449を用いる[16]。

図8-2からは、jSTAT MAPを用いた「消防署」から現地への到達圏エリアの作成を試みたが，救急車での正味の移動時間のみを考慮すること意図し10分圏内としたが，時速15km（15km/h）で2.5km圏内としたことは、非常に厳しい条件を課した上での検証であったが、名古屋市内各区に関して言えば、守山区を除いてはほぼ全域をカバーしていることが分かる。

‖8-2 課税政策と租税優遇措置[17]‖

政府が特定の政策目標を設定し、それに関わる経済活動を積極的に支援する目的で税を軽減することが**租税優遇措置**である。所得税における様々な控除は広い意味での租税優遇措置である。所得税の人的控除としての配偶者控除や扶養控除は、所得の等しい家計間での扶養者の有無などによる担税力の違いを是正する公平性の観点から制度化されている。医療費控除も医療費の多くかかった家計に対しての担税力の是正である。また、最近では、地震などの災害に備えるために耐震対策が早急に要請されている。そこで対策を迅速に進めるために2006年度改正で損害保険料控除を改組し、地震保険料控除が創設された。また法人税についても**租税特別措置**（special taxation measures）が、科学技術

---

16 座標参照系（CRS）については、青木［2023］、河端編［2022］、半井［2022］、橋本［2017］、橋本［2022］等を参照のこと。
17 所得税の諸控除については、岸本他編［1998］、田原編［2016］等を参照のこと。

の振興、資源エネルギー対策、中小企業等の経営の合理化・近代化、産業基盤の強化、地域開発の促進、公害対策などの政策目的を実現するために設定されている。

　そこで本節では、余剰分析を用いることによって所得税の租税優遇措置に関してのプラス面とマイナス面を比較することで経済効果について考える。

8-2-1　租税優遇措置の経済効果

　政府が地震などの災害に対する耐震対策という経済活動に租税面で優遇する措置をとることを考える。**図8−3**は租税優遇措置の経済効果が示されており、保険会社が供給する地震保険の限界費用は一定と仮定し、供給曲線Sは水平とする。したがって、pは地震保険xの市場価格つまり加入料金であり、加入の数量規模に関わりなく一定と考えることができる。一方、優遇措置のない場合の加入者の需要曲線D_0とし、地震保険から得られる限界便益を表すものとする。

[　**図8−3　租税優遇措置**　]

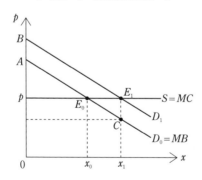

　まず地震保険に対する租税優遇措置がない場合の均衡は点E_0であり、加入料金pの下で数量x_0の規模で保険会社と加入者が契約を結ぶことになる。加入者の消費者余剰については、供給曲線Sは水平であるから生産者余剰はゼロであり、消費者余剰が社会的余剰と考えることができることに注意しておこう。

そこで租税優遇措置がない場合の加入者の消費者余剰は、三角形pE_0Aの部分であり、社会的余剰を示している。

　次に地震保険の加入者に対して租税優遇措置を講じた場合を考えよう。政府は租税に関して加入者の地震保険の1単位当たりS円の優遇措置をとったとみなすことができる。これは加入者に対しての所得税の控除という形で行われるから、加入者の限界便益をS円だけ増加させることになる。つまり、需要曲線がD_0からD_1へシフトする効果をもたらす。これは地震保険の1単位あたりの補助金相当とみなすことができるが、政府は実際には補助金を加入者に付与しているわけではない。したがって、政府は補助金としての財源を調達する必要はないことになる。地震保険に対する租税優遇措置がある場合の均衡は点E_1であり、加入料金pの下で数量x_1に増加した規模で保険会社と加入者が契約を結ぶことになる。この場合の加入者の消費者余剰は、三角形pE_1Bの部分である。したがって、租税優遇措置のプラス面が消費者余剰の増加分AE_0E_1Bである。

　政府は、租税優遇措置により地震対策という特定の政策目標の推進を行ったことになるが、所得税の控除であるから、税収の減少ACE_1B分が生じる。これは補助金の支出のような財源調達が必要ではないが、実際には所得税から得られたであろう税収が減少したことになり、表面化しない支出として「**租税支出（tax expenditure）**」と呼ばれる。したがって、租税優遇措置のマイナス面が租税支出のACE_1B分である。

　租税優遇措置をとった場合の社会的余剰は、プラス面である消費者余剰の増加分とマイナス面の租税支出分の比較から検討されることになる。租税優遇措置の前後での社会的余剰の増減は、両者を比較すれば分かり、

$$E_0CE_1 = ACE_1B - AE_0E_1B < 0 \tag{8-1}$$

となる。したがって、(8-1) から租税支出が消費者余剰増加分より大きいことが分かり、租税優遇措置の経済効果は社会的余剰を減少させることになる。

‖8-3 課税政策と脱税問題[18]‖

　納税者の租税行動に関しては、合法的に納税額を少なくする行為が租税回避もしくは**節税**（tax avoidance）であり、非合法的な手段を用いて納税額を減らす行為が租税逋脱もしくは**脱税**（tax evasion）であり、これらの行動を称して**シャドウ・エコノミー**（shadow economy）と呼ばれている。個人の合理的行動からすれば、必要経費を合法的な範囲内で見積もり、申告額を抑えることで節税を行うことは正当化される。そして、脱税に関しても、発覚した場合のペナルティー、つまり、税法上の追徴課税による**重加算税**（heavy additional tax）や**重加算金**（heavy additional charge imposed by local goverment）のコストが小さければ、脱税も合理的行動であると考えるであろう。現代の租税原則のうちの簡素性である**最小徴税費の原則**が十分にはみたされない複雑かつ不透明な租税制度であれば、脱税までは行わないまでも、節税する余地は多くあると考えられる。

　しかし、節税は合法的であっても、税収の減少につながり、節税に膨大な経費を費やすことは個人の納税コストを高くすることにつながる。それよりも簡素で透明性のある租税制度を整備し、納税コストを少なくすることが求められるであろう。脱税に関しては、税務当局の捕捉率を高めるか、脱税行為のペナルティーを高くする方法が考えられる。捕捉率の強化は税務署員の人員増などのコストが高くなる。ペナルティーの厳罰化は税法上の整備が必要となる。どちらも脱税抑制策としては有効であろうが、納税者はさらに納税コストを費やして申告額を抑えようとするだろうし、税務当局もさらに監視体制を強化せざるをえなくなる。これでは全くいたちごっこであり、納税者間の不公平性も解消しないであろう。税務当局は、これらの事情を考慮しながら租税制度を整備することが要請される。

---

18 関連する内容は井堀［2002］、岸本他編［1998］、細江他編［2005］を参照のこと。

8-3-1 脱税の経済モデル

ここでは節税や脱税というシャドウ・エコノミーについて経済モデルを用いて考察する。特になぜ納税者は所得税などの納税に関して合理的行動から脱税という行為を働くのかについて分析する。

申告納税制度（self-assessed taxation system）がとられている事業所得の場合、ある事業者が事業所得を申告納税する際、税務署の所得捕捉率がクロヨンと言われているように100％ではないことから虚偽申告を行い、過少申告による脱税が行われることを想定する。

ここで、課税前の実際の所得 Y として、次の3つの場合、1）適正申告の場合の課税後所得 Y_1、2）虚偽申告が発覚しない場合の所得 Y_2、3）虚偽申告が発覚した場合の所得 Y_3 を分けて定義する。また、所得控除 E が控除された所得に一定の所得税率 t（$0 < t < 1$）が課され、虚偽申告する場合の未申告額 N としておく。また上の3つの場合の税額を、各々、T_1、T_2 および T_3 とする。

[**図8-4　脱税の限界便益と限界費用**]

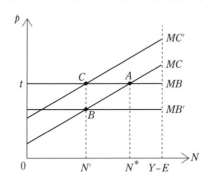

図8-4は、横軸に未申告額 N、縦軸に価格 p がとられており、申告納税制度での納税者の脱税による限界便益と限界費用が示されている。

まず納税者の行動について前述の3つの場合に分けて考える。

1．適正申告の場合

　納税者が実際の所得をもとに所得控除Eを差し引いた分を適正に申告した場合の納税額T_1および課税後所得Y_1は次のようになる。

$$T_1 = t(Y-E) \tag{8-2}$$

$$Y_1 = Y - T_1 = (1-t)Y + tE \tag{8-3}$$

2．虚偽申告が発覚しない場合

　納税者が実際の所得をもとに所得控除Eを差し引き、過少申告により未申告額N分をさらに差し引いて申告し、税務当局に虚偽申告が発覚しなかった場合の納税額T_2および課税後所得Y_2は次のようになる。

$$T_2 = t(Y-E-N) \tag{8-4}$$

$$Y_2 = Y - T_2 = Y_1 + tN \tag{8-5}$$

3．虚偽申告が発覚した場合

　納税者が実際の所得をもとに所得控除Eを差し引き、過少申告により未申告額N分をさらに差し引いて申告し、税務当局に虚偽申告が発覚した場合重加算税が課されるとすれば、の納税額T_3および課税後所得Y_3は次のようになる。

$$T_3 = t(Y-E) + \theta t N \tag{8-6}$$

$$Y_3 = Y - T_3 = Y_1 + \theta t N \tag{8-7}$$

ただし、$\theta > 1$はペナルティーとしての重加算税率としておく。

8-3-2　納税者の合理的行動と脱税防止策

　8-3-1で見たように納税者の行動は、適正申告するか、虚偽申告するかに分かれる。そして、虚偽申告をした場合、さらに未申告額が発覚しない場合と発覚する場合とに分かれることになる。

　そこで、1．適正申告と2．虚偽申告が発覚しない場合を比較する。虚偽申告が発覚しなければ、(8-3)と(8-5)からtN分の所得額が増加する。したが

って、これを未申告額Nで微分すれば、$MB = dtN/dN = t > 0$となる。つまり**脱税の限界便益**（marginal benefit：MB）は、納税者が１円だけ未申告額を増加させた場合の便益であり、税率tと等しくなる。一方、納税者の**脱税の限界費用**（marginal cost：MC）は、ペナルティーである重加算税率の大きさ、および虚偽申告の発覚の確率$\rho > 0$の大きさに依存する。ここでは納税者は、重加算税率θや発覚確率ρは所与として行動するものとしておく。したがって、脱税の限界費用MCは、未申告額Nの増加に伴って増加するものと想定される。したがって、**図8－4**で示されているようにMBとMCの交点Aで納税者は未申告額N^*を決定する。これは納税者が発覚の確率を所与として合理的行動をとる限り、虚偽申告を行い未申告額Nが生じることを示している。

　それでは納税者の脱税防止策はどのようなものがあるだろうか。**図8－4**でモデルで見た脱税の限界便益MBと限界費用MCから考察してみよう。

１．脱税の限界便益MBの下方シフト：MBからMB'

　これは$MB = t$であることから、所得税率tを低くすればよい。**図8－4**では、均衡点がAからBになり、未申告額はN^*からN'に減少する。これは所得税率が高いとき、納税者は税負担による税痛感はより高いものになるから、より脱税の誘引が働くものと考えられる。したがって、税務当局は、所得税の減税政策を行うことで、脱税抑制が可能となる。これは、税務署員の増員などの諸経費はそれほど必要ではなく、最小調整費の原則からも正当化される。ただし、脱税防止策のためだけの所得税の減税は公平性を損なうものである。累進所得税による高所得者への高税率の課税は、所得再分配の見地から導かれたものであるから、安易な減税は社会的に容認されないかもしれない。

２．脱税の限界費用MCを上方シフト：MCからMC'

　これは納税者が重加算税率θや発覚確率ρを所与として行動しているから、これらの要因を高めればよい。**図8－4**では、均衡点がAからCになり、未申告額はN^*からN'に減少する。重加算税率θを高くすることは、徴税費用をそ

れほど必要としないが、高税率化にも限度はあるだろう。一方、発覚確率 ρ を高めることは非常に有効ではあるが、税務署員の増員などの徴税費用は増加する。

　これらの脱税防止策は、どの政策も100%というものではなく、最終的には納税者のモラルの問題が存在する。

8-3-3　納税行動による所得

　8-3-1で見た納税者の行動の３つの場合の課税後所得について見てゆくことにしよう。

[　**図8−5　納税行動による所得** 　]

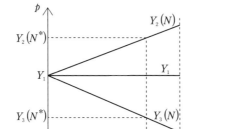

　図8−5では、納税者が税務当局の所得税率 t および重加算税率 θ が所与として行動したとき、実際の所得 Y から控除 E を差し引いた後、１.　適正申告の場合の所得 Y_1、２.　未申告額 N の虚偽申告をし、確率 $1-\rho$ で発覚しなかった場合の所得 Y_2、３.　未申告額 N の虚偽申告をし、確率 ρ で発覚した場合の所得 Y_3 の間の関係が示されている

　適正申告（$N=0$）であれば、課税後所得は Y_1（$=Y_2=Y_3$）である。虚偽申告（$0<N\leq Y-E$）であれば、課税後所得は $Y_3<Y_1<Y_2$ である。課税後所得は、発覚確率 ρ および重加算税率 θ に依存して決まるから、前節の議論のように脱税の

限界便益MBと限界費用MCからN^*の水準の未申告額が生じることになる。つまり課税後所得は、発覚しなければ（8-5）から、$Y_2 = Y_1 + tN^*$、発覚すれば（8-7）から、$Y_2 = Y_1 - \theta tN^*$となる。

8-3-4 納税者の脱税の期待効用

　納税者の行動は、**期待効用**（expected utility）最大化すると仮定する。この場合、所与の発覚確率ρに直面する納税者は、虚偽申告による未申告額Nは、$0 \leq N \leq Y - E$の範囲内で選択し、期待効用を最大化する。納税者はリスクに対して**危険中立的**（risk neutral）を仮定するとき、納税者の期待効用は**期待所得**（expected income）と等しくなる。ここで、発覚確率ρは、$0 < \rho < 1$の範囲内にあるとし、期待所得をEYで定義すれば次のように表すことができる。

$$EY = EY(N) = \rho Y_3(N) + (1-\rho) Y_2(N) \tag{8-8}$$

そこで、（8-5）、（8-7）から、（8-8）は次のように変形される。

$$\begin{aligned} EY &= \rho(Y_1 - \theta tN) + (1-\rho)(Y_1 + tN) \\ &= Y_1 - [\rho\theta - (1-\rho)]tN \end{aligned} \tag{8-9}$$

したがって、（8-9）から納税者の脱税行動は以下のように場合分けされる。

（a）　$\rho\theta < 1-\rho$であれば、$N = Y - E$、

（b）　$\rho\theta = 1-\rho$であれば、任意の$N, 0 \leq n \leq Y - E$、および、

（c）　$\rho\theta > 1-\rho$であれば、$N = 0$。

　以上の（a）～（c）の十分条件から、$\rho\theta$が虚偽申告に対する**期待発覚ペナルティー**と解釈されるから、$\rho\theta$が十分小さければ虚偽申告し、$\rho\theta$が十分大きければ適正申告を行うことになる。

‖8-4 租税改革論[19]‖

　租税改革の理論は、ラムゼイ型の最適課税論の現実経済への適用可能性の観点からすれば、極めて制約的であるという問題意識から、その問題点の克服という形で発展してきた。**最適課税論**（optimal taxation）[20]は、租税体系を認め、政府の税収制約が存在する場合、効率性の歪み、および不公平性が生じるが、その下でも公共支出を行う事が経済合理的である事を前提とした理論である。一方、**租税改革**（tax reform）は、現実の租税制度から出発し、最適課税論から導かれたようなあるべき租税制度を理想の租税体系として位置づけるが、必ずしも直接的に実現を目指すわけではない。租税改革論は、あるべき理想の租税制度に、少しずつ近づけるための制度改革の理論として考えられている。政府が把握している情報は、各家計の効用関数や各企業の生産関数などの市場情報の限られたものであろうし、政府が最適な課税に向けての租税体系の変更も一部に制約されると考えられる。したがって、現実の経済において、租税体系の変更を想定する場合、最適課税ルールを基準として一度に改革するのではなく、租税改革論に沿って、現行の租税体系を基準として、段階的に改革することが現実的であると考えられる。また、租税改革を議論する場合、租税 3 原則が重要となってくるから、公平性、効率性そして簡素性、これらの 3 原則を出来る限り満たすような租税制度を改革しながら実現してゆくことである。本節では、租税改革の基本ルールについて議論することにしよう。

8-4-1　租税改革の基本ルール

　租税改革論を議論するために、ラムゼイ形の最適課税論に沿った形で問題設定を行うことにしよう。

　まず現状の租税制度が、パレート効率的な状態ではなく、政府は税収制約を

---

19 関連する内容は、井堀［2001］、井堀［2002］等を参照のこと。
20 関連する内容は、角野［2011］、角野［2012］、角野［2014］を参照のこと。

変更することなく、税率の組み合わせを変更するだけで、家計の効用を改善する事が出来る状態にあることを想定する。

さらに租税改革によって**パレート改善**（Pareto Improving：*PI*）が可能であり、**パレート最適**（Pareto Optimal：*PO*）に向けて考察の余地が残されていることを想定する。

次に政府がどのような租税改革を行うことで代表的個人の効用水準を上昇させることができるかを分析するためのモデルを表すことにしよう。

１）考慮する経済には、２つの財 x_1 と x_2 が存在し、政府は一定の税収制約（$T>0$）の下で各財に個別に間接税 t_1 と t_2 を課税し、一定の税収を確保する。

２）各財の生産者価格を p_1 と p_2 とし、外生的に与えられ租税改革の前後で一定と仮定する。各財の間接税 t_1 と t_2 を含めた形で消費者価格を q_1 と q_2 とする。

３）政府は租税改革によって、各財に対して新税率（t_1 の減税と t_2 の増税を想定）を適用するが、その前後で T が一定である税収中立的を仮定する。ただし、租税改革前の状態を上付きの添字 A、改革後の状態を上付きの添字 B とし、改革前後で各財は x_i^A と x_i^B、各財の消費者価格は q_i^A と q_i^B で各々表す。

１）〜３）の状況下で、政府の租税改革が望ましい状況となる条件を導出しよう。まず、x_i 財価格について，$q_i^j, t_i^j, p^j, i=1,2; j=A,B$ を用いて示せば次のようになる。

$$q_i^j = p^j + t_i^j, i=1,2; j=A,B \tag{8-10}$$

外生的に与えられる家計の所得を I とし，租税改革の前後で一定と仮定すれば、家計の予算制約式は、改革前では、

$$\sum_{i=1}^{2} q_i^A x_i^A = q_1^A x_1^A + q_2^A x_2^A = I \tag{8-11}$$

であり、改革後は、

$$\sum_{i=1}^{2} q_i^B x_i^B = q_1^B x_1^B + q_2^B x_2^B = I \qquad (8\text{-}12)$$

となる。そこで、改革前後の家計の予算制約式の関係は、(8-11)、(8-12) を考慮すれば次のように表される。

$$\sum_{i=1}^{2} q_i^A x_i^A = \sum_{i=1}^{2} q_i^B x_i^B \qquad (8\text{-}13)$$

　次に政府の税収制約式は、改革前後で税収 T が一定であることを考慮するならば、改革前は、

$$\sum_{i=1}^{2} t_i^A x_i^A = t_1^A x_1^A + t_2^A x_2^A = T \qquad (8\text{-}14)$$

であり、改革後は、

$$\sum_{i=1}^{2} t_i^B x_i^B = t_1^B x_1^B + t_2^B x_2^B = T \qquad (8\text{-}15)$$

となる。そこで、改革前後の政府の税収制約式の関係は、(8-14)、(8-15) を考慮すれば次のように表される。

$$\sum_{i=1}^{2} t_i^A x_i^A = \sum_{i=1}^{2} t_i^B x_i^B \qquad (8\text{-}16)$$

　次に、改革の前後で家計の効用が同じかもしくは上昇するための十分条件を次のように評価する。改革前後の各消費財 x_i^A と x_i^B を、改革後の消費者価格 q_i^B で評価した場合、改革後は改革前の評価と同じか上回っていなければならない。したがって、政府の改革評価条件は次のように表される。

$$\sum_{i=1}^{2} q_i^B x_i^A = q_1^B x_1^A + q_2^B x_2^A \le q_1^B x_1^B + q_2^B x_2^B = \sum_{i=1}^{2} q_i^B x_i^B \qquad (8\text{-}17)$$

改革前後の家計の予算制約条件（8-13）から政府の税収制約条件（8-16）を引けば、

$$\sum_{i=1}^{2} p_i x_i^A = \sum_{i=1}^{2} p_i x_i^B \qquad (8\text{-}18)$$

が導かれる。さらに、政府の改革評価条件（8-17）から政府の税収制約条件（8-16）を引くことによって、

$$\sum_{i=1}^{2} t_i^B x_i^A \le \sum_{i=1}^{2} t_i^B x_i^B \qquad (8\text{-}19)$$

もしくは、

$$\sum_{i=1}^{2} t_i^B \left(x_i^B - x_i^A \right) \ge 0 \qquad (8\text{-}20)$$

と導くことが出来る。したがって、(8-19)、(8-20) が租税改革が望ましいという租税改革の条件を表している。

8-4-2　租税改革の条件

次に（8-19）、（8-20）の租税改革の条件を経済学的に解釈することにしよう。租税改革は、t_1 の減税と t_2 の増税の組み合わせを想定しており、家計の効用は x_i 財から得られるものとするから、$U = U(x_1, x_2)$ の効用関数を仮定すれば、家計は、$\max U^j = U^j \left(x_1^j, x_2^j \right)$ subject to $\sum_{i=1}^{2} q_i^j x_i^j = I, j = A, B$ で租税改革の前後で効用最大化行動を取る。

家計の効用最大化行動と租税改革の条件が**図8－6**で図解される。まず租税改革が望ましい改革であるためには、(8-17) が示しているように租税改革後

[　**図8-6　租税改革の条件**　]

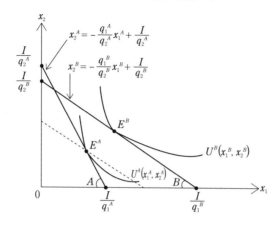

の消費者価格$q_i{}^B$で、租税改革前の消費集合$\left(x_1{}^A, x_2{}^A\right)$と租税改革後の消費集合$\left(x_1{}^B, x_2{}^B\right)$を評価した場合、改革前の集合が改革後の集合の中側にある。つまり、租税改革によって家計の効用が増加することを意味している。もし租税改革によって家計の効用が減少するならば、家計は租税改革後の消費者価格$q_i{}^B$の下でも租税改革前の消費集合を選択すると考えられるからである。

　したがって、(8-19)、(8-20)の租税改革の条件は、消費の組み合わせの変化$\displaystyle\sum_{i=1}^{2}\left(x_1{}^B - x_2{}^A\right)$を租税改革後の税率$t_i{}^B$で評価するならば、消費の組み合わせは少なくとも等しいか増加すること（非負であること）、もしくは、税収が減少しないことである。ここで税収中立の仮定を仮定しているから、税収は一定であることが前提となっていることに注意しておこう。

‖8-5 社会保障制度と公的扶助の方法[21]‖

　第7章の7-1-2で見たように、社会保障制度におけるナショナル・ミニマムの

---

21 関連する内容は竹内編［2005］、山田他［1992］等を参照のこと。

達成のために必要最低限の所得を保障する制度としては**生活保護制度**等があることを見てきた。そこで政府は、生活保護制度などを公的資金を通じて所得再分配を行う必要がある。ここでは、公的扶助の2つの方法についてもう少し詳しく見てゆくことにしよう。

8-5-1　現物給付と現金給付

　国が生活に困窮する国民に最低限度の生活を保障するために公的扶助のための生活保護が行われる場合、現物給付もしくは現金給付のどちらの方法が効率的であるかを簡単なモデルで考えてみよう。

[　**図8−7　現物給付と現金給付**　]

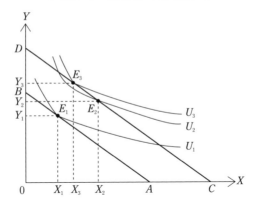

　ここである個人は2財X、Yを消費するとし、**図8−7**では横軸にX財、縦軸にY財を示すこととする。一般的な原点に対して凸の効用関数を想定すれば、図中では個人は予算制約線ABの下で効用最大化行動をとるから、それに接する無差別曲線U_1上の均衡点E_1で（X_1, Y_1）を消費しているものとしよう。まず、政府が現物給付として、X財をX_2だけ給付することを考察する。ここで個人は新たな均衡点E_2が実現し、（X_2, Y_2）を消費することが可能となるから、無差別曲線はU_2となり、効用は増加する。

　一方、現金給付として、現物給付水準E_2が実現可能な額が支給されること
を想定しよう。すると個人の予算制約式はCDに上方シフトする。したがって、
新たな効用最大化により予算制約式CDと接する無差別曲線U_3上の均衡点E_3が
実現し、(X_3,Y_3)が消費されることになる。

　ここで現物給付の均衡点E_2と現金給付の均衡点E_3を比較すると、効用水準
が現金給付の方が高いことが分かる。これは政府の現物給付では、個人はX財
とY財の消費選択ができないが、現金給付では、予算制約式がABからCDに上
方シフトするから、自由な消費選択が可能だからである。ただし、生活保護の
役割としては、X財の給付のような特定の財の給付という役割を果たす場合も
考えられるから、効率性の側面だけでは判断できない場合もある。

8-5-2　負の所得税

　生活保護と所得税を組み合わせて所得税制の枠組みの中で**公的扶助**（public
assistance）を行うものとして、「**負の所得税**（negative income tax）」という
制度がある。負の所得税制度の下では、所得が一定水準以下の人々については、
税を徴収せず給付が行われることになる。以下では負の所得税の導入前後の所
得を比較することで制度の効果について考えてみることにしよう。

[　**図8-8　負の所得税**　]

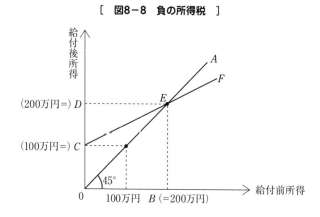

図8−8では横軸に給付前所得、縦軸に給付後所得が示されている。簡単化のために通常の所得税は課されていない状況で考えることにする。生活保護が一切導入されていない状況では所得は45度線上で示されOEAである。まず現行の生活保護制度のイメージに沿って給付システムを説明しよう。ある課税最低限（200万円）以下の所得の人々には、どれだけの所得を稼得していたとしても給付後の所得水準が一定（200万円）となるように給付が行われるとする。図中では課税最低限$OB=OD$（=200万円）として表せば、給付後所得はDEAで表される。

次に負の所得税が導入されたとしよう。これは現行制度のように課税最低限以下の人々には全て200万円の保証を固定するならば、自らの勤労所得を得る意欲を失う可能性がある。そこで、勤労意欲を損なわないような制度の導入として、給付前所得が0から1単位ごとに増加すると、給付額が減少するように考案されている。給付額が給付前所得に応じて減少させるためには、次のような計算式を導入することになる。

$$給付額＝最低保障額 - t×給付前所得 \qquad (8\text{-}21)$$

ただしtは負の所得税率とする。(8-21) をもとに給付後所得を計算すれば次式となる。

$$給付後所得＝給付前所得＋（最低保障額 - t×給付前所得） \quad (8\text{-}22)$$

したがって給付後所得はCEAで表される。ここで、最低保障額を100万円、負の所得税率を0.5（50%）とすれば、(8-22) は次のようになる。

$$給付後所得＝給付前所得＋（100（万円） - 0.5×給付前所得） \quad (8\text{-}23)$$

したがって (8-23) から課税最低限200万円で給付額は0となり、点Eで示されている。そして、ここでは具体的には考慮しなかったが、$0B$以上の所得の人には通常の正の所得税が課されることになるから、負の所得税と正の所得税が導入された後の実際の可処分所得はCEFで表されることになる。

‖8-6 外部性存在下での財政政策－数式展開－[22]‖

　第7章では外部不経済が存在する場合、私的対応としては、財産権の存在を認めた場合のコースの定理について、そして、公的介入ではピグー税について考察した。本節では、これらの対応についてもう少し詳しく見てゆくために、簡単なモデルを用いて数式展開を行って考察してゆこう。

8-6-1　市場の失敗

　2つの企業が生産活動をする経済を考える時、大気汚染のような公害や河川の汚水のような負の外部性を発生させる加害企業（企業1）と、その影響を受ける被害企業（企業2）が存在するとしよう。企業1は財xを生産し，企業2に対して負の外部性（$-e(x)<0$）を及ぼす。企業2は、企業1の影響を受けるから、もし企業1の生産量がゼロであれば、企業2の利潤は最大に出来ると考える。しかし、企業1の生産量の増加に伴い、企業2の利潤は減少してゆくとする。企業2が企業1の生産1単位あたりから受ける負の外部性は限界外部費用$e'(x)>0$としておく。ここで、pは財xの市場価格とし、生産量に関わりなく一定とし、$c(x)$は企業1の私的費用関数であり、$c'(x)>0$とする。単純化のために。企業2の独自の生産活動は企業1の経済活動とは独立しており、利潤は財xには依存しないとする。したがって、以下の分析では企業2の生産活動は明示的には取り上げず、企業2は企業1から損失を受けるだけと考えることにする。

　企業1は外部性を考慮せず利潤を最大化し、企業2はその影響を受けるとすれば、各企業の利潤$\pi_i^P i=1,2$は次のように表される。

$$\pi_1^P = px - c(x) \tag{8-24}$$

$$\pi_2^P = -e(x) \tag{8-25}$$

---

[22] 井堀［1996］にはさらに詳しく外部性について考察されている。

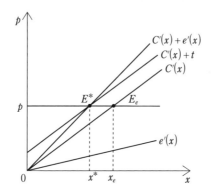

したがって、(8-24) から負の外部性が考慮されない場合の企業1の利潤最大化条件は、

$$p = c'(x) \tag{8-26}$$

となる。したがって、**図8−9**が示すように (8-26) から、企業1はx_eの水準で生産を行うから、過剰生産の状況にあり「**市場の失敗**（market failure）」が生じている。

8-6-2　企業間の私的対応−企業合併−

　本節で考察している例では、河川の川上企業が加害企業で鉄鋼もしくは製紙工場、河川の川下企業が被害企業で漁業と考えれば、隣接企業として一つの企業体として合併が生じる可能性がある。このような場合、例で示された負の外部性はどのようになるかを見てゆこう。そこで合併企業を企業Mとし、その利潤をπ_{1+2}^{M}とする。合併企業Mの利潤の合計は、企業1と企業2の利潤の合計で示されるから次のようになる。

$$\pi_{1+2}^{M} = px - c(x) - e(x) \tag{8-27}$$

したがって、(8-27) から合併企業Mの利潤最大化条件は、

$$p = c'(x) + e'(x) \tag{8-28}$$

となる。**図8－8**が示すように（8-28）から、合併企業Mは外部費用を考慮した社会的費用の下で利潤最大化行動を取るから、最適な生産水準x^*が実現される。したがって、加害企業と被害企業が合併することによって、外部性は内部化されることになる。

8-6-3　政府の公的介入－ピグー課税－

　企業間の私的対応により企業1と企業2が合併することで、外部性は内部化されたが、現実的には交渉費用などが莫大であり、なかなか実現は難しい。そこで、政府が公的に介入し、外部性を内部化する。その一つの方法としてピグー的課税政策がある。政府は企業1に対して、財xの生産1単位当たりt（$0 < t < 1$）だけ課税する。この場合の企業1の課税を考慮した利潤π_1^Gは次のようになる。

$$\pi_1^G = px - c(x) - tx \tag{8-29}$$

　したがって、（8-29）から企業1の利潤最大化条件は、

$$p = c'(x) + t \tag{8-30}$$

となる。そこで政府は外部性を内部化するためには、課税率tを社会的に最適な生産水準x^*が実現するようなピグー的課税政策を施さなくてはならないから、（8-28）、（8-30）から、

$$t = e'(x^*) \tag{8-31}$$

が成立するように課税率tを定める。これを**ピグー税**（pigovian tax）と呼んでいる。

8-6-4　政府の公的介入－ピグー課税と所得分配機能－

　ピグー的課税政策では、加害企業にピグー税を課して外部性を内部化し、経済効率性を回復させたが、所得分配政策については何ら考慮されていない。そこで被害企業への補償政策を考慮する。企業1は企業2に対して、財xの生産1単位当たり補償率t（$0<t<1$）を付与する。企業1にはピグー税が課されており、利潤π_1^Gは（8-29）で示されるから、補償政策を考慮した企業2の利潤π_2^Gは次のようになる。

$$\pi_2^G = -e(x) - tx \tag{8-32}$$

　そこで、（8-29）、（8-32）から企業1と企業2の利潤最大化条件を求めれば次となる。

$$t = p - c'(x) \tag{8-33}$$

$$t = e'(x) \tag{8-34}$$

[　**図8－10　ピグー税と所得分配**　]

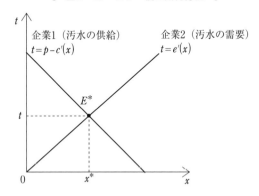

　図8－9では縦軸を課税率および補償率t、横軸を財xとして表され、企業1の汚水の供給曲線（8-33）、企業2の汚水の需要曲線（8-34）として描かれている。企業1へのピグー課税と企業2への補償付与により、汚水の排出市場が創

設されている状況が示されている。(8-33) から企業1は、課税率の増加にともなってxの生産による河川への汚水排出を抑制し、(8-34) から企業2は、補償率の増加にともなって河川への汚水排出を認可してゆくことになり、その結果最適な生産水準x^*が実現することが分かる。したがって、丁度 (8-31) の $t = e'(x^*)$で定められたピグー税率が補償率でもあり、汚水排出価格が設定されたことになる。

‖8-7 環境税と二重配当仮説[23]‖

　新しく環境税を導入する場合、多くの経済学者は環境税が二重の配当をもたらすことを議論している。政府が総税収を一定に保つならば（税収中立）、環境税の導入が、その税自体を課すことで外部性を内部化することが出来るのに加えて、その税収で他の攪乱的課税を減税できるというのが**二重配当**（double dividend）**仮説**である。環境税の外部性の内部化という第1の配当の存在は当然のこととして捉えられるが、環境税の新設もしくは増税による税収分を他の既存の税、例えば所得税などの減税分に充当し、歪みを軽減させるという第2の配当の存在は未だ議論が分かれているところである[24]。

　そこで前章で議論した生産に外部不経済が存在する場合に、政府が加害企業にピグー税を課すことによって外部性を内部化し、経済効率性を回復させた例を再度取り上げて、余剰分析から二重配当の効果について考察する。

8-7-1　ピグー税と従量税

　図8-11では、**(a)** が外部不経済が存在する場合のピグー税と外部不経済および **(b)** が生産に外部不経済が存在しない場合の従量税と死荷重が示されて

23　関連する内容は井堀 [2003]、植田 [1996]、大沼 [2006]、コルスタッド [2001]、ジーベルト [2005]、柴田 [2002] 等を参照のこと。
24　二重配当仮説に関してさらに専門的に学習したい場合は、Bovenberg et al. [1994]、Fullerton [1997]、角野 [2011]、角野 [2012]、角野 [2014] を参照されたい。

いる。図8−11(a)は第7章のピグー税の図7−6を、図8−11(b)は第4章の従量税の図4−2を再掲したものである[25]。

[図8−11　ピグー税と従量税の二重配当]

(a) ピグー税と外部不経済 　　　　　　　 (b) 従量税と死荷重

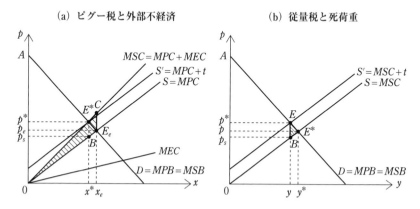

　まず図8−11(a)は、経済には生産の外部不経済が存在する場合である。私的限界費用曲線（$S=MPC$）に加えて、限界外部費用曲線が存在するから、社会的限界費用曲線（$MSC=MPC+MEC$）となる。私的限界費用曲線と需要曲線の交点E_eで需給量x_eが決まる。また、社会的限界費用曲線と需要曲線の交点E^*で需給量x^*が決まる。

　次に図8−11(b)は、経済には生産の外部不経済が存在しない場合である。この場合、限界外部費用曲線MECは存在しないから、社会的限界費用曲線（$S=MSC$）と需要曲線である社会的限界便益曲線（$D=MSB$）の交点E^*で需給量y^*が決まる。

　ここでx財には生産に関する外部不経済を発生させるが、y財は発生させないとして、限界費用は等しいものとして考えることにする。政府は何らかの税収制約が存在し、y財に対して図中$t=BE$に相当する従量税が課されていたと

---

[25] 図8−11 (b) では、$S=MPC$が原点からで描かれている。

する[26]。一方、x財に対しては従量税も含めピグー税も課されてはいない状況を想定する。まず**図8-11(a)**では、限界外部費用曲線MECが考慮されておらず、交点E_eで需給量x_eが決まるから、三角形$0E_eC$分の外部不経済が存在する。したがって、社会的余剰は次のようになる。

$$0E^*A - E^*E_eC = 0E_eA - 0E_eC \tag{8-35}$$

一方、**図8-11(b)**では、供給曲線が従量税を加味した$S' = MSC + t$となるから、需要曲線$D = MSB$の交点Eで需給量yが決まる。したがって、社会的余剰は、生産者余剰＋税収＋消費者余剰であるから次のようになる。

$$0BEA = 0Bp_s + p_sBEp^* + p^*EA \tag{8-36}$$

したがって、課税前の社会的余剰は$0E^*A$であるから、（8-36）から、

$$BE^*E = 0E^*A - 0BEA \tag{8-37}$$

という**死荷重**が生じることになる。x財およびy財から得られる社会的余剰は、（8-35）、（8-36）から、合計したものとして理解される。

次に、x財に対して限界外部費用を考慮し、効率的な生産量を実現するためにピグー税を課すことにしよう。そこで社会的限界費用曲線（$MSC = MPC + MEC$）と需要曲線の交点E^*で最適な生産量x^*が決まるようにピグー税（$t = BE^*$）を課すことにする。したがって、社会的余剰は、生産者余剰＋税収＋消費者余剰－死荷重－外部不経済＋外部不経済消失分であるから次のようになる。

$$0E^*A + E^*E_eC = 0Bp_s + p_sBE^*p^* + p^*E^*A - BE^*E_e - 0BE^* \\ + E^*BE_eC \tag{8-38}$$

一方、ピグー税による税収分を従量税の減税に充てるとすれば、課税前の社会的余剰に戻り、死荷重分が消失するから、社会的余剰は次のようになる。

---

26 従量税の余剰分析は第4章消費税を参照のこと。

$$0BEA + BE^*E = 0E^*A \tag{8-39}$$

8-7-2　二重配当効果の存在[27]

　外部不経済が存在する財へのピグー税と従量税の減税の組み合わせによる二重配当効果について考察しよう。まず、第1の配当は、(8-35) と (8-38) を比較すれば分かる。ピグー税の課税前後では、外部不経済消失分 E^*E_eC が社会的余剰に追加されたことになり、効率性が回復している。次に第2の配当は、(8-36) と (8-39) を比較すれば分かる。従量税の減税前後では、死荷重 BE^*E 分が社会的余剰に追加されたことになり、効率性が回復している。したがって、ピグー税の課税により第1の配当である外部不経済の効率性の是正、そして、第2の配当である歪みのある税の減税による効率性の改善が可能であることが示されたことになる。

　ただし、二重配当効果についてはいくつかの留意すべき点が存在する。Bovenberg et al. [1994]、Fullerton [1997] 等の論文での二重配当の扱いは、環境税によって労働に対する所得税の減税として考えているが、これには労働と余暇の代替を考慮すべきであり、環境税の課税によって、さらなる歪みを生じさせ、生産の減少につながるかもしれないという点である。もし環境税によって十分な税収が確保できないとすれば、その税収分を他の歪みをもたらす税の減税にまわすことが出来ない可能性もあり、第2の配当に関しては賛否が分かれているところである。

●**参考文献**●

［和　文］

青木和人『オープンデータとQGISでゼロからはじめる地図づくり』講談社、2023年。

---

[27] 角野 [2011]、角野 [2012]、角野 [2014] では、二重配当仮説についての理論分析がなされている。

浅子和美・落合勝昭・落合由紀子『グラフィック環境経済学』新世社、2015年。

井堀利宏『公共経済の理論』有斐閣、1996年。

井堀利宏『現代経済学入門　財政』（第 2 版）岩波書店、2001年。

井堀利宏『要説：日本の財政・税制』税務経理協会、2002年。

井堀利宏『課税の経済理論』岩波書店、2003年。

植田和弘『環境経済学』岩波書店、1996年。

江島一彦編『図説日本の税制（平成27年度版）』財経詳報社、2015年。

緒方隆・須賀晃一・三浦功『公共経済学』勁草書房、2006年。

金森久雄・大守隆『日本経済読本』（第20版）東洋経済新報社、2016年。

河端瑞樹『事例で学ぶ経済・政策分析のためのGIS入門　QGIS, R, GeoDa対応』古今書院、2022年。

岸本哲也・入谷純編『公共経済学』八千代出版社、1998年。

コルスタッド，C.D.『環境経済学入門』細江守紀・藤田敏之監訳、有斐閣、2001年。

齋藤誠『震災復興の政治経済学　津波被災と原発危機の分離と交錯』日本評論社、2015年。

齋藤誠編『震災と経済』大震災に学ぶ社会科学、第 4 巻、東洋経済新報社、2015年。

ジーベルト，H.『環境経済学』大沼あゆみ監訳、シュプリンガー・フェアラーク東京、2005年。

柴田弘文『環境経済学』東洋経済新報社、2002年。

角野浩「環境税制改革と二重配当」『生駒経済論叢』Vol.9　No.2、pp.53（169）〜pp.67（183）、2011年。

角野浩「Sandmoの環境フィードバックと二重配当仮説」『生駒経済論叢』Vol.9　No.3、pp.15（253）〜pp.35（273）、2012年。

角野浩『失業と環境政策の租税分析』同友館、2014年。

角野浩「名古屋市における新型コロナウイルス感染症（COVID-19）対策のための救急告知病院・消防署および保健センターの設置状況—GISとjSTAT MAPを用いた65歳以上人口のカバー状況の検証と地理空間情報分析—」『生駒論叢』、Vol.18　No.2、pp.105（161）〜pp.142（198）2020年。

角野浩「新型コロナウイルス（COVID-19）感染下での名古屋市内救急医療の立地状況と地価の地理空間情報分析」『生駒論叢』Vol.19　No.2、pp.63（95）〜pp.82（114）2021年。

田原芳幸編『図説　日本の税制（平成28年度版）』財経詳報社、2016年。

半井真明『まちの課題・資源を可視化するQGIS活用ガイドブック：基本操作から実践例まで』学芸出版社、2022年。

橋本雄一編『二訂版　QGISの基本と防災活用』古今書院、2017年。

橋本雄一編『六訂版　GISと地理空間情報—ArcGIS Pro 3.0の活用—』古今書院、2022年。

細江守紀・三浦功編『現代公共政策の経済分析』中央経済社、2005年。

竹内信二編『スタンダード財政学』中央経済社、2005年。

三橋規宏『環境経済入門』（第 4 版）日経文庫、日本経済新聞出版社、2013年。

山田雅俊・中井英雄・岩根徹・林宏明『財政学』有斐閣、1992年。

［欧　文］

Bovenberg, L. A. and de Mooij, R. A., "Environmental levies and distortion taxation," American Economic Review, vol. 84, 1994.

Fullerton, D., "Environmental levies and distortion taxation: Comment," American Economic Review, vol. 87, 1997.

［データ・資料］

あいち救急医療ガイドウェブサイト
・―愛知県　救急医療情報システム―
（http://www.qq.pref.aichi.jp/）
（2024年1月31日確認）

厚生労働省ウェブサイト
・政策について 分野別の政策一覧 健康・医療 健康 感染症情報 新型コロナウイルス感染症について 新型コロナウイルス感染症の5類感染症移行後の対応について
（https://www.mhlw.go.jp/stf/corona5rui.html）
（2024年1月27日確認）

国土交通省ウェブサイト
・国土地理院　GIS・国土の情報　新たな「地理空間情報活用推進基本計画」が閣議決定されました
（https://www.gsi.go.jp/chirikukan/chirikukan41032.html）
（2024年1月26日確認）
・国土地理院　GIS・国土の情報
（https://www.gsi.go.jp/top.html）
（2024年1月26日確認）
・政策・仕事 土地・不動産・建設業 地理空間情報 国土数値情報ダウンロードサイト
（https://nlftp.mlit.go.jp/ksj/）
（2024年1月26日確認）

政府統計の総合窓口（e-Stat）統計でみる日本ウェブサイト
・統計地理情報システム　地図で見る統計（jSTAT MAP）
（https://www.e-stat.go.jp/gis）
（2024年1月31日確認）

内閣官房ウェブサイト

・各種本部・会議等の活動情報　地理空間情報活用推進会議／地理空間情報活用推進室　地
　理空間情報活用推進基本計画（令和 4 年 3 月 1 8 日閣議決定）
　（https://www.cas.go.jp/jp/seisaku/sokuitiri/index.html）
　（2024年 1 月26日確認）

名古屋市ウェブサイト

・暮らしの情報　生活と住まい　生活衛生　食の安全・安心をめざして　食の安全・安心に
　関する問合せ先　名古屋市16区保健センターの食品衛生や動物愛護の担当窓口一覧
　（https://www.city.nagoya.jp/kenkofukushi/page/0000006505.html）
　（2024年 1 月31日確認）

三重県ウェブサイト

・県政・お知らせ情報　地方自治　広域連携　関連情報　三重県は中部地方？近畿地方？
　（https://www.pref.mie.lg.jp/KIKAKUK/HP/renkei/09519011959.htm）
　（2024年 1 月27日確認）

ESRI社ウェブサイト

・ArcGIS Pro　世界有数のGISソフトウェア
　（https://www.esri.com/ja-jp/arcgis/products/arcgis-pro/overview）
　（2024年 1 月26日確認）

QGISウェブサイト

・フリーでオープンソースの地理情報システム
　（https://qgis.org/ja/site/）
　（2024年 1 月26日確認）

補章　経済数学の基礎

Key! Words　価格理論、希少性、需要関数、限界効用逓減の法則、消費者余剰、供給関数、限界費用、生産者余剰、関数、限界生産力、導関数、合成微分、偏微分と全微分、効用最大化問題、限界代替率、ラグランジュ乗数法、ベクトル、行列、行列式、クラメールの公式

‖A-1 ミクロ経済学の基礎‖

　本章では、本書を理解するうえで最低限必要と考える経済数学の基礎を整理しておく。主に**ミクロ経済学**（microeconmmics）の基礎を中心とした内容を解説する。これは本書だけではなく、経済学を理解する上で大切な基礎的な諸概念を説明する。

　まず経済数学の基礎概念を整理する前に、ミクロ経済学とは何かについて考えてみよう。ミクロ経済学は、「**価格理論**（price theory）」と呼ばれている。現実の経済では、様々な財が売買される。**財**（goods, commodities）の価値は**貨幣**（money）を基準とした価格で現れ、各財には価格が付けられ、市場経済において交換取引がなされる。つまり、価格は任意の二財の**交換比率**を示したものであり、価格は財相互の**交換価値**（exchange value）を表していると考えることができる。そして、人々がある財を欲することで使用価値が生まれ、そして価格が付けられる。さらに、ある財がどの程度の「**希少性**（scarcity）」を有しているかによっても、価格付けは異なってくる。例えば、水よりも石油の方が価格が高いのは、同じ天然資源ではあるが、水よりも石油のほうが財の希少性が高いということで理解できるだろう。

そこで本節では、人々が財を欲することで需要が存在し、財の供給が稀少であることで財の価値が発生し、価格が形成されることから、需要・供給曲線について考える。そして需要・供給曲線の導出方法を説明する中で、余剰分析を解説しながら消費者余剰と生産者余剰の概念について説明する。

A-1-1　需要関数と消費者余剰

　ある財を消費する**経済主体**（economic unit）が**個人**（individual）や**家計**（household）であり、欲求を最大限に満たすような財の組み合わせを選択することを**需要**（demand）とよぶ。欲求を満たすことで得られる満足が**効用**（utility）であり、満足度を数値化したものが**効用関数**（utility function）である。本節では消費者の需要行動について考えてみる。例えば、ある学生が講義の休憩時間に、「コーヒー」を飲みたいと思う状況を想像してみよう。ある学生は、講義に疲れ、とてものどが渇いたので、とにかく最初の一杯のコーヒーにはかなりの金額を払ってもよいと考えるかもしれない。とてもコーヒー好きな学生ならば、最初のコーヒー1単位には90円を支払ってもよいと考えるだろう。さらに、次々とコーヒーを飲むにしたがって、2杯目である次の1単位には80円、3杯目の1単位には70円というように追加的な1単位当たりに支払ってもよいと考える金額は減少してゆく。追加的なコーヒー1単位当たりの支払

[　**図A－1　需要関数と消費者余剰**　]

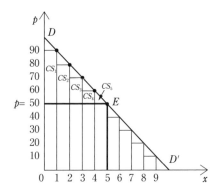

い金額は、追加的な1単位から得られる効用であり**限界効用**（marginal utility: **MU**）と呼んでおり、限界効用の増え方が追加的な1単位ごとに減少することが**限界効用逓減の法則**（law of diminishing marginal utility）である。

　図A−1の DD' 曲線は、ある学生の限界効用を連続的に結んで、描いたものである。横軸がコーヒーの需要量、縦軸が価格である。もしコーヒーの価格が50円であれば、学生は5杯目まで飲むから、つまり、この例では、点 E で価格 $p=50$、コーヒー $x=5$ を需要することを意味する。このようにある財の価格とある個人の財の需要量との関係を示したものが**需要関数**（demand function）であり、これは、**限界効用曲線**を表してもいる。

　ある学生の最初の1杯目のコーヒーの限界効用90円とコーヒーの価格50円との差額である40円、つまり、**図A−1**の CS_1 が学生の効用の増加分である。したがって、コーヒー価格50円の下で、学生が5杯分飲んだ時の効用の増加分が**消費者余剰**（consumer's surplus: **CS**）であるから、

$$CS = CS_1 + CS_2 + CS_3 + CS_4 + CS_5 \tag{A-1}$$

となる[1]。

A-1-2　供給関数と生産者余剰

　企業が生産に投入する財、資本や労働を**投入物**（input）あるいは**生産要素**（factor of production）と呼ぶ。そして、生産要素の投入量と生産物の最大限の生産量との技術的関係を**生産関数**（production function）と呼ぶ。ある財に対する生産者の供給行動について考えてみる。例えば、ある街中の喫茶店でコーヒー豆を挽いてブレンド・コーヒーを販売することを考えよう。最初のコーヒー1杯目である1単位の生産には10円の価格を付ける。そして、次の2杯目のコーヒー1単位には20円、3杯目の1単位には30円というように追加的なコーヒー1単位にはより高い価格を付けてゆくものとする。街中の小さな喫茶店

---

(1)　5杯目のコーヒーは、限界効用50円で価格50円だから、$CS_5=0$ である。

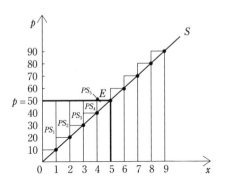

では、コーヒーの生産が増大すると生産費が増大するから、追加的費用を価格に上乗せしていると考えられる[2]。追加的なコーヒー1単位当たりの価格は、追加的な1単位の生産にかかる費用であり**限界費用**（marginal cost: **MC**）と呼んでおり、限界費用の増え方が追加的な1単位ごとに増大することは限界費用が逓増することを想定している。

図A-2の $0S$ 曲線は、ある街中の喫茶店の限界費用を連続的に結んで、描いたものである。横軸がコーヒーの供給量、縦軸が価格である。もしコーヒーの価格が50円であれば、喫茶店は5杯目まで販売するから、つまり、この例では、点 E で価格が $p=50$ で、コーヒーを $x=5$ だけ供給することを意味する。このようにある財の価格とある個人の財の供給量との関係を示したものが**供給関数**（supply function）であり、これは、**限界費用曲線**を表してもいる。

喫茶店の最初の1杯目のコーヒーの限界費用10円とコーヒーの価格50円との差額である40円、つまり、図A-2の PS_1 が喫茶店の利潤の増加分である。したがって、コーヒー価格50円の下で、喫茶店が5杯分販売した時の利潤の増加分

---

(2) 大きなチェーン店では、大量生産による低コストが可能であるが、街中の小さな喫茶店では、大量生産には重労働、長時間労働という苦痛を伴うことが想像できるから、このような急激な費用の増加となったと考えることが出来るだろう。

が**生産者余剰**（producer's surplus: **PS**）であるから、

$$PS = PS_1 + PS_2 + PS_3 + PS_4 + PS_5 \tag{A-2}$$

となる[3]。

A-1-3　市場均衡と社会的余剰

　市場では、財の需要者と供給者が所与の価格の下で財を取引する。需要側の限界効用と供給側の限界費用が丁度一致した点で価格が決定され、需給量が決まる。取り上げたコーヒーの市場の例では、価格が50円であれば、学生は5杯分購入し、喫茶店は5杯分販売するから、需給量が一致し均衡する。

　一般的には、需要者も供給者も多数存在するから、市場全体の需給量が一致する価格が決まる。

[　**図A－3　市場均衡と社会的厚生**　]

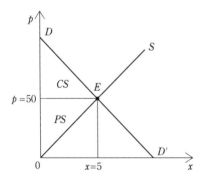

　図A－3の DD' 曲線は市場全体の総需要量、$0S$ 曲線は市場全体の総供給量を表しているとする。価格 $p=50$、財 $x=5$ で、財の需給量は一致し、市場均衡が成立する。このように市場の価格調整機能を通じて効率的な資源配分が達成されるから、経済厚生を最大化する働きを持つ。A-1-2の（A-1）を社会全体の消費

---

(3)　5杯目のコーヒーは、限界費用50円で価格50円だから、$PS_5=0$ である。

者余剰、（A-2）を社会全体の生産者余剰と考えれば、**社会的余剰**（social surplus: **SS**）は、これらの合計であるから次のようになる。

$$SS = CS + PS \qquad\qquad (\text{A-3})$$

　したがって、市場を通じて（A-3）の社会的余剰をいかに最大化するかが問題となる。また、第4章の消費税のところで議論した租税の転嫁と帰着に関しても、租税の歪みは、社会的余剰を減少させる死荷重（超過負担）が存在することであり、これをいかに最小にするかが租税に関する最大の問題点であった。

‖A-2 経済数学の基礎‖

　ミクロ経済学の基礎を理解する上で、必ず経済数学の基礎概念について習得しておく必要がある。そこで本節では、生産関数を例に取りながら関数の考え方および限界生産力を説明することで、経済数学の基礎概念を整理する。

A-2-1　関数の考え方

　ある財の生産要素、例えば、パンの生産要素である小麦xが与えられると、パン工場で生産されるパンの生産量yが決まる。$\boxed{f}$がパン工場であるとすれば、これらの関係を図示すれば次のようになる。

[　**図A－4　関数の考え方**　]

　図A－4は、$\boxed{f}$に何かインプットをすれば、そこからアウトプットが出てくることを表している。「xのどの1要素もそれぞれyのある要素に対応づけられている」というルールが**関数**（function）である。関数は次のように表す。

$$y = f(x) \qquad\qquad\qquad\text{(A-4)}$$

（A-4）の下線の矢印は、説明のための関数の読み方の方向を示しているだけであり、通常は記載しない。つまり、xを$f(\cdot)$にインプットするとyのアウトプットが出てくることを意味している。このように関数は右から左に読む。特に上の例のように経済学では、小麦という原材料からパン工場でパンが生産されることを意味するから、関数の読み方が重要である。また、xのインプットの動きうる範囲が**定義域**（domain）、yのアウトプットの動きうる範囲が**値域**（range）である。

A-2-2　限界生産力

　微分は、**限界**（marginal）**概念**として経済学で頻繁に用いられる。限界生産力、限界効用、限界代替率などの限界概念を表す数学の道具が微分である。

　パン工場の例で用いた生産関数$y=f(x)$を例にとって、限界生産力について説明することにしよう。今小麦をx_0だけインプットしたとき、パンが$f(x_0)$だけ生産されているとする。ここでxを追加的に1単位インプットする時、どれだけyが生産されるかを表したものが**限界生産力**（marginal productivity: *MP*）であり、次式で示されている。

$$MP = \frac{f(x_0+1) - f(x_0)}{(x_0+1) - (x_0)} = f(x_0+1) - f(x_0) \qquad\qquad \text{(A-5)}$$

　図A－5は（A-5）を図示したものである。グラフ上の点Aから点Bへの移動は、変数xがx_0からx_0+1に変化したときに、関数の値が$f(x_0)$から$f(x_0+1)$に変化したことが分かる。限界生産力の場合、（A-5）の分母が1となるから、**図A－5**ではBC分で表されている。

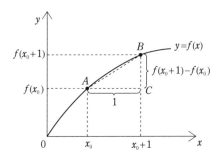

[　図A−5　限界生産力　]

‖A-3 微分について‖

　経済学の基礎的な概念を理解する時、ある程度の数式展開を必要としたモデルを考察する必要がある。本節では、まず前節の限界生産力の概念から微分の考え方について説明し、比較的頻繁に用いられると考えられる微分に関する諸公式について整理する。そして、経済モデルを考察する時用いられる偏微分と全微分について説明する。

A-3-1　微分の考え方

　微分の考え方を説明するために、限界生産力の概念の説明で用いた生産要素xのインプットについて次のように考えることにする。そこで、追加的な生産要素xの1単位の増加ではなく、x_0からほんの少しだけ（h）生産要素を増加させてインプットしたとき、どれだけ生産物yが増産されるかを考える。**図A−6**では、x_0から$\tilde{h}$あるいは$\hat{h}$だけインプットを増加させた場合が、点Bあるいは点Cで図示されている。この時、生産関数$y=f(x)$のx_0における傾きの大きさが**微分係数**（differentiation coefficient）であり、微分係数を求める作業が微分であると考えることが出来る。

　関数$f(x)$の点Aでの**接線の傾き**を求める作業は、点A付近の様子を直線llで

[**図A−6　微分の考え方**]

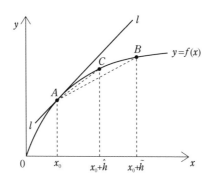

の傾きに近似することで可能である。これは微分という作業は、関数のグラフ
を各点での直線での近似作業によって、接線の傾きを導出することであると考
えることが出来る。言い換えれば、**図A−6**では、微少変化分 h の大きさを
徐々に小さくしてゆくことでも理解される。最初 $\bar{h}$ で測った場合の AB 間の傾
きに比べて、$\hat{h}$ で測った場合の AC 間の傾きの方が、点 A での接線 ll の傾きに近
づいてゆくことが見て取れるであろう。したがって、h を小さくしてゆき、点
A での接線の傾きを求める作業は、

$$h \to 0 \text{の時}\ \frac{f(x_0 + h) - f(x_0)}{(x_0 + h) - (x_0)} \to \text{点} A \text{での接線の傾き} \tag{A-6}$$

と整理することが出来る。そこで、変化率を $\Delta x = (x_0 + h) - x_0$、$\Delta y = f(x_0 + h) - f(x_0)$
とすれば、極限が、

$$\lim_{\Delta x \to 0} \frac{\Delta y}{\Delta x} = \lim_{h \to 0} \frac{f(x_0 + h) - f(x_0)}{(x_0 + h) - (x_0)} \tag{A-7}$$

が存在するとき、関数 $f(\cdot)$ は x_0 において**微分可能**（differentiable at x_0）である
と定義し、極限を $f'(x_0)$ または $df(x_0)/dx$ と表現する。（A-7）で微分可能であると
定義されたとき、$f'(x_0)$ を x_0 における微分係数あるいは微係数と改めて呼ぶこ

とにする。

　以上は関数 $f(x)$ の定義域のある任意の点 x_0 における微分について説明したが、ある点を定義域の各点に拡張して考える。そこで、関数 $f(x)$ が点 x_0 を含んだ定義域の各点において微分可能であるとするならば、f の x に関する**導関数**（derivative）と呼ぶことにし、$f'(x)$ または $df(x)/dx$ で表す。言い換えれば、$f(x)$ から導関数を求めることが $f(x)$ を微分するという。

　生産関数 $y=f(x)$ の限界生産力を求めることは、$f(x)$ の接線の傾きを求めることである。そして、その作業は、$f(x)$ を微分することである。したがって、経済学では、頻繁に限界の概念が用いられ、微分が行われることになる。

A-3-2　微分の公式

　関数 $f(x)$ の導関数を求めること、つまり $f(x)$ の微分について整理しておくことにしよう。公式 1 ～ 5 は指数関数、対数関数および三角関数などの微分の計算でよく使われる関数の導関数をまとめたものである。

公式 1： $y=c$ （c は一定）ならば $y'=0$　　　　　　　　　　(A-8)

公式 2： $y=f(x)=kx$ （k は一定）ならば $y'=f'(x)=k$　　　　(A-9)

公式 3： $y=f(x)=x^n$ （x は一定）ならば $y'=f'(x)=nx^{n-1}$　　(A-10)

公式 4： $\{e^x\}'=e^x$　　　　　　　　　　　　　　　　　　(A-11)

公式 5：（指数関数の導関数）$\{a^x\}'=\{\ln a\}a^x$　　　　　　　(A-12)

公式 6：（対数関数の導関数）$\{\ln x\}'=\dfrac{1}{x}$　　　　　　　(A-13)

公式 7 ： $\left\{\log_a x\right\}' = \dfrac{1}{\ln a}\dfrac{1}{x}$ $\qquad$ (A-14)

公式 8 ： $\left\{\sin x\right\}' \cos x$ $\qquad$ (A-15)

公式 9 ： $\left\{\cos x\right\}' = -\sin x$ $\qquad$ (A-16)

公式10： $\left\{\tan x\right\}' = \dfrac{1}{\cos^2 x}$ $\qquad$ (A-17)

公式 4 〜 7 について補足しておく。公式 4 の e は**自然対数の底**[4] であり、$\ln x$ は $\log_e x$ のことであり、**自然対数**（natural logarithm）と呼ばれる。次に、公式 1 〜 3 について例題を用いて関数の導関数を計算する。

【例題 1 】 公式 1 （A-8）について、$y = 1$ の導関数を求める。例えば $x = 0$ における $y = 1$ の傾きを求めることである。$y = 1$ の $x = 0$ における傾きは 0 であり、微分係数は $f'(0) = 0$ である。したがって、x の定義域の各点での導関数は $y' = f'(x) = 0$ である。以下同様な考え方で導関数を導出することができるから、具体例を例示しておくことにしよう。

【例題 2 】 公式 2 （A-9）について、$y = f(x) = 4x$ の導関数を求める。

$$y' = f'(x) = 4$$

【例題 3 】 公式 3 （A-10）について、$y = f(x) = x^3$ の導関数を求める。

$$y' = f'(x) = 3x^{3-1} = 3x^2$$

---

[4] 数 e は、$e = \lim_{n \to \infty}\left(1 + \dfrac{1}{n}\right)^n$ のように定義される数である。

次に関数 $f(x)$ を求めるときに、知っておくと便利であるいくつかの微分（導関数）の公式をまとめておこう。

公式11：（関数の和の導関数）$\{f(x)+g(x)\}' = f'(x)+g'(x)$ $\qquad$ (A-18)

公式12：（関数の差の導関数）$\{f(x)-g(x)\}' = f'(x)-g'(x)$ $\qquad$ (A-19)

公式13：（関数の積の導関数）$\{f(x)\cdot g(x)\}' = f'(x)\cdot g(x)+f(x)\cdot g'(x)$ (A-20)

公式14：（関数の商の導関数）$\left\{\dfrac{f(x)}{g(x)}\right\}' = \dfrac{f'(x)\cdot g(x)-f(x)\cdot g'(x)}{(g(x))^2}$ $\quad$ (A-21)

公式15：（分数の導関数）$\left\{\dfrac{1}{g(x)}\right\}' = -\dfrac{g'(x)}{(g(x))^2}$ $\qquad$ (A-22)

公式16：（合成関数の導関数）$\dfrac{dy}{dx} = \dfrac{dy}{dz}\cdot\dfrac{dz}{dx}$ $\qquad$ (A-23)

公式16'：（合成関数の導関数）$\{f(g(x))\}' = f'(g(x))\cdot g'(x)$ $\qquad$ (A-24)

次に、公式11〜16について例題を用いて関数の導関数を計算する。特に公式16の**合成関数**（composite function）の微分は経済学で頻繁に用いられるので習熟しておく必要があるだろう。まず、$f(x)=4x$、$g(x)=x^2 \neq 0$ として以下の例題を解くことにしよう。

【例題4】 公式11（A-18）について、$y=\{4x+x^2\}$ の導関数を求める。

$$\{4x+x^2\}' = \{4x\}' + \{x^2\}' = 4+2x$$

【**例題5**】 公式12(A-19)について、 $y = \{4x - x^2\}$ の導関数を求める。

$$\{4x - x^2\}' = \{4x\}' - \{x^2\}' = 4 - 2x$$

【**例題6**】 公式13(A-20)について、 $y = \{4x \cdot x^2\}$ の導関数を求める。

$$\{4x \cdot x^2\}' = \{4x\}' \cdot x^2 + 4x \cdot \{x^2\}' = 4 \cdot x^2 + 4x \cdot 2x = 12x^2$$

【**例題7**】 公式14(A-21)について、 $y = \left\{\dfrac{4x}{x^2}\right\}$ の導関数を求める。

$$\left\{\frac{4x}{x^2}\right\}' = \frac{\{4x\}' \cdot x^2 - 4x \cdot \{x^2\}'}{(x^2)^2} = \frac{4 \cdot x^2 - 4x \cdot 2x}{x^4} = -\frac{4x^2}{x^4} = -\frac{4}{x^2}$$

【**例題8**】 公式15(A-22)について、 $y = \left\{\dfrac{1}{x^2}\right\}$ の導関数を求める。

$$\left\{\frac{1}{x^2}\right\}' = \frac{-\{x^2\}'}{(x^2)^2} = -\frac{2x}{x^4} = -\frac{2}{x^3}$$

【**例題9**】 公式16(A-23)、公式16'(A-24)について、 $y = f(x) = (x^2 + 2)^2$ の導関数を求める。この時 $z = g(x) = x^2 + 2$ とおけば、 $y = f(x) = z^2 = \{g(x)\}^2$ とおける。公式16を用いるために、 $\dfrac{dy}{dz}$、 $\dfrac{dz}{dx}$ を求めれば、 $\dfrac{dy}{dz} = 2z$、 $\dfrac{dz}{dx} = 2x$ となる。したがって、 $\dfrac{dy}{dx} = \dfrac{dy}{dz} \cdot \dfrac{dz}{dx} = 2z \cdot 2x = 2(x^2 + 2) \cdot 2x = 4x^3 + 8x$ となる。

または、公式16'を用いれば、 $\{f(g(x))\}' = f'(g(x)) \cdot g'(x) = 2g(x) \cdot g'(x)$ $= 2(x^2 + 2) \cdot 2x = 4x^3 + 8x$

【**例題10**】 公式14(A-21)を、公式13(A-20)、公式16(A-23)を用いて導出する。まず公式14(A-21)の右辺を RHS、そして左辺を次のように置く。

$$LHS = \left\{\frac{f(x)}{g(x)}\right\}' = \{f(x) \cdot g(x)^{-1}\}' \tag{A-25}$$

さらに、 $y = g(x)^{-1}$ と置けば、2つの関数 $y = z^{-1}$、 $z = g(x)$ と置く事ができる。これらを考慮して、公式13を用いて導関数を求めれば、

$$LHS = \left\{ f(x) \cdot y(x) \right\}' = f'(x) \cdot y(x) + f(x) \cdot y'(x) \qquad \text{(A-26)}$$

となる。(A-26)で、$\cdot y'(x)$を公式16を用いて導出すれば次となる。

$$y'(x) = \frac{dy}{dz} \cdot \frac{dz}{dx} = -z^{-2} \cdot g'(x) = -g(x)^{-2} \cdot g'(x) \qquad \text{(A-27)}$$

さらに、(A-27)を(A-26)に代入すれば次が得らる。

$$LHS = f'(x) \cdot g(x)^{-1} + f(x) \cdot \left[-g(x)^{-2} \cdot g'(x) \right] = RHS \qquad \text{(A-28)}$$

したがって、(A-28)によって公式14が導出された。

‖A-4 偏微分と全微分‖

　1変数関数の場合と異なって、2変数以上の多変数関数の場合には、2通りの微分概念、すなわち、**全微分**（total derivative）と**偏微分**（partial derivative）があり、これらを区別して考える必要がある。そこで、多変数関数の一番単純な形である**図A－7**で例示したような2変数関数の生産関数を例にとって、偏微分と全微分の考え方について見ておくことにしよう。

[　**図A－7　2変数関数の微分**　]

A-4-1　偏微分について

　ある財の生産、例えば、パンが2つの生産要素、つまり、資本Kと労働Lから生産されるとすれば、パン工場で生産されるパンの生産量yが決まる。fがパン工場であるとすれば、これらの関係は**図A－7**で図示されている。

　図A－7は、fに2種類のインプットをすれば、そこからアウトプットが出

てくることを表している。この関数関係は次のように表す。

$$y = f(K, L) \tag{A-29}$$

ここで(A-29)を微分するとき、2変数KとLのうち、片方を固定すれば、この関数の微分は可能である。例えば、片方の変数の労働Lを固定して、$\overline{L}$とすれば、この関数は他方の変数の資本Kで微分ができる。そこで、例で用いた生産関数のKに関する偏微分は、$\dfrac{dy}{dK} = \dfrac{df(K, \overline{L})}{dK}$である。また、同様に変数$K$を固定して$\overline{K}$とすれば、変数$L$で微分ができるから、生産関数の$L$に関する偏微分は、$\dfrac{dy}{dL} = \dfrac{df(\overline{K}, L)}{dL}$である。このように2変数のうちの片方の変数を固定して、他方の変数で微分することを**偏微分**と呼んでいる。ここで、KやLを固定する場合、$\overline{K}$や$\overline{L}$と記して偏微分を行ったが、微分記号dの変わりに、偏微分の場合は、偏微分記号として∂（ラウンドと読む。）を用いることにする。したがって、関数のKの偏微分は$\dfrac{\partial y}{\partial K} = \dfrac{\partial f(K, L)}{\partial K}$、$L$の偏微分は$\dfrac{\partial y}{\partial L} = \dfrac{\partial f(K, L)}{\partial L}$で表される。

【例題11】 $y = f(K, L) = K^\alpha L^{1-\alpha}$、 $\alpha > 0$、 $1 - \alpha > 0$のとき、KとLに関して偏微分する。

まず、Kに関する偏微分は、$\dfrac{\partial y}{\partial K} = \dfrac{\partial f(K, L)}{\partial K} = \alpha K^{\alpha-1} L^{1-\alpha}$。同様に、$L$に関する偏微分は、$\dfrac{\partial y}{\partial L} = \dfrac{\partial f(K, L)}{\partial L} = (1-\alpha) K^\alpha L^{-\alpha}$と求まる。

偏微分に関してまとめておくことにしよう。2変数関数$y = f(x_1, x_2)$とおくとき、x_1を変数、x_2を定数$\overline{x}_2$とする1変数関数$f(x_1, \overline{x}_2)$を考えて、ある点$\hat{x}_1$で微分可能であるならば、$f(x_1, \overline{x}_2)$は$\hat{x}_1$で**偏微分可能**（partial differentiable at $\hat{x}_1$）であるといい、この微分係数を**偏微分係数**と呼ぶ。そして、2変数関数$y = f(x_1, x_2)$がx_1の定義域の他のx_1の値に対して偏微分可能であるならば、

$f(x_1, x_2)$のx_1に関する**偏導関数**（partial derivative）と呼び、$f_{x_1}(x_1, x_2)$、$\dfrac{\partial f}{\partial x_1}$、

$\dfrac{\partial y}{\partial x_1}$などと表す。$f(x_1, x_2)$から$x_1$に関する偏導関数を導出することは$f$を$x_1$に関

して**偏微分**すると言う。また、x_1を定数、x_2を変数とすれば、ある点$\hat{x}_2$で微分可能であるならば、$f(\bar{x}_1, x_2)$は$\hat{x}_2$で偏微分可能であるといい、fをx_2に関して偏微分するという。

A-4-2　全微分について

　一般的に**多変数関数**$f(x_1, x_2, \ldots, x_n)$が、点$(\hat{x}_1, \hat{x}_2, \ldots, \hat{x}_n)$で**全微分可能**であるならば、偏微分可能であるという関係が成立する。偏微分は1変数関数の微分の拡張であるのに対して、全微分の概念は、ベクトル、収束などの数学概念を用いて精緻に理解する必要がある。ここでは偏微分の説明で用いた一般的な2変数関数の全微分の公式として提示し、その解説にとどめておく[5]。

　公式17：（全微分の公式）

$$dy = \frac{\partial f(x_1, x_2)}{\partial x_1} dx_1 + \frac{\partial f(x_1, x_2)}{\partial x_2} dx_2 \qquad \text{(A-30)}$$

（A-30）が意味する全微分とは次のように考えることが出来る。2変数関数$y = f(x_1, x_2)$が生産関数であると考えれば、生産要素x_1を増加（生産要素x_2を固定）させたときの生産物yの増加分：$\left[\text{（A-30）の右辺第1項：} \frac{\partial f(x_1, x_2)}{\partial x_1} dx_1\right]$と、生産要素$x_2$を増加（生産要素$x_1$を固定）させたときの生産物$y$の増加分：$\left[\text{（A-30）の右辺第2項：} \frac{\partial f(x_1, x_2)}{\partial x_2} dx_2\right]$を併せたものが全体としての生産物$y$の増加分：$\left[\text{（A-30）の左辺}\right]$であることを表している。

---

(5)　全微分の概念の証明は、入谷[2006]等を参照のこと。

‖A-5 最適性の条件について‖

[　図A−8　限界代替率と効用最大化問題　]

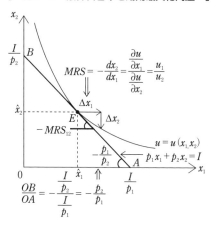

　数式展開を必要とした経済モデルを分析する場合、必ず最適化問題を解く事になる。そこで、本節では家計の効用最大化問題を考える中で、まず限界代替率を説明し、最大化問題の必要条件を導出し、ラグランジュ乗数法を用いて解く方法を解説する。そこで予算制約付き効用最大化問題を考えることにしよう。2つの財 x_1、x_2 から得られる効用関数 $u = u(x_1, x_2)$、予算制約を $p_1 x_1 + p_2 x_2 = I$ とする。ただし、財 x_i の価格を p_i、所得を I とする。この時、つぎの最大化問題を解く。

予算制約付き効用最大化問題：

$$\underset{x_1, x_2}{\text{Max}}\, u = u(x_1, x_2)$$
$$\text{subject to }\; p_1 x_1 + p_2 x_2 = I$$

(A-31)

図A-8は（A-31）の効用最大化問題を解いたときの必要条件が図示されている。

A-5-1　限界代替率について

　いま**無差別曲線**（indifference curve）上の点 $E = (\hat{x}_1, \hat{x}_2)$ から、第1財を微小

量 Δx_1 だけ増加させたとき、同一の無差別曲線上（同一の効用水準）にとどまるために第2財を Δx_2 だけ変化させる状況を考える。つまり、消費量の組み合わせ $\hat{x} = (\hat{x}_1, \hat{x}_2)$ から $\hat{x} + \Delta x = (\hat{x}_1 + \Delta x_1, \hat{x}_2 + \Delta x_2)$ だけ変化し、効用水準が $\hat{u} = u(\hat{x}_1, \hat{x}_2)$ から $\hat{u} + \Delta u$ へと変化する状況は次で表すことができる。

$$\Delta u = \frac{\partial u(\hat{x}_1, \hat{x}_2)}{\partial x_1} \Delta x_1 + \frac{\partial u(\hat{x}_1, \hat{x}_2)}{\partial x_2} \Delta x_2 \qquad \text{(A-32)}$$

(A-32)では、$u = \hat{u}$ に固定しているから、$\Delta u = 0$ である。したがって、

$$-\frac{dx_2}{dx_1} = \lim_{\Delta x_1 \to 0} -\frac{\Delta x_2}{\Delta x_1} \qquad \text{(A-33)}$$

となる。（A-33）で示された値が点 $E = (\hat{x}_1, \hat{x}_2)$ における**第2財の第1財に対する限界代替率**（marginal rate of substitution: MRS_{12}）と定義する。**図A－8**では、接線の傾きにマイナス符号を付けたものとして表されている。

効用関数が連続微分可能であると仮定すれば、限界代替率は次となる[6]。

$$MRS_{12} = -\frac{dx_2}{dx_1} = \frac{u_1(\hat{x}_1, \hat{x}_2)}{u_2(\hat{x}_1, \hat{x}_2)} \qquad \text{(A-34)}$$

ただし、限界効用は、$u_i(\hat{x}_1, \hat{x}_2) = \partial u(\hat{x}_1, \hat{x}_2) / \partial x_i, i = 1, 2$ としておく。
（A-34）から、$(\hat{x}_1, \hat{x}_2)$ における限界代替率 MRS_{12} は、限界効用 $u_i(\hat{x}_1, \hat{x}_2)$ の比と等しくなる。

A-5-2　効用最大化の必要条件[7]

まず予算制約付きの**効用最大化**（utility maximization）の問題を解く場合、

---

(6) 効用関数 $u = u(x_1, x_2)$ の点で E の全微分がゼロであることから、（A-32）を用いて表せば、$du = \frac{\partial u(\hat{x}_1, \hat{x}_2)}{\partial x_1} dx_1 + \frac{\partial u(\hat{x}_1, \hat{x}_2)}{\partial x_2} dx_2 = 0$ となり、式変形から（A-34）が導出される。
(7) 入谷他［2012］参照。

図A－8で表されているように、点 E が効用最大化問題の解である。予算制約 $p_1x_1 + p_2x_2 = I$ の下で、無差別曲線上のある点での第2財の第1財に対する限界代替率 MRS_{12}（限界効用 $u_i(\hat{x}_1, \hat{x}_2)$ の比）、つまり、接線の傾きにマイナス符号をつけたものが、予算制約式の傾き（$-p_1/p_2$）と等しくなる。言い換えれば、予算制約付きの効用最大化問題の解である点は、限界代替率と価格比が等しくなることである。したがって、予算制約付きの効用最大化問題：(A-31)の解は次のようになる。

効用最大化問題の必要条件：

$$p_1\hat{x}_1 + p_2\hat{x}_2 = I \tag{A-35}$$

$$\frac{u_1(\hat{x}_1, \hat{x}_2)}{u_2(\hat{x}_1, \hat{x}_2)} = \frac{p_1}{p_2} \tag{A-36}$$

(A-35)、(A-36)を満たすような点 $(\hat{x}_1, \hat{x}_2)$ が、効用最大化問題の解である。

ただし、必要条件を満たすものの中には、最大化問題の解ではないものが含まれている可能性がある。そこで、ある適当な条件：効用関数の**非飽和性**（non satiation）または**単調性**（monotonisity）[8]、**無差別曲線**（indifference curve）の**凸性**（convex）[9] が満たされることを仮定しておくことでその可能性は排除できる。

【例題12】 2つの財 x_1、x_2 から得られる家計の効用関数が $u = x_1^\alpha x_2^{1-\alpha}$、$\alpha > 0$、$1-\alpha > 0$ のコブ・ダグラス（Cobb-Douglas）型であるとき、予算制約を $p_1x_1 + p_2x_2 = I$ とする。ただし、財 x_i の価格を p_i、所得を I とする。この時、予算制約付き効用最大化問題の解 $(\hat{x}_1, \hat{x}_2)$ を求めよ。

(A-35)から、解 $(\hat{x}_1, \hat{x}_2)$ の点では $p_1\hat{x}_1 + p_2\hat{x}_2 = I$ が成立する。(A-36)から、$\dfrac{\alpha\hat{x}_1^{\alpha-1}\hat{x}_2^{1-\alpha}}{(1-\alpha)\hat{x}_1^\alpha\hat{x}_2^{-\alpha}} = \dfrac{p_1}{p_2}$ が導出され、これを若干式変形し、$\dfrac{\alpha\hat{x}_2}{(1-\alpha)\hat{x}_1} = \dfrac{p_1}{p_2}$ となる。さ

---

(8) 財が多くなればなるほど、効用は増加する。

(9) 原点に対して凸であること。

らに、これを予算制約式に代入すれば、$\hat{x}_1 = \dfrac{\alpha I}{p_1}$、$\hat{x}_2 = \dfrac{(1-\alpha)I}{p_2}$ が求まる。

A-5-3　ラグランジュ乗数法

　予算制約付き効用最大化問題を解くとき、**ラグランジュ**（Lagrange）**乗数法**がある。これは、変数 x_1、x_2 に新たに変数 λ を付け加えて、新たな関数を作る。そこで、（A-31）の最大化問題では次のような**ラグランジュ関数**（Lagrangian function）を作る。

$$L(x_1, x_2, \lambda) = u(x_1, x_2) + \lambda(I - p_1 x_1 - p_2 x_2) \tag{A-37}$$

ここで λ は**ラグランジュ乗数**（Lagrangian multiplier）である。（A-37）のラグランジュ関数を x_1、x_2、λ の各々に関して偏微分してゼロとおいて、x_1、x_2、λ について解けば、極値の候補が次のように得られる。

$$\frac{\partial L(x_1, x_2, \lambda)}{\partial x_i} = \frac{\partial u(x_1, x_2)}{\partial x_i} + \lambda \frac{\partial(I - p_1 x_1 - p_2 x_2)}{\partial x_i} = 0, i = 1, 2 \tag{A-38}$$

$$\frac{\partial L(x_1, x_2, \lambda)}{\partial \lambda} = (I - p_1 x_1 - p_2 x_2) = 0 \tag{A-39}$$

以上から次のような定理を得る。

　ラグランジュの定理：$(\hat{x}_1, \hat{x}_2)$ が制約条件付きの最大化問題の解ならば、$(\hat{x}_1, \hat{x}_2, \hat{\lambda})$ が（A-38）、（A-39）の解となるような $\hat{\lambda}$ が存在する。

　したがって、制約条件付きの最大化問題の解は、ラグランジュ関数 $L(x_1, x_2, \lambda)$ が極値を持つ必要条件（全ての偏微分係数がゼロ）に一致する[9]。

【例題13】 2つの財 x_1、x_2 から得られる家計の効用関数が $u = x_1^\alpha x_2^{1-\alpha}$、$\alpha > 0$、$1-\alpha > 0$ のコブ・ダグラス（Cobb-Douglas）型であるとき、予算制約を

---

(9) ラグランジュ乗数法の詳しい説明は、入谷［2006］、今泉他［2001］、浦井他［2012］などを参照のこと。

$p_1 x_1 + p_2 x_2 = I$ とする。ただし、財 x_i の価格を p_i とする。この時、予算制約付き効用最大化問題の解 $(\hat{x}_1, \hat{x}_2)$ をラグランジュの定理を用いて解く。

まず、(A-37) から、ラグランジュ関数を作れば、

$$L(x_1, x_2, \lambda) = x_1^{\alpha} x_2^{1-\alpha} + \lambda(I - p_1 x_1 - p_2 x_2) \tag{A-40}$$

となる。ここで、(A-40) の解を $(\hat{x}_1, \hat{x}_2, \hat{\lambda})$ とすれば、

$$\frac{\partial L(\hat{x}_1, \hat{x}_2, \hat{\lambda})}{\partial x_1} = \alpha \hat{x}_1^{\alpha-1} \hat{x}_2^{1-\alpha} - \hat{\lambda} p_1 = 0 \tag{A-41}$$

$$\frac{\partial L(\hat{x}_1, \hat{x}_2, \hat{\lambda})}{\partial x_2} = (1-\alpha) \hat{x}_1^{\alpha} \hat{x}_2^{-\alpha} - \hat{\lambda} p_2 = 0 \tag{A-42}$$

$$\frac{\partial L(\hat{x}_1, \hat{x}_2, \hat{\lambda})}{\partial \lambda} = (I - p_1 \hat{x}_1 - p_2 \hat{x}_2) = 0 \tag{A-43}$$

を得る。(A-41)、(A-42) から $\hat{\lambda}$ を消去すれば、$\dfrac{\alpha \hat{x}_2}{(1-\alpha)\hat{x}_1} = \dfrac{p_1}{p_2}$。これを (A-43) に代入すれば、$\hat{x}_1 = \dfrac{\alpha I}{p_1}$、$\hat{x}_2 = \dfrac{(1-\alpha)I}{p_2}$ が求まる。これを (A-41) に代入すれば、$\hat{\lambda} = \dfrac{\hat{x}_1^{\alpha} \hat{x}_2^{1-\alpha}}{I}$ となる。また、(A-41)、(A-42) から、$\dfrac{u_1(\hat{x}_1, \hat{x}_2)}{p_1} = \dfrac{u_2(\hat{x}_1, \hat{x}_2)}{p_2} = \hat{\lambda}$ を得る。つまり、$\hat{\lambda}$ は各財の価格 1 単位あたりの限界効用を示しており、これが各財で等しくなるという **加重限界効用均等化** を意味している。

‖A-6 連立方程式と行列‖

　経済学では連立方程式が中心的な役割を演じる。例えば需要と供給の一致は価格を未知数とする方程式である。**比較静学分析**（comparative statics analysis）を行う際には、必ず連立方程式を解くことになる。そこで、本節では連立方程式の解法について、線形代数で頻繁に用いられる行列と行列式を説

明し、クラメールの公式を用いた解法を解説することにしよう。

A-6-1 連立方程式の行列表示

　まず連立方程式をベクトルを用いて表し、さらに行列表示を行うための説明をする。そこで第4章「消費税」で4-3-5「価格転嫁率」の具体例を求めるときに用いた需要・供給曲線を再度例にとって2元1次連立方程式を考えることにする。そこで財 x、価格 p とすれば、需要曲線と供給曲線は、

$$\text{需要曲線}：ax + p = b \tag{A-44}$$

$$\text{供給曲線}：-cx + p = d \tag{A-45}$$

で表されるとする[10]。ただし、$a,b,c,d > 0$ とする。しかし、(A-44)、(A-45)に対応する連立方程式には、多くの未知数を持つことから、簡潔に表現する方法が求められる。そこで、式や数値をタテに配列した**ベクトル**（vector）と式や数値をタテとヨコに配列した**行列**（matrix）で表示すれば次のようになる。

$$\begin{bmatrix} a & 1 \\ -c & 1 \end{bmatrix} \begin{bmatrix} x \\ p \end{bmatrix} = \begin{bmatrix} b \\ d \end{bmatrix} \tag{A-46}$$

ここで、$J = \begin{bmatrix} a & 1 \\ -c & 1 \end{bmatrix}$、$v = \begin{bmatrix} x \\ p \end{bmatrix}$、$z = \begin{bmatrix} b \\ d \end{bmatrix}$ と置けば、(A-46) は、

$$Jv = z \tag{A-47}$$

と需要・供給曲線からなる2元1次連立方程式を表すことができる。(A-46)、(A-47)では、式や数値をタテに並べたものを**列ベクトル**（column vector）と呼ぶ。また、式や数値をヨコに並べたものを**行ベクトル**（row vector）と呼ぶ。行列やベクトルの中の個々の式や数値を**成分**（component）という。特に $n \times m$

---

(10) 逆需要関数：$p = -ax + b$、逆供給関数：$p = cx + d$ である。

行列の成分 $a_{ij}, i = 1, ..., n; j = 1, ..., m$ は、行列の**ij成分**という。（A-47）では、v、z が列ベクトル、J が**2×2行列**、特に行と列の数が同じ場合**正方行列**（square matrix）と呼び、ヨコの並びが**行**（row）、タテの並びが**列**（column）である。

　（A-46）の読み方は次の通りである。行列 J の第1行と列ベクトル v の対応する成分同士の積を加えて第1成分：（A-44）の左辺、行列 J の第2行と列ベクトル v の対応する成分同士の積を加えて第2成分：（A-45）の左辺となり、（A-44）の左辺と（A-45）の左辺とからなる列ベクトルが生成される。ただし、行列×ベクトルは交換法則は成立しないから、掛け算の順序は入れ替えることはできないことに注意しておこう。

A-6-2　行列式の計算

　A-6-1で示した2行2列の正方行列 J に対して、4つの数値（ij 成分）である a、1、$-c$、1に、1つの数値を対応させる新しい関数を導入すれば次のようになる。

$$|J| = \begin{vmatrix} a & 1 \\ -c & 1 \end{vmatrix} = (a \cdot 1) - (1 \cdot (-c)) = a + c \tag{A-48}$$

（A-48）に対応する関数の数値を行列 J の**行列式**（determinant）と呼び、$|J|$ あるいは $\det J$ と書くことにする。（A-48）の行列式の計算方法は、**図A-9**にあるように左上から右下に実線の矢印の要素を掛けた数値から、右上から左下に破線の矢印の要素を掛けた数値を引くことによって導出される。つまり、実線の矢印にはプラス符号、破線の矢印にはマイナス符号を付ければよい。

[　**図A-9　行列式の計算方法**　]

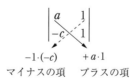

A-6-3 クラメールの公式

2元1次連立方程式：(A-44)、(A-45)を行列表示した(A-46)または(A-47)をクラメールの公式を用いて解くことにしよう。ここでは、クラメールの公式の証明は与えず、解法の手順のみを説明する[11]。

まず、行列 J の各列を列ベクトル z に置き換えた新たな行列を考えれば、次のように表すことが出来る。

$$Q_1 = \begin{bmatrix} b & 1 \\ d & 1 \end{bmatrix}, \quad Q_2 = \begin{bmatrix} a & b \\ -c & d \end{bmatrix} \tag{A-49}$$

(A-46)は、(A-49)を考慮すれば、$|J| \neq 0$ のときには、

$$x = \frac{|Q_1|}{|J|} = \frac{\begin{vmatrix} b & 1 \\ d & 1 \end{vmatrix}}{\begin{vmatrix} a & 1 \\ -c & 1 \end{vmatrix}} = \frac{b-d}{a+c} \tag{A-50}$$

$$p = \frac{|Q_2|}{|J|} = \frac{\begin{vmatrix} a & b \\ -c & d \end{vmatrix}}{\begin{vmatrix} a & 1 \\ -c & 1 \end{vmatrix}} = \frac{ad-bc}{a+c} \tag{A-51}$$

のようにクラメールの公式 (Cramer's rule) を用いて解くことができる。ただし、$|Q_i|$ は $Q_i, i = 1,2$ の行列式を表す。(A-50)で解いた x は列ベクトル v の第1成分であるから、対応する行列 J の第1列を列ベクトル z で置き換えた Q_1 を用いて解く。同様に(A-51)で解いた p は列ベクトル v の第2成分であるから、対応する行列 J の第2列を列ベクトル z で置き換えた Q_2 を用いて解くことができる。

---

(11) クラメールの公式の導出に関しては入谷[2006]等を参照のこと。

‖A-7 3元1次連立方程式の解法‖

　2元1次連立方程式の解法の場合、ベクトルや行列表示を行った上で、クラメールの公式を用いて解いたとしても、それほど解法の長所が分からないかもしれない。しかし、未知数が3個以上となる連立方程式を解く場合、これらの手法がとても簡明であり、有益であることが分かるであろう。そこで、本節では3元1次連立方程式の解法について、3×3行列と行列式の計算方法を説明し、クラメールの公式を用いた解法を解説することにしよう。

A-7-1　3元1次連立方程式の行列表示

　3個の未知数 x_1、x_1、x_1 を含んだ3元1次連立方程式を次のように置く。

$$a_{11}x_1 + a_{12}x_2 + a_{13}x_3 = b_1 \tag{A-52}$$

$$a_{21}x_1 + a_{22}x_2 + a_{23}x_3 = b_2 \tag{A-53}$$

$$a_{31}x_1 + a_{32}x_2 + a_{33}x_3 = b_3 \tag{A-54}$$

そこで、(A-52)～(A-54)をベクトルと3×3行列で表示すれば次のようになる。

$$\begin{bmatrix} a_{11} & a_{12} & a_{13} \\ a_{21} & a_{22} & a_{23} \\ a_{31} & a_{32} & a_{33} \end{bmatrix} \begin{bmatrix} x_1 \\ x_2 \\ x_3 \end{bmatrix} = \begin{bmatrix} b_1 \\ b_2 \\ b_3 \end{bmatrix} \tag{A-55}$$

ここで、$A = \begin{bmatrix} a_{11} & a_{12} & a_{13} \\ a_{21} & a_{22} & a_{23} \\ a_{31} & a_{32} & a_{33} \end{bmatrix}$、$x = \begin{bmatrix} x_1 \\ x_2 \\ x_3 \end{bmatrix}$、$b = \begin{bmatrix} b_1 \\ b_2 \\ b_3 \end{bmatrix}$ のように置けば、(A-55)は次のように表すことができる。

$$Ax = b \tag{A-56}$$

ただし、A は (i,j) 要素が a_{ij} である行列である。

A-7-2 行列式の計算

A-7-1 で示した 3 行 3 列の正方行列 A に対しての行列式 $|A|$ は次のように計算される。

$$|A| = \begin{vmatrix} a_{11} & a_{12} & a_{13} \\ a_{21} & a_{22} & a_{23} \\ a_{31} & a_{32} & a_{33} \end{vmatrix} = a_{13}a_{21}a_{32} + a_{12}a_{23}a_{31} + a_{11}a_{22}a_{33}$$
$$- a_{11}a_{23}a_{32} - a_{12}a_{21}a_{33} - a_{13}a_{22}a_{31} \tag{A-57}$$

（A-57）の行列式の計算方法は、**図A－10**にあるように右下に向かう実線の矢印の要素を掛けた数値にプラス符号、左下に向かう破線の矢印の要素を掛けた数値にマイナス符号を付ければよい。

[**図A－10 行列式の計算方法**]

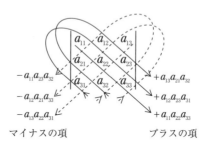

マイナスの項　　　　　　　　　プラスの項

A-7-3 クラメールの公式による解法

3 元 1 次連立方程式：（A-55）または（A-56）をクラメールの公式を用いて解くことにしよう。まず、行列 A の各列を列ベクトル b に置き換えた新たな行列を考えれば、それぞれ次のように表すことが出来る。

$$A_1 = \begin{bmatrix} b_1 & a_{12} & a_{13} \\ b_2 & a_{22} & a_{23} \\ b_3 & a_{32} & a_{33} \end{bmatrix}、\quad A_2 = \begin{bmatrix} a_{11} & b_1 & a_{13} \\ a_{21} & b_2 & a_{23} \\ a_{31} & b_3 & a_{33} \end{bmatrix}、\quad A_3 = \begin{bmatrix} a_{11} & a_{12} & b_1 \\ a_{21} & a_{22} & b_2 \\ a_{31} & a_{32} & b_3 \end{bmatrix} \tag{A-58}$$

（A-57）は、（A-58）を考慮すれば、$|A| \neq 0$ のときには、クラメールの公式を用いて次のように解くことができる。

$$x_i = \frac{|A_i|}{|A|}, i = 1,2,3 \tag{A-59}$$

ただし、$|A_i|$ は $A_i, i = 1,2,3$ の行列式を表す。（A-59）で解いた x_1 は列ベクトル b の第 i 成分であるから、対応する行列 A の第 i 列を列ベクトル b で置き換えた A_i を用いて解くことになる。

●参考文献●

入谷純『基礎からの経済数学』有斐閣、2006年。

入谷純・篠塚友一『ミクロ経済学講座』日本経済新聞社、2012年。

石井安憲・西條辰義・塩澤修平『演習　入門・ミクロ経済学』有斐閣、1996年。

今泉博国・須賀晃一・渡辺淳一『ミクロ経済学　基礎と演習』東洋経済新報社、2001年。

浦井憲・吉町昭彦『ミクロ経済学　静学的一般均衡理論からの出発』ミネルヴァ書房、
　　2012年。

佐々木宏夫『経済数学入門』日本経済新聞社、2005年。

武隈愼一『ミクロ経済学』増補版、新世社、1999年。

武隈愼一『演習ミクロ経済学』新世社、1994年。

永谷裕昭『経済数学』有斐閣、1998年。

西村和雄『ミクロ経済学』東洋経済新報社、1990年。

索　引

● 著者紹介

すみ の　　こう
角野 浩

1961年	愛知県生まれ
1990年	名古屋市立大学大学院経済学研究科博士後期課程単位取得退学
	同年名古屋市立大学経済学部助手
1992年	小樽商科大学商学部講師
1993年	同大学同学部助教授
1997年～1999年	
	イリノイ大学アーバナ・シャンペイン校経済学部客員研究員
2005年	小樽商科大学商学部教授
2011年	近畿大学経済学部教授
著　作	『失業と環境政策の租税分析』同友館，2014年
論　文	Iritani, J. and Sumino, K., "On the Existenceof Unemployment Equilibria under Wage Rigidity,"『商学討究（The Economic Review）』小樽商科大学，第51巻第4号，pp.271-294, 2001
	Sumino, K. and Rashid, S., "Counter-Intuitive Effects of Unemployment Benefits:Balanced-Budget Incidence," Mary I. Marshalleed., Economics of Unemployment, Nova Science Publishers, Inc., pp.80-106, 2006
	角野浩「名古屋市内の高級スーパー・激安スーパーの集客圏分析－GISによる昼夜間人口に基づく市場規模の推定－」『生駒経済論叢』Vol.21　No.1，pp.13(13)～pp.47(47)，2023年

2016年10月15日　新 版 発 行
2024年 3 月30日　三訂版発行

三訂版　財 政 学

Ⓒ 著 者　角　野　　　浩

発行者　脇　坂　康　弘

〒113-0033 東京都文京区本郷2-29-1
TEL.03(3813)3966
FAX.03(3818)2774
https://www.doyukan.co.jp/

発行所　株式会社 同友館

三美印刷／松村製本
Printed in Japan